KB175837

임동석중국사상100

천자문

千字文

周興嗣 編 / 林東錫 譯註

智永《千字文》

象犀珠玉怪珍之物有悦於人之耳目而不適於用金石草木絲麻五穀六材有適於用而用之則弊取之則竭悦於人之耳目而不適於用者不可得而用金石草木絲麻五穀六材也至於用之則弊而不適於用者惟書乎目而適於用用之而不弊取之而不竭賢不肖之所得各因其才仁智之所見各隨其分而求無不獲者惟書乎

丁亥菊秋錄 東坡李氏山房藏書記 丘堂呂元九

　　"상아, 물소 뿔, 진주, 옥. 이런 진괴한 물건들은 사람의 이목은 즐겁게 하지만 쓰임에는 적절하지 않다. 그런가 하면 금석이나 초목, 실, 삼베, 오곡, 육재는 쓰임에는 적절하나 이를 사용하면 닳아지고 취하면 고갈된다. 그렇다면 사람의 이목을 즐겁게 하면서 이를 사용하기에도 적절하며, 써도 닳지 아니하고 취하여도 고갈되지 않고, 똑똑한 자나 어리석은 자라도 그를 통해 얻는 바가 저마다 그 자신의 재능에 따라주고, 어진 사람이나 지혜로운 사람이나 그를 통해 보는 바가 저마다 그 자신의 분수에 따라주되 무엇이든지 구하여 얻지 못할 것이 없는 것은 오직 책뿐이로다!"

　　《소동파전집》(34) 본 《眞寶》(後集) 099 〈이씨산방장서기〉에서, 구당(丘堂) 여원구(呂元九) 선생의 글씨

책머리에

어릴 때 무언지도 모르면서 그저 "하늘 천, 따 지, 가물 현, 누르 황, 집 우, 집 주, 넓을 홍, 거칠 황" 하고 화전민 산골 소년으로서 외우던 《천자문》! 벌써 50년이 훌쩍 넘은 옛날이다. 그리고 급변하는 세태에 신식학교에 들어갔고 그 뒤로는 까맣게 잊고 살았다. 지금도 낭랑하게 외우던 그 소리까지 귀에 남아 있는 듯하다. 그리고 단양 오일장 장바닥 구석에 좌판을 깔고 팔던 지식의 전달자 책장수. 신기하게 천연색 물감으로 그린 겉표지의 《장화홍련전》이며 《옥단춘전》, 《구운몽》 속에 실로 꿰맨 그 흔하던 《천자문》, 그리고 다시 다음 장에는 새로운 인쇄기술을 자랑한다면서 갓 쓴 한석봉 초상을 곁에 그려 꾸민 책! 그 속은 실제 구멍 뚫린 마분지였지만 새롭고 신기하다고 여겼던 모습이 지금도 눈에 선하다.

그리고 어른이 되어 얄팍한 학문을 한다고 발을 들여놓고는 그저 동몽서, 한자 입문서, 식자서識字書에 불과하다고 느낀 이 《천자문》을 언젠가는 자세히 다시 들여다보리라 여기면서 세월은 그렇게 흘렀다. 그런데 불현듯 어릴 때 외웠던 구절이 지금도 이해되지 않는 것이 떠올랐다.

"비로소 시始, 말가실 제制, 글월 문文, 글자 자字"라고 외웠었는데 지금도 '말가실 제'란 무슨 뜻인지 모른다. 그러다가 근래 《천자문 자료집》(박이정)이 나와 무심코 들여다보았더니 역시 많은 지방판 중에 경북 봉화 지역 판본은 그대로 '몰가실 졔'로 되어 있는 것이었다. "(문자를) 짓는다, 만든다"는 뜻이겠으나 지금도 '말가시다'라는 말이 있는지 궁금하면서도 내 자신이 '별것 아닌 일에 호기심을 못 벗어 화를 내는 어린 소년 같아' 아주 귀엽다는 생각까지 들어 빙긋이 웃음이 나왔다.

나아가《천자문》은 무슨 깊은 뜻이 있다고는 했었던 것 같으나 자세히는 알 수 없었고 그저 '낱자의 글자 알기 공부'가 위주인 것으로 잘못 알았던 것이 지금 다시 들여다보니 이제는 이런 뜻을 담기 위해 이렇게 넉 자, 여덟 자로 꾸몄으며, 게다가 운까지 맞추어져 있음에 대하여 새삼 감탄도 하고 있다. 아니 이 글을 하룻밤 만에 짓느라 머리가 하얗게 세어《백수천자문白首千字文》이라 한다는 말을 들었을 때 '전설 속에 이루어진 책인가 보다'라고 여겼던 것도 자료를 찾아 풀어낼 수 있었으며, '기전파목起翦頗牧이 무슨 말이기에 외우고만 있는가'라고 의문을 가졌던 것도 중국 역사를 알고 보니 '이런 말을 하기 위해 이 넉자를 썼구나'라고 이해가 되는 것이었다.

　그런가 하면 "별 진辰 잘 숙宿이라고 외웠지만 '辰'은 '신'으로도 읽고 12지에서 용에 해당하니 '미르'라고도 풀이하며, '宿'은 '자다'는 뜻도 있지만 여기서는 별자리 '수'로 읽어야 하는구나"라고 터득하기도 하였다. 게다가 우연히 경기도 가평加平 시내 앞에 내 건너 마주 보이는 보납산寶納山에 초봄 등산을 갔다가 한석봉 관련 전설이 서린 동굴도 찾아보아 현실감도 느낄 수 있었다.

　지금 교육은 외우는 것은 기피하고 거부하며 오히려 죄악으로까지 여기는 것이 아닌가 하여 가끔 고개를 저을 때가 있다. 물론 다 그렇지는 않을 것이다. 구구단을 외움으로써 산수를 쉽게 이해해 나가듯이 그렇게 외워야 하는 과목은 지금도 외워야 수월하다는 것을 누구나 알고 실행하고 있다.

　우리 세대는 '태정태세문단세'하고 조선왕들을 외웠고, 이십사절기를 외웠으며, 십간십이지며 육십갑자도 외웠다. 그것도 모자라 이십팔수며, 시조며 가사작품, 어머니가 외우시던 영남 내방가사도 입에 붙었고, 나아가 한시와 당송팔대가의 문장도 외웠다. 참으로 무지하고 무모하였는지도 모른다. 그러나 그 당시는 학습 거리도 많지 않았고 어릴 때는 잘도 외워졌다.

지금 나는 《천자문》을 외우라고 말하고 싶지도 않고 그럴 필요도 없다. 그러나 안지추顏之推는 《안씨가훈顏氏家訓》에서 "어릴 때 외웠던 것은 입술에 붙어 평생 떨어져나가지 않는다"고 하였다. 다만 잘 외워지는 어린 나이에 무엇을 외워두는가 하는 것은 평생을 두고 굉장한 재산이 된다. 한창 저절로 잘 외워지는 나이에 엉뚱한 것을 외워둔다든지 아니면 외우지도 아니하고 넘긴다는 것은 일면 안타까움도 있고 억울하다는 생각도 든다.

　이제 이 책 《천자문》은 물론 청년들만을 위해 주석한 것은 아니지만 그래도 한번 어떤 글을 접하게 하느냐 하는 것은 매우 중요하다. 책은 표지만 보아도 훈도가 되며 그 집에 어떤 책이 꽂혀 있느냐에 따라 품격이 결정된다. 가문은 소장한 책에 의해 형성되며 젊은이는 책에서 배운 대로 성장한다.

　이제 우리도 동몽서童蒙書에 대하여 다시 관심을 기울일 때가 되었다. 그런 의미에서 우선 나부터 이 책을 다시 읽고 싶어 정리해 보았을 뿐임을 밝힌다.

負郭齋에서　茁浦　林東錫 적음.

차 례

《천자문》 본문

◉ 부록

I. 朝鮮時代 각종 《千字文》 訓音一覽表

II. 중국 각종 《千字文》

III. 《千字文》 관련 자료

Ⅳ. 각종《천자문》판본 및 書藝 작품 影印 자료

일러두기

1. 이 책은 《천자문千字文》(南朝 梁, 周興嗣 撰, 淸, 汪嘯尹 纂輯. 孫謙益 參注)과 기타 여러 본을 대조 비교하여 전체를 완역한 것이다.

2. 현대 백화어 역주본도 수집하여 참고하였으며 큰 도움을 받았다. 특히 《신역천자문新譯千字文》(馬自毅 注譯. 三民書局 2002. 臺北)은 구체적인 주석과 번역에 많은 참고 내용을 제공해 주었으며 왕소윤汪嘯尹의 주석은 번역에 더없이 큰 근거를 제공해 주었다.

3. 우리나라 각종 《천자문》 판본의 훈음도 참고하여 특이한 것은 가능한 한 본문에 인용하고 전체를 살필 수 있도록 부록으로 실어 참고하도록 하였다.

4. 문장은 왕소윤汪嘯尹〈석의본釋義本〉을 근거로 일련번호를 부여하여 연구와 검색에 용이하도록 하였다. 그러나 편장의 구분은 절대적인 것이 아니며 일부 문장은 실제 서로 연결되어 있으나 읽기의 편의를 위하여 중간에서 분장分章한 것도 있다.

5. 매 단락은 우선 원문과 전체 뜻을 풀이하고 이어서 낱자별로 훈음을 달고 다시 어휘를 설명하였으며, 이어서 왕소윤汪嘯尹〈석의釋義〉 원문을 실어 이해에 도움이 되도록 하였다.

6. 본문의 낱자별 한자음은 그 뜻에 맞는 원음을 기준으로 하였다.

7. 부록에는 Ⅰ. 우리나라 조선시대 대표적인 천자문 3종을 페이지별로 나누어 훈음표, Ⅱ. 중국 각종 《천자문》 원문과 특히 송대宋代 호인胡寅의 《서고천문》은 황호黃灝의 주석까지 실었으며, Ⅲ. 《천자문》 관련 자료로 정사正史와 《태평광기太平廣記》의 기록을 실었고, Ⅳ. 관련 그림자료를 실어 이해에 도움이 되도록 하였으며, Ⅴ. 각종 《천자문》 판본과 작품 으로서의 천자문을 모두 우철右綴로 실었다. 특히 한국 3종 판본은

단국대 동양학연구소 출간 〈동양학총서〉 제3집 《천자문》(1984 재판)을 근거로 축소 영인한 것이며, 중국의 자료는 홍콩 상무인서관商務印書館 《천자문千字文》(2003)의 도움을 받은 것임을 밝힌다.

8. 이 책을 역주함에 참고한 주요 문헌은 아래와 같다.

❋ 참고문헌

1. 《千字文》馬自毅(注譯) 三民書局 2002. 臺北

2. 《千字文》喩岳衡(主編) 傳統蒙學叢書 岳麓書社 1987. 長沙 湖南

3. 《千字文》(注音詳解) 李炳傑(編註) 劉玉琛(校正) 學生出版社 1982. 臺北

4. 《續千字文》喩岳衡(主編) 傳統蒙學叢書 岳麓書社 1987. 長沙 湖南

5. 《再續千字文》喩岳衡(主編) 傳統蒙學叢書 岳麓書社 1987. 長沙 湖南

6. 《別本千字文》喩岳衡(主編) 傳統蒙學叢書 岳麓書社 1987. 長沙 湖南

7. 《叙古千文》喩岳衡(主編) 傳統蒙學叢書 岳麓書社 1987. 長沙 湖南

8. 《新編千字文》周篤佑 湖南人民出版社 1981. 長沙 湖南

9. 《千字文》杜海泓(編) 華文出版社 2009. 北京

10. 《千字文》汪有原(外) 重慶出版社 2008. 重慶

11. 《石峰千字文》·《光州千字文》·《註解千字文》 단국대학교출판부. 동양학연구소 1984. 서울

12. 《千字文》張兆裕(編) 北京燕山出版社 1995. 北京

13. 《千字文》編輯部 國學出版社 1973. 基隆 臺灣

14. 《千字文》錢玄溟(編)《國學經典》中國長安出版社 2006. 北京

15. 《千字文》金民樹(註解) 乙酉文化社 1973. 서울

16. 《김성동千字文》 김성동 청년사 2004. 서울
17. 《智永草書千字文》
18. 《五體千字文》 天山出版社 1981. 臺北
19. 《歷代書法欣賞》 陳振濂(著) 陝西人民美術出版社 1988. 西安
20. 《梁書》, 《南史》, 《太平廣記》
21. 《中國名著》《千字文》부분) 姚麗萍, 顔朝輝 中國戲劇出版社 2005. 北京
22. 《千字文資料集》(地方千字文篇) 金履弘(외) 박이정, 1995. 서울
23. 《朝鮮朝 初學 教材 研究》 金世漢 啓明大學校 漢文研究會 1981
24. 《三才圖會》 明, 王圻·王思義(編集) 明 萬曆本 印本 上海古籍出版社 1985. 上海
25. 〈千字文在韓流行及影響〉 林東錫 第九屆韓中文化論壇 發表論文 2007. 濟州

　　기타 十三經, 諸子百家書 등과 二十五史 및 工具書는 기재를 생략함.

해제

I. 《천자문》의 원류와 발전

1) 《천자문》의 원류

《천자문》은 《천문千文》, 《천자千字》라고도 하며 중국 어린이용 몽학서蒙學書의 대표격인 책이다. 흔히 중국에서는 역대 이래 '삼백천三百千'이라 하여 《삼자경三字經》, 《백가성百家姓》과 이 《천자문》을 더하여 어린이 입문서의 기본으로 불러 왔으며 그중 《천자문》은 유일하게 편찬시대와 작자를 알 수 있는 기록이 명확한 책이다. 그리고 이 책은 단순히 낱개의 글자를 익히는 단계를 넘어, 서예 습자, 문장 이해, 초보적인 운문 습득 등의 다양한 효과를 발휘할 수 있는 아주 유용한 교재로 널리 애용되어 왔다.

물론 《천자문》이 양梁나라 때 주흥사(周興嗣: ?~521)의 《백수천자문白首千字文》이 유일한 것은 아니었을 가능성이 있다. 즉 많은 단편적인 기록에 의하면 그 이전에 종요(鍾繇: 자는 元常, 151~230. 삼국시대 魏나라의 걸출한 서예가)의 《천자문》이 있었고, 소자운蕭子雲 주注의 《천자문》과 호숙胡肅 주注의 《천자문》, 그리고 《전서천자문篆書千字文》, 《연천자문演千字文》, 《초서천자문草書千字文》 등의 서명이 보이기 때문이다.

《송사宋史》(266) 이지전李至傳에 송 태종(太宗, 趙匡義) 옹희(雍熙: 976~983년) 초에 「태종이 어느 날 비각秘閣에 행차하여 《초서천자문草書千字文》을 꺼내어 이지에게 주자 이지가 이를 돌에 새겼다. 그러자 태종은 "이 《천자문》은 양나라 무제(蕭衍: 502~449년 재위)가 종요鍾繇의 글씨로 새긴 비석의 깨어진 조각을 얻어 주흥사에게 운에 맞도록 완성한 것으로 내용이 취할 만하지 못하다. 이를 교화의 바탕으로 삼으면 《효경》에 미치지 못한다"라고 하면서 이에 글을 써서 이지에게 하사하였다. ……그리하여 이지는 학자들을 모아 사라진 책들을 모아 정리하기 시작하였다.」(上嘗臨幸秘閣, 出草書千字文爲賜, 至勒石, 上曰: 「千文乃梁武得破碑鍾繇書, 命周興嗣次韻而成, 理無足取. 若有資於敎化, 莫孝經若也.」 乃書以賜至. ……)라는 기록으로 보아 이미 종요의 《천자문》이 있었던 것으로 여기고 있다.

그런가 하면 후량後梁 이라李邏의 《주천자문注千字文》 서문에 "원래 위魏 종요의 필적이며 석륵(石勒: 後趙)의 개국군주의 난(330) 때에 글씨가 마멸되어 왕희지(王羲之. 321~379, 혹 303~361, 혹 309~365. 자는 逸少. 東晉의 대서예가. 右軍將軍을 지내어 王右軍이라 부름. 書聖으로 칭함)가 다시 이를 베껴 쓰도록 하였다. 그러나 문장을 이루지 못하였고 운도 맞지 않아 양나라 고조 소연이 주흥사에게 운에 맞추어 재정리하도록 하였다. 실제 왕희지가 썼다는 종요 《천자문》의 고법첩古法帖이 남아 있다. 이는 종요의 필적을 임서한 것으로 믿어지며 그 첫머리에 '위태위종요천자문우장군왕희지봉칙서魏太尉鍾繇千字文右將軍王羲之奉勅書'라는 17글자가 있고 끝에 손암損庵의 발문이 있다. 그 글 속에 미원장 (米元章. 米芾: 1051~1107)은 '서가書家의 신한申韓이다. 어찌 허투루 거론할 수 있겠는가? 이 필첩은 원숙하여 틀림없이 왕우군의 글씨일 것'이라 하였다. 특히 맨 끝 한 구절은 주흥사 천자문과 문장이 같다"라 하였다는 것이다.
(이상 李民樹 《千字文》 해제)

한편 《순화법첩淳化法帖》에는 후한後漢의 장제(章帝. 劉炟: 76~88년 재위)의 글이라 하여 '진수렬장辰宿列張'으로부터 '기집분전旣集墳典'까지 84자가 있는 데 이를 두고 송宋나라 구양수歐陽修는 장제의 필적이며, "한나라 장제가 쓴 백여 글자는 글을 배우는 자들이 즐겨 외우고 있으나 이는 왕희지 때 시작된 것이 아니라 이미 장제 때 있었던 것"이라 하였다. 이에 대하여 미불은 이를 인정하지 않았다. 그러나 그 구절에 이미 '해함하담海鹹河淡' 등의 표현은 지금의 《천자문》과 같아 한나라 때 이미 초보적인 4자구의 글귀들이 있어 왔고, 위진魏晉 이후 이에 '혜금완소嵇琴阮嘯' 등의 구절을 넣어 1천 자로 확대 제한하면서 일부 종요에 의해 1천 자로 늘어났고, 다시 양나라 때 이르러 문장 형태의 4자 2절의 압운을 이룬 주흥사의 장시長詩 1천 자 250구 125절(2구씩) 운문韻文 《천자문》이 완성된 것이 아닌가 한다.

특히 백제百濟가 일본에 전해준 《천자문》은 그 연대 추정으로 보아 주흥사 《천자문》 이전이므로 당연히 그 전에 있었던 어떤 《천자문》일 것이며, 그것이 종요의 《고천자문古千字文》이 아닌가 한다.

2) 주흥사周興嗣와 《천자문》

그러나 역사 기록에 의하면 우리가 널리 알고 있는 《천자문》은 남조 양나라 무제(蕭衍: 502~549년 재위) 대동(大同. 535~545) 연간에 이룩되었으며 당시 산기시랑散騎侍郎·급사중給事中의 벼슬을 하던 주흥사에 의해 정리된 것으로 되어 있다.

《양서梁書》(49)와 《남사南史》(72)의 각 문학전文學傳 주흥사전周興嗣傳에 의하면 "임금이 왕희지의 글씨 천 자를 주흥사로 하여금 운에 맞추어 문장으로 짓도록 하였다. 이를 지어 바치자 임금이 훌륭하다 칭하면서 황금과 비단을 더하여 하사하였다"(上以王羲之書千字, 使興嗣韻爲文, 奏之, 稱善. 加賜金帛)라 하여 이미 무제가 왕희지의 글씨 중에 천자를 뽑아 이를 주흥사에게 운을 맞추어 문장으로 재구성하도록 명한 것으로 되어 있다. 주흥사는 자는 사찬思纂이며 제齊나라 때 이미 수재秀才로 천거되어 계양군승桂陽郡丞에 올랐다가 양梁 무제武帝 소연蕭衍이 기병하자 〈휴평부休平賦〉를 바쳐 사랑을 받기 시작하였다. 그는 양나라가 들어서자 안성왕국시랑安成王國侍郎이 되었으며 원외산시시랑員外散騎侍郎을 거쳐 문덕성文德省, 수광성壽光省의 직책을 맡기도 하였다. 문장에 뛰어나 사비寺碑, 명銘, 격문檄文 등은 지을 때마다 황제의 칭송을 받았으며, 뒤에 좌찬국사佐撰國史를 거쳐 급사중給事中에 올라 《황제실록皇帝實錄》, 《황덕기皇德記》, 《기거주起居注》, 《직의職儀》 등을 저술하였으며 그 뒤 역대 황실의 '실록實錄'은 이 주흥사로부터 시작되었다고 한다.

한편 당대唐代 이작李綽의 《상서고실尙書故實》이라는 책에서는 이를 더 구체적으로 서술하여 전설에 가까운 내용을 싣고 있다.

즉 양 무제가 여러 제왕들에게 글씨를 가르치고자 은철석殷鐵石에게 왕희지의 글씨 중에 겹치지 않는 글자 1천 개를 뽑아 한 글자를 하나의 종이에 탑서搨書하여 오도록 하였다. 그러나 그 글자는 낱개의 글자일 뿐 순서가 없으며 기준도 없었다. 이에 주흥사를 불러 이를 운에 맞추어 문장이 되도록 정리해 올 것을 청하였다. 이를 받아든 주흥사는 하루 저녁에 운문韻文으로 편철編綴하여 바쳤는데 그 고생으로 머리가 모두 백발이 되고 말았다는 것이다. 그 때문에 흔히 이를 《백수천자문白首千字文》이라 부르기도 한다. 이러한 전설은 당송시대 쓰여진 위현韋絢의 《유빈객가화록劉賓客嘉話錄》과 《태평광기太平廣記》에도 전재되어 널리 알려지게 되었다.

실제 주흥사의 이 《천자문》은 원명原名이 《차운왕희지서천자次韻王羲之書千字》이며 《수서隋書》와 《구당서舊唐書》의 경적지經籍志, 그리고 《신당서新唐書》와 《송사宋史》의 예문지藝文志에 모두 그 목록이 기재되어 있다.

한편 이렇게 이루어진 《천자문》은 이름 그대로 1천 개의 한자로 이루어진 운문 형식의 4자구이며 모두 250구로 되어 있다. 그리고 문장으로 보아 4자구 단독 의미보다는 8자 두 구절로 의미를 전달하며 따라서 압운도 제 8자에 실려 있다.

II. 문단 구분과 내용

1) 문단 구분

《천자문》은 문장이 유려하고 기세가 웅원雄遠하며 표현이 다채롭고 내용 또한 풍부하며 게다가 운문으로 되어 있어 읽고 외우기에 아주 적합하다. 그러나 일부 표현은 문장이라기보다 아주 압축한 내용을 그대로 글자 수에 맞춘 것도 물론 있다. 그 때문에 경우에 따라서 주석이 없이는 내용을 알기 어려운 것도 있으며 배경 고사를 한참 설명을 해 주어야 어린이로서 알 수 있는 것도 있다. 그리고 4자 1구가 완전한 문장을 이루는 것도 아니며 때에 따라서는 8자, 혹은 몇 개의 구절을 하나의 문장으로 삼아 풀이하여야 의미가 전달되는 표현도 있다. 그럼에도 불과 1천 자의 낱자 모음을 재구성하여 하나의 의미를 전달하는 문장으로, 게다가 운문으로 편찬한 재능은 가히 신기神技에 가깝다 할 것이며 그 속에 윤리, 도덕, 산천, 역사, 문물, 전장, 인물, 고사, 염정恬靜, 자연, 수양, 충효 등의 개념을 담아낸 것은 실로 감탄을 자아내게 한다.

그리고 뒷사람의 분석에 의하면 이는 다시 크게 네 문단으로 의미를 묶을 수 있다고 보았다. 이에 청대 왕소윤汪嘯尹이 찬집纂輯하고 송익겸宋謙益이 참주參注한 《천자문석의千字文釋義》는 많은 이들이 연구하는 데 대본으로 삼고 있으며 이를 인정하고 있다.

2) 내용

우선 제1문단은 제1구 「천지현황天地玄黃」으로부터 제36구 「뢰급만방賴及萬方」까지 총 36구 144자로 천지개벽으로부터 일월, 성신, 천문, 기후와 사시의 변화, 그리고 온갖 만물의 분포와 산천, 인류의 시대 변천 등 시공을 포함하여 설명하고 끝으로 중국 문화가 사방에 미쳤음을 자랑스럽게 표현

하고 있다.(본 책은 001부터 013까지임)

제2문단은 제37구 「개차신발蓋此身髮」로부터 제 102구 「호작자미好爵自靡」 까지 총 66구 264자이다. 여기에서는 사람으로서의 도리와 생육, 일상생활에서 인간으로서의 수양에 관한 것이 주를 이루고 있으며 그에 따라 충효와 교우, 신의와 진실에 대한 것을 강조하는 문장으로 이루어져 있다.(본 책은 014부터 039까지임)

제3문단은 제103구 「도읍화하都邑華夏」로부터 제162구 「암수묘명巖岫杳冥」 까지 총 60구 240자이다. 여기에서는 역사와 통치에 관한 것이다. 우선 도읍의 화려함과 그에 따른 인재의 집합, 그리고 고대 인물의 문치무공文治武功, 중국 자연경계와 강역의 드넓음을 노래하고 있다.(본 책은 040부터 049까지임)

제4문단은 163구 「치본어농治本於農」으로부터 제248구 「우몽등초愚蒙等誚」 까지의 총 86구 344자이다. 여기에서는 개인 생활의 한적함과 염담恬澹, 전원의 아름다운 풍경과 자연과의 교감 등에 관한 것으로 정적靜的이며 치가처신治家處身에 관한 내용이다.(본 책은 050부터 069까지임)

그리고 끝의 여덟 구절은 실제 내용과 무관하며 특별한 뜻이 없이 마무리를 위한 어조사 설명이므로 문단으로 다루지 않는다.(본 책은 070임)

이를 우선 표로 보이면 다음과 같다.

段	始	末	句	字	內容	備註
1	第1句 天地玄黃	第36句 賴及萬方	36	144	日月, 星辰, 天文, 四時, 萬物, 山川, 時空 等	
2	第37句 蓋此身髮	第102句 好爵自縻	66	264	道德, 倫理, 生育, 日常, 忠孝, 交友, 信義, 眞理 等	
3	第103句 都邑華夏	第162句 巖岫杳冥	60	240	中國歷史, 統治, 都邑, 人物, 文治武功, 疆域 等	
4	第163句 治本於農	第248句 愚蒙等誚	86	344	農業, 田園, 自然, 恬澹, 閒靜, 個 人修養 等	
終	第249句 謂語助者	第250句 焉哉乎也	2	8	語助辭	
計			250	1000		

3) 《천자문》의 운운韻과 연면어連綿語

〈가〉 《천자문》의 용운用韻

앞서 말한 대로 《천자문》은 운문의 장편시長篇詩이다. 이에 총 10개의 운으로 압운押韻하여 문장이 이어진다. 압운이란 2구씩 이어 마지막 8번째 글자에 운을 맞춘 것을 말한다. 이를 구분해 보면 다음과 같다.

① 우선 첫 8자인 「천지현황天地玄黃, 우주홍황宇宙洪荒」의 제 2구 끝 '황荒' 자부터 아래로 뒤의 장張, 장藏, 양陽, 상霜, 강岡, 광光, 강薑, 상翔, 황皇, 상裳, 당唐, 탕湯, 장章, 강羌, 왕王, 장場, 방方, 상常, 상傷, 량良, 망忘, 장長, 량量을 이어 「묵비염사墨悲染絲, 시찬고양詩讚羔羊」의 '양羊'자까지 25구절이 같은 운(-ang: ㅏ, ㅑ, ㅕ)으로 압운을 이루고 있다.

② 다음으로 이어서 「경행유현景行維賢, 극념작성克念作聖」의 끝 글자 '성聖' 자부터 아래로 정正, 청聽, 경慶, 경競, 경敬, 명命, 청清, 성盛, 영映, 정定, 령令, 경竟, 정政자를 이어 「존이감당存以甘棠, 거이익영去而益詠」의 '영詠'자까지 15글자는 모두 'ㅕ(ㅓ)' 계통의 운자韻字로 되어 있다.

③ 다음으로 「악수귀천樂殊貴賤, 례별존비禮別尊卑」의 '비卑'자로부터 아래로 수隨, 의儀, 아兒, 지枝, 규規, 리離, 휴虧, 피疲, 이移를 거쳐 「견지아조 堅持雅操, 호작자미好爵自縻」의 '미縻'자까지 11구절이 같은 개미운(開尾韻: -u/-i: ㅜ, ㅣ)으로 압운을 이루고 있다.

④ 다음으로 「도읍화하都邑華夏, 동서이경東西二京」의 '경京'자로부터 아래로 경涇, 경驚, 령靈, 영楹, 생笙, 성星, 명明, 영英, 경經, 경卿, 병兵, 영纓, 경輕, 명銘, 형衡, 영營, 경傾, 정丁, 녕寧, 횡橫, 맹盟, 형刑, 정精, 청青, 병并, 정亭, 성城, 정庭을 거쳐 「광원면막曠遠綿邈, 암수묘명巖峀杳冥」의 '명冥'까지 30구절이 같은 운(-eng/ -əng: ㅕ, ㅖ, ㅓ, ㅖ)으로 압운을 이루고 있다.

⑤ 다음으로 「치본어농治本於農, 무자가색務玆稼穡」의 '색穡'자부터 아래로
직稷, 척陟, 직直, 칙敕, 색色, 식植, 극極을 거쳐 「태욕근치殆辱近恥, 림고
행즉林皋幸卽」의 '즉卽'까지 9구절은 같은 입성운(入聲韻: -ɘk/ɛk/-ik: ㅕㄱ ㅕㄱ ㅕ
ㄱ)으로 압운을 이루고 있다.

⑥ 다음으로 「량소견기兩疏見機, 해조수핍解組誰逼」의 '핍逼'자는 홀로
입성운入聲韻 -P의 운자韻字로 되어 있다.

⑦ 이어서 「삭거한처索居閑處, 침묵적료沈黙寂寥」의 '료寥'자로부터 아래로
요遙, 초招, 조條, 조凋, 요飄를 거쳐 「유곤독운遊鵾獨運, 릉마강소凌摩
絳霄」의 '소霄'까지 7구는 같은 운(-yo: ㅛ, ㅗ)으로 압운을 이루고 있다.

⑧ 다음으로 「탐독완시耽讀翫市, 우목낭상寓目囊箱」의 '상箱'자부터 아래로
뒤의 구절 장牆, 장腸, 강糠, 량糧, 방房, 황煌, 상牀, 상觴, 강康, 상嘗, 황惶,
상詳, 량凉, 양驤을 거쳐 「주참적도誅斬賊盜, 포획반망捕獲叛亡」의 '망亡'까지
16구절이 같은 운(-ang: ㅑ, ㅏ, ㅑ)으로 압운을 이루고 있다.

⑨ 다시 끝으로 「포사료환布射僚丸, 혜금완소嵇琴阮嘯」의 '소嘯'자로부터
아래로 조釣, 묘妙, 소笑, 요曜, 조照, 소劭, 묘廟, 조眺를 거쳐 「고루과문
固陋寡聞, 우몽등초愚蒙等誚」의 '초誚'까지 10구절이 같은 운(-ao/-yo: ㅗ, ㅛ)
으로 압운을 이루고 있다.

⑩ 끝의 「위어조자謂語助者, 언재호야焉哉乎也」는 단독 문장이다.

이상으로 보아 모두 10가지로 나뉘지만 실제로는 '앙'계열(1, 8), '영'(2, 4), '이'(3), '-k'입성운(5), '-p'입성운(6), '요'(7, 9) 등 7가지 운이 사용된 것이다.

이를 표로 보이면 다음과 같다.

《천자문》의 용운用韻

順	句×8=合	始句韻字	末句韻字	字	韻	備註
1	25×8=200	宇宙洪荒	詩讚羔羊	荒張藏陽霜岡光薑翔皇裳唐湯羔王場方常傷良忘長量羊(25字)	-ang	
2	15×8=120	克念作聖	去而益詠	聖正聽慶競敬命清盛映定令竟政詠(15字)	-eng/-ing	
3	11×8=88	禮別存卑	好作自縻	卑隨儀兒枝規離虧疲移縻(11字)	-i	
4	30×8=240	東西二京	巖岫杳冥	京涇驚靈楹笙星明英經卿兵纓輕銘衡營傾丁寧橫盟刑精青幷亭城庭冥(30字)	-eng/-ing	
5	9×8=72	務玆稼穡	林皐幸卽	穡稷陟直勅色植極卽(9字)	-k(入聲)	
6	1×8=8		解組誰逼	逼(1字)	-p(入聲)	
7	7×8=56	沈黙寂寥	凌摩絳霄	寥遙招條凋飇霄(7字)	-ao/au	
8	16×8=128	寓目囊箱	捕獲叛亡	箱牆腸糠糧房煌林觴康嘗惶詳涼驤亡(16字)	-ang	
9	10×8=80	稽琴阮嘯	愚蒙等誚	嘯釣妙笑曜照劭廟眺誚(10字)	-ao/au	
10	1×8=8		焉哉乎也	(1)	無韻	
計	1000자			125字		

〈나〉《천자문》의 연면어

한편 1천 여자로 문장을 이룬 이 《천자문》에도 연면어連綿語가 사용되고 있다. 연면어란 두 음절이 모여 하나의 의미 단위를 이루는 어절을 말한다. 즉 한자가 낱자의 의미를 가진 단음절어라는 공식을 넘어 두 음절(두 글자)이지만 뜻은 하나인 경우이다. 이 연면어는 음과 연관이 없는 것(예, 梧桐, 狼藉, 蝴蝶 등)도 있지만 흔히 성(聲: Initial)이 같은 두 음절글자로 이루어진 것(唐突, 鄭重, 邂逅, 蜘蛛, 躊躇 등)과 운(韻: Final)이 같은 두 음절글자로 이루어진 것(彷徨, 滄浪, 徘徊 등)이 있다. 그중 성이 같은 것을 쌍성연면어雙聲連綿語라 하며, 운이 같은 것을 첩운연면어疊韻連綿語라 한다. 이는 글자 낱자의 뜻보다는 구 글자 음절를 묶어 함께 풀이해야 하는 단어어휘이다.

본 《천자문》에서도 그 예는 "우주宇宙, 현황玄黃, 홍황洪荒, 률려律呂, 곤강崐岡, 조차造次, 밀물密勿, 면막綿邈, 묘명杳冥, 예열悅豫, 적력的歷, 배회徘徊, 소요逍遙, 비파枇杷, 표요飄飖, 전첩牋牒, 출척黜陟, 희휘曦暉, 고루固陋, 孤陋" 등이 있다.

Ⅲ. 《천자문》의 가치

　《천자문》은 중국의 대표적인 아동 습자용이며 동시에 문장 학습용으로 수천 년 이어오면서 독보적인 지위를 누려왔다. 흔히 몽학서蒙學書의 기본이며 식자서識字書의 표준이라 평가를 받고 있다.

　중국은 이미 진나라 때 《창힐편蒼頡篇》, 《원력편爰歷篇》 등의 어린이 식자서가 있었고, 한대漢代에는 《범장편凡將篇》(司馬相如), 《방희편滂喜篇》(賈魴), 《권학편勸學篇》(蔡邕), 《급취편急就篇》(史游) 등이 있었으며 삼국三國시대에는 《비창埤蒼》, 《광창廣蒼》, 《시학편始學篇》 등이 있었으나 이들의 영향은 별로 크지 않았다. 그 뒤 남북조 때 《정고庭誥》, 《고유詁幼》 등이 이어져 나왔으나 역시 수준에 미치지 못하여 대중의 주목을 받지 못하였다.

　이때에 출현한 것이 바로 《천자문》이었으니 이 책은 앞서 여러 몽학서에 비해 내용이 정밀하고 표현이 아름다우며 낱자 1천 자를 4자씩 한 구절로 하여 두 구절 끝에 압운을 넣어 쉽게 외우며 낭송할 수 있도록 하여 초학자로서는 더없이 이상적이었다. 게다가 시작이 황실皇室에서 제왕諸王의 습자용으로 출발하여 그 지명도와 신인도가 지극히 높아 즉시 넓게 퍼져나갈 수 있었다.

　그 때문에 《천자문》은 《창힐편》을 제치고 아동 습자용으로 그 어떤 교재도 뛰어넘을 수 없는 제1위 자리를 굳히게 된 것이다. 아울러 중국 고대는 필기 습자 기구가 붓이었으며 글씨는 곧 기록의 단순한 기능을 넘어 예술로 승화하였기 때문에 이 낱자를 붓으로 쓰고 익히는 대본으로도 그 임무를 다하기에 이상적이었다. 이에 그 용도와 수월성을 두고 명대明代 고문대가古文大家 왕세정王世貞은 "이 절묘한 문장은 우연히 나올 수 없는 기이한 것"이라 하였고, 청대淸代 고염무顧炎武는 "학습하는 자들이 삼창의 어려움에 고통을 당하다가 이 천자문의 쉬움에 익숙해졌다. 이에 지금에 이르도록 소학가들의 일상 사용하는 책으로 자리를 잡게 된 것"(讀者苦三蒼之難, 便千字之易. 於是至今爲小學家恒用之書)이라 평하였으며, 같은 청대 저인확褚人穫도 "마치 한 치의 나무 위에서 예상우의무霓裳羽衣舞를 추는 것 같고 엉킨 실타래에서 실마리를 찾아 뽑아내는 것 같다"(如舞霓裳於寸木, 抽長緖於亂絲)라 하였던 것이다.

《천자문》이 출현한 뒤에 송宋 이후로 동몽서는 끊임없이 쏟아져 나왔다. 이들 동몽서는 아동 교육을 위한 것인 만큼 내용이 평이하며 통속적이지만 지식 전달과 교양 교재로써 지대한 공헌을 하였음은 말할 나위도 없다. 바로 예부상서禮部尙書 왕응린王應麟의 《삼자경三字經》역시 몽학서로서 《천자문》의 영향을 받은 것이요, 비슷한 시기에 504개의 서로 다른 글자를 성씨로 익힐 수 있도록 편집된 《백가성百家姓》역시 매우 통속적이면서 실용적인 몽학서로 자리잡아 책이름의 첫 머리 세 글자를 취하여 〈삼백천三百千〉이라는 이름으로 큰 영향을 미쳤다. 그럼에도 이들 책들의 문채는 《천자문》에 미치지 못하며, 그중 《삼자경》역시 이에 비교되지 않는다고 여겼다. 이에 장태염章太炎은 《삼자경》을 《천자문》과 비교하면서 《삼자경》은 "글자가 겹치고 표현이 그만 못하다"(字有重複, 辭無藻彩)라 하였다. 이처럼 천자문은 역대 이래 '훈몽장시訓蒙長詩'로 널리 칭송을 받으면서 그 가치를 발휘해 온 것이다.

한편 이 《천자문》은 다량의 도서나 문건의 편호編號로도 사용되었다. 즉 중국의 고대 서적은 단권單卷은 '단單', 2권은 '건곤乾坤', 3권은 '천지인天地人', 4권은 '원형리정元亨利貞', 5권은 '인의례지신仁義禮智信'(혹 宮商角徵羽), 6권은 '례악사어서수禮樂射御書數' 등으로 편호를 삼았는데 송宋 진종眞宗은 4359권의 《도장道藏》을 편찬하면서 이를 400개 함에 담아 그 순서를

'천지현황天地玄黃'으로부터 '궁宮'자에서 끝을 맺어 이를《대송천궁도장大宋
天宮道藏》이라 한 것이다.

　그 외에 한국의《고려대장경高麗大藏經》과 중국의《천해경天海經》,《홍교장
弘教藏》등은 물론 명대明代〈문연각장서文淵閣藏書〉와〈대명속도장경목록
大明續道藏經目錄〉, 조기미趙琦美의〈맥망관장서脈望館藏書〉및 그〈서목書目〉,
백운제白雲霽의〈도장서목道藏書目〉, 청대 포정박鮑廷博의〈지부족재총서知不
足齋叢書〉등도 이《천자문》의 순서를 따르고 있으며, 지금의〈북경도서관장
돈황유서목록北京圖書館藏敦煌遺書目錄〉도 이 편호를 사용하고 있다. 그런가
하면《냉려잡지冷廬雜識》(권7)이라는 책에 의하면 "글자에 중복이 없고 게다가
많은 이들이 익숙하게 알고 있고 검색하기 편리함"(字無重複, 且衆人習熟, 易於儉覓)
때문에 "지금 과거 답지나 건축물의 번호, 문서의 차례 및 민간의 창고, 문서
장무 등에 모두 이 차례로 표지를 삼고 있다"(今之科場·號舍·文卷及民間質庫·計簿,
皆以其字編次爲識)라 하여 다량의 문서뿐 아니라 일상 사물의 순서를 삼는 데
사용하고 있다.

IV. 《천자문》의 전수와 파급

양梁나라 때 주흥사의 《천자문》이 출현한 이래로 이미 당시 《천자문》에 대한 주석과 다른 내용의 《천자문》이 쏟아져 나왔다. 《남사南史》(57) 심약전 沈約傳에 심약의 손자 심중沈衆의 활동에 대하여 "당시 양 무제가 〈천문시〉를 짓자 많은 이들이 이에 주석을 달았다"(時梁武帝制〈千文詩〉, 衆爲之注解)라 하였고, 〈교감기校勘記〉에 "고염무 《일지록》에 '천자문은 두 종류가 있다. 하나는 소자범이 찬한 것이며 하나는 주흥사가 찬한 것이다. 이는 구당서 경적지에 보인다. 여기서 말한 양무제가 지은 천문시까지 합하면 세 판본이 전하는 것이다. 수서 경적지에 주흥사 천자문이 전하며 이는 국자좨주 소자운이 주를 단 것이며 양서 소자범전에는 소자범도 천자문을 지은 것이 있으며 기실 채원이 주석을 달았다 하였다. 지금 다시 심중의 주가 있으니 역시 두 판본 사이에 차이가 있다"(顧炎武《日知錄》: 千字文有二本, 一蕭子範撰, 一周興嗣撰, 見舊唐書經籍志, 此云'梁武帝制千文詩', 則凡三本矣. 隋志載興嗣千字文, 國子祭酒蕭子雲注, 而梁書蕭子範傳又謂子範作之, 記室蔡邕注釋; 今又有沈衆注, 亦彼此互異)라 하였으니 역시 당시 《천자문》에 대한 제작과 주석이 활발히 이루어졌음을 알 수 있는 대목이다.

그리고 뒤를 이어 《속천자문續千字文》, 《재속천자문再續千字文》, 황조전 黃祖顓의 《별본천자문別本千字文》과 남송南宋 호인胡寅이 상고시대부터 송대까지의 역사를 일목요연하게 정리하되 《천자문》의 형식을 빌려 저술한 《서고천문叙古千文》은 황호黃灝의 주注가 있어 지금도 널리 알려져 있다.

한편 《천자문》의 전수에서 진陳·수隋 시기 지영智永의 공헌을 거론하지 않을 수 없다. 지영은 동진東晉 서성書聖 왕희지王羲之의 7대손으로서 30여 년 동안 무려 800본의 진초본眞草本 《천자문》을 모사하여 절동浙東 지역

각 사찰에 증송하였다.(부록《太平廣記》내용을 볼 것) 이로써 지영은 왕희지의 서법 예술은 물론 그에 따른《천자문》을 천하에 널리 보급하는 큰 공헌을 한 것이다.

지영의 이러한 활동이 있은 뒤 역대 서예 대가들이라면 누구나《천자문》을 작품으로 써서 자신 서법예술의 연마와 정진 과정의 일환으로 삼지 않은 자가 없었다. 즉 회소懷素, 구양순歐陽詢, 송宋 휘종(徽宗, 趙佶), 조맹부趙孟頫, 문징명文徵明, 유석암劉石菴 등 이루 헤아릴 수 없이 많은 이들이 있었으며, 그 작품이 지금도 서예 학습자 범본範本으로 널리 애용되고 있다. 이를 통해 《천자문》은 그야말로 천리마를 탄 장수처럼 지명도가 높아져, 단순한 몽학서로서의 지위를 뛰어넘게 되었고, 오히려 서법예술의 대본으로 더 알려지는 형세도 함께 갖게 된 것이다.

그렇다고 당대 이후《천자문》은 학습용으로서의 본연의 가치가 덜어진 것은 아니다.《당척언唐摭言》에는 "顧蒙, 宛陵人, 博覽經史, 慕燕許刀尺, 亦一時之傑. ……甲辰淮浙荒亂, 避地至廣州, 人不能知, 日耳曼人的以至書千字文授於聾俗, 以換斗筲之資"라는 일화가 실려 있다.

이처럼《천자문》이 널리 퍼지고 중시되자 그 체제를 따른 유사한 책들이 쏟아져 나왔다. 이를테면 당나라 승僧 삼장법사三藏法師 의정義淨의《범어천자문梵語千字文》을 비롯하여 송대 호인胡寅의《서고천자문叙古千字文》(叙古千文), 원元나라 하태화夏太和의《성리천자문性理千字文》, 명대明代 탁인월卓人月의《천자대인송千字大人頌》, 여재지呂裁之의《여씨천자문呂氏千字文》, 청淸 오성란吳省蘭의《공경황상칠순만수천자문恭慶皇上七旬萬壽千字文》, 태평천국太平天國 시대의《어제천자조御製千字詔》등 헤아릴 수 없다. 이들은 내용이 각기

다르지만 찬자가 자신의 목적을 위해 내용을 표현하면서 이 《천자문》의 형식을 근간으로 삼아 그러한 그릇에 다른 내용물을 담은 격이다.

그 외에도 지금 전하는 《속천자문續千字文》(續千字文), 《중속천자문重續千字文》(再續千字文), 《계고천문稽古千文》, 《광역천문廣易千文》, 《정자천문正字千文》, 《증수천자문增壽千字文》, 《훈몽천자문訓蒙千字文》과 서체별書體別로 정리한 《백체천자문百體千字文》, 《오체천자문五體千字文》 등 그 형식과 수는 다양하다.

그리고 일찍이 이미 《만한대조천자문滿漢對照千字文》, 《몽한대조천자문蒙漢對照千字文》이 출간되어 만주족과 몽고족에게도 영향을 미쳤다.

그런가 하면 이 《천자문》은 해외로도 널리 퍼져나가 우선 한국에서는 백제시대 이미 일본에 전해진 기록이 있고, 조선시대 이후로는 관찬은 물론 지방판도 수없이 출간되어 작은 마을 어느 서당에서도 "하는 천, 따 지"의 낭송 소리가 들릴 정도였다. 일본도 일찍이 백제로부터 전해 받은 《천자문》을 지극히 소중히 여겨 호증胡曾의 〈영사시詠史詩〉와 이한李瀚의 《몽구蒙求》, 그리고 이 《천자문》을 합간하여 《명본배자증광부음석문삼주明本排字增廣附音釋文三注》를 내어 활발한 연구까지 이루어지게 되었다. 한편 1831년에는 영문판 《천자문》이 나왔으며 뒤를 이어 프랑스어, 라틴어, 이탈리아어 《천자문》도 나올 정도였다.

이처럼 민국民國시대가 들어서면서 비록 서구식 교육과정을 도입하여 〈삼백천〉이 소학小學 과정에 들어가지는 못하였지만 지금도 중국의 일반 서점에는 끊임없이 이 책이 진열되어 있고 나아가 중국인이라면 학교 교육에 관계없이 일단 구입하여 읽고 외우고 일상 언어생활에 그 내용을 인용하며 살고 있어 민간 대중문화는 여기에 바탕을 두고 살아가고 있다고 해도 과언이 아닐 것이다.

한편 이 《천자문》은 민간 언어와 문장에도 상당한 영향을 미쳤다. 북송 이방李昉의 《태평광기太平廣記》(252)에 그러한 내용이 일화로 실려 있다.

당唐나라 후백侯白의 《계안록啓顔錄》을 인용한 '천자문어걸사千字文語乞社' (천자문 어구로써 토지신에게 비는 문장)에는 무려 《천자문》의 46구절을 인용하여 문장을 구성하였다.(참고란을 볼 것) 청대淸代 평보청平步靑은 이 기록을 두고 "閻立本善畫, 後拜右相; 而姜恪以戰功爲左相. 時人有'左相「宣威沙漠」, 右相「馳譽丹靑」'之嘲. 此又載《啓顔錄》之前"이라 하여 《천자문》의 구절이 이 전에 이미 널리 인용되고 희화戲話되었음을 밝히고 있다.

그러다가 명청明淸시대에는 소설과 희곡 작품에 대량으로 《천자문》 구절을 인용하는 것이 일상화될 정도였다. 즉 《모단정牡丹亭》 제17척齣 〈도관편道觀篇〉에는 《천자문》 구절 118구, 472자를 인용하여 거의 반이나 된다. 이는 당시 《천자문》을 거의가 외웠다는 증거가 된다. 그런가 하면 《탐환보貪歡報》 제9회에도 134구를, 《용고기龍膏記》 제21절折에 곽난郭暖의 대화, 《신중루蜃中樓》 제21절 하병蝦丙의 대화, 《품화보감品花寶鑑》 제8회 손사휘孫嗣徽의 대화, 《부용루芙蓉樓》 제10척, 《서양기西洋記》 제78회, 《계륵편鷄肋篇》, 《사학詞謔》, 《미개謎槪》, 《남정사화南亭四話》, 《일석어一夕語》 등에서 수없이 많은 인용의 예를 발견할 수 있다.

V. 《천자문》의 중복자 '결潔'과 기타 몇 글자의 자형字形

천재적인 노고를 아끼지 않았던 주흥사도 실수를 범하여 중복된 글자가 있다. 바로 '결潔'자이다. 이 때문에 실제 낱개의 글자로 따지면 999자인 셈이다. 즉 「녀모정결女慕貞潔」과 「환선원결紈扇圓潔」에서 이 글자가 겹치고 만 것이다. 이에 뒷사람들은 「녀모정렬女慕貞烈」로 바꾸어 결과 운과 뜻이 통하는 글자로 대체하기도 하였으며 혹 뒤의 「환선원결紈扇圓潔」을 「환선원혈紈扇圓絜」로 하여 역시 통가의 의미를 지닌 '혈絜'자를 써서 중복을 피해 보기도 하였다. 따라서 지금 전하는 많은 《천자문》은 각기 「녀모정렬女慕貞烈」과 「녀모정결女慕貞潔」이 혼재하고 있으며 이는 우리나라 판본도 마찬가지이다.

이에 대하여 《지봉유설芝峰類說》(7)에 "千字文, 梁周興嗣所編也. 武帝取一千字, 每字片紙雜碎, 命興嗣韻之. 今考其文, 有「女慕貞潔·紈扇圓潔」, '潔'字重疊. 或曰貞潔之潔當作絜. 按秦本紀云:「男女絜誠.」樂毅傳云:「不絜其名」莊子云:「以絜吾行」蓋古二字通用, 今韓濩所書千字文作'貞烈', 未知有所考也"라 하여 「녀모정혈女慕貞絜」로 해야 한다고 보았지만 이는 도리어 「환선원혈紈扇圓絜」로 된 중국 판본이 있는 것으로 보아 뒤에 쓰인 글자 결을 '혈絜'로 바꾸어야 하는 것이 아닌가 한다. 좌우간 처음 누구에 의해 '렬烈'로 바뀌었는지는 알 수 없으나 중복자를 피하기 위한 글자의 환치換置는 있을 수 있는 예이다.

우리나라의 《석봉천자문石峰千字文》·《주해천자문註解千字文》과 많은 지방판地方版 《천자문》은 거의 '렬烈'로 고쳐져 있으나 오직 그보다 앞서 출판된 《광주천자문光州千字文》 등에는 그대로 '결潔'을 두 번 중복된 채로 되어 있다. 그리고 특이한 것은 《주해천자문註解千字文》에는 이것이 문징명文徵明, 衡山의 글씨에 의해 "皇明文衡山徵明所書, 草楷篆隸四體, 烈作絜, 袡褉;

祐作祐, 福也; 邵作劭, 美也"라 하여 렬烈, 혈(絜, 혹 潔), 우(祐, 祜), 소(邵, 劭)
글자의 자형이 다른 이유와 근거를 밝히고 있다.

  좌우간 '렬烈'과 '결潔'은 같은 운韻으로 서로 바꾸어 쓸 수 있다. 단
《천자문석의千字文釋義》(汪嘯尹 〈纂輯本〉)에는 '환선원혈紈扇圓絜'로 하여 '결潔'
자를 '혈絜'자로 바꾸어 놓고, "絜, 與潔同, 又約束之義"라 하여 '깨끗하다'는
뜻 외에 "부채를 묶어 만들다(約束)"라는 뜻도 있음을 밝혔다. 따라서 이 해석
을 따를 경우 "제나라 산출의 얇고 흰 비단으로 부채를 둥글게 묶어 만들다"
로 풀이하여야 한다.

VI.《천자문》과 서법예술(서예)

앞서 설명한 대로《천자문》은 단순히 어린이용 자학서, 습자서, 초보적인 문화 학습서의 단계를 뛰어넘어 서예의 대가들이 글씨로써 이를 남기고 작품화함으로써 서단書壇의 중요한 교재로 더욱 널리 알려지고 사용되게 되었다.

19세기 초 돈황석굴敦煌石窟에서 발견된 문헌 속에도 역시 수십여 종의 《천자문》 사본이 있고, 명대〈문연각서목文淵閣書目〉과〈조씨보문당서목晁氏寶文堂書目〉 등에는 각기 20여 종의 역대 유명 서예가의 서사본《천자문》 법첩法帖이 수록되어 있으며 그 외 민간과 각종 서목에 실려 있는《천자문》 작품과 법첩은 이루 헤아릴 수 없을 정도이다.

우선 동진東晉 왕희지王羲之가 이미 삼국시대 위나라 종요鍾繇의《고천자문》을 임서하였다고 하며, 양梁나라 때 소자범蕭子範이 역시 따로《천자문》을 만들어 썼다고 하나 현재로서는 그 진위를 알 수는 없고, 다만 주흥사가 《차운왕희지서천자次韻王羲之書千字》라는 이름으로 지은 지금의《천자문》도 실제 그 서명에서 보듯이 왕희지의 글씨와 관련이 있음을 알 수 있다.

그 뒤 진陳·수隋 시기 지영智永이 무려 8백 본의《천자문》 서사본을 써서 절동浙東 각 사찰에 증송하고 나서, 중국 서가들은 다투어《천자문》을 서법 예술로 승화시켰다. 그리고 각종 서체로 대비시켜 풍부한 자료를 남겼으니 바로 북송 때만 해도 황실에 속한 선화부宣和府에 소장된《천자문》 서예작품이 무려 49종이나 있었다고 한다. 지금까지 대략 알려진 서가만도 구양순歐陽詢, 하지장賀知章, 안진경顏眞卿, 회소懷素, 미불米芾, 조길(趙佶, 宋 徽宗), 조구(趙構, 宋 高宗), 조맹부趙孟頫, 문징명文徵明을 거쳐 현대 우우임于右任, 조박초趙樸初, 계공啓功 등 헤아릴 수 없이 많아 그야말로「천하제일자서天下第一字書」로서의 그 영예를 떨치고 있는 것이다.

이에 《선화서보宣和書譜》에는 "梁武得義之千字, 令周興嗣次之, 自爾書家每以是爲課程, 學者以千字經心, 則自應手和心得, 可與入道"라고까지 하였다.

한편 지영은 이름이 법극法極, 속성俗性이 왕씨王氏로 바로 왕희지王義之의 7세손이다. 일찍이 세상의 난을 피하여 오흥吳興의 영혼사永欣寺에 출가, 승려가 되어 백 세를 살았다. 사람들은 그를 영선사永禪師라 불렀으며 《진초천자문眞草千字文》은 가학家學의 발흥을 위하여 심혈을 기울여 써서 배포한 것이다. 특히 그에 관한 일화는 '필총筆冢'과 '철문한鐵門限'의 고사로도 유명하다.(참고란 《太平廣記》를 볼 것) 그의 글씨는 왕희지의 예술 진면목을 이어받은 것으로 널리 알려져 있으며 소동파蘇東坡는 "骨氣深隱, 體兼衆妙, 精能之至, 反造疏淡. 如觀陶彭澤詩, 初若散緩不收, 反復不已, 乃視奇趣"라 평하였다. 당唐 태종太宗 이세민李世民 때 왕희지가 서예의 신단神壇으로 추앙을 받자 지영의 글씨도 당연히 왕희지 서법을 위한 범본範本으로 인정을 받아 그 뒤 구양수, 하지장, 회소, 미불 등 이 지영의 《천자문》으로 공부하지 아니한 자가 없었다.

그러나 지영의 《천자문》을 이어받은 이로 원대 조맹부(趙孟頫: 1254~1322)를 들고 있다. 조맹부는 송宋 태종(太宗: 趙匡義)의 11세손으로 원대元代 오흥(吳興, 지금의 浙江 湖州) 사람이다. 자는 자앙子昻, 호는 송설도인松雪道人, 혹 구파鷗波, 수정궁도인水精宮道人 등으로 불리며 그의 서체는 호를 따서 흔히 '송설체'라고도 한다. 그 스스로 "二十年來寫天文以爲百數"라 하여 《천자문》만 가지고 20여 년을 연습하였으며 "篆籀分隷眞行草書, 無不冠絕古今, 遂以書名天下"라 불리면서 원명元明 5백 년간 서단書壇에 큰 영향을 미쳤다. 이에 하량준何良俊은 "自唐以前, 集書法之大成者, 王右軍也; 自唐以後, 集書法

大成者, 趙集賢孟頫也"라 하였다. 비록 조맹부는 몽고족 쿠빌라이 칸과 그 뒤를 이은 오대 황제를 섬겨 벼슬하였다 하여 포폄이 엇갈리지만 그것이 그의 예술 세계에 흠이라 여길 수는 없을 정도이다.

그 뒤 명초에는 대각체(臺閣體, 明 成祖의 명으로 글씨에 뛰어난 자를 뽑아 中書舍人 관직을 주어 內閣의 문서 書寫에 발탁하여 생긴 書體) 《천자문》이 나타났다. 그 주인공이 바로 심도沈度와 심찬沈粲 형제로서 흔히 '이심二沈'이라 한다. 심도는 자가 민칙民則이며 호는 자락自樂으로 화정(華亭, 지금의 上海 松江) 사람이다. 명 성조(朱棣)에게 발탁되어 "이 시대의 왕희지我朝王羲之"라는 칭송을 받자 도리어 자신의 아우를 추천하면서 "제 아우 찬이 있는데 그 글씨가 저보다 낫습니다"(臣有弟粲, 其書勝臣)라 하여 아우도 한림학사翰林學士를 제수받고 함께 이름을 날리게 되었다. 심찬은 자가 명망名望이며 호는 간암簡庵으로 진행초眞行草에 두루 뛰어나 "초성으로 한 시대에 뛰어났다草聖擅一時"는 칭송을 받았다.

이에 부록으로 이들의 작품 《천자문》을 모두 실어 독자의 참고로 삼는다.
(이상 《千字文》 商務印書館, 홍콩 2003판과 《千字文》 北京燕山出版社. 1995년판 등을 정리 요약한 것이며, 영인 자료도 이에 실린 것을 전재한 것임을 밝힌다.)

Ⅶ. 한국에서의 《천자문》

1) 《천자문》의 전래와 일본으로의 전수

《천자문》이 언제 우리나라에 들어왔는지에 대한 기록이 없으나 오히려 우리나라 백제가 일본에게 《천자문》을 전수해 준 기록은 남아 있다.

즉 일본 《고사기古事記》(中卷)의 기록은 다음과 같다.

"此之御世(應神朝)亦百濟國主古王, 以牝馬一疋, 付阿知吉師以貢上(此阿知吉師者, 阿直史之祖). 亦貢上橫刀及大鏡, 又科賜百濟國, 若有賢人者貢上. 故受命以貢上人, 名和邇吉師, 卽論語十卷·千字文一卷, 幷十一卷, 付是人卽貢."

이처럼 백제가 《논어》 10권과 《천자문》 1권을 전해 준 것으로 되어 있다. 그런데 이 시기를 백제 근초고왕(近肖古王: 346~375년 재위) 시대로 추정하고 있어(《韓國敎育史資料》1. p.37. 1973 探求堂) 이는 중국 양梁나라 무제(武帝: 蕭衍)가 주흥사에게 명하여 이루어진 《천자문》, 즉 대동(大同: 535~545) 연간에 비해 무려 200여 년 전이다. 시대 추정이 타당하다면 이는 주흥사의 《천자문》이 아닌 종요의 《천자문》일 가능성이 매우 높다. 좌우간 우리나라에는 일찍이 《천자문》이라는 책이 들어왔을 것이며 문자학습에 깊은 영향을 미쳤을 가능성은 얼마든지 있다. 안타까운 것은 더 이상 자료나 기록이 없어 그 구체적인 상황을 알 수 없다는 것일 뿐이다.

2) 한국에서의 동몽서童蒙書와 《천자문》

우리나라 조선시대에는 우리 나름대로 동몽 학습서가 있었을 것이나 그 역시 자료나 기록은 없고 다만 조선시대 들어서면서 활발하게 이에 관한 책들이 쏟아져 나왔다. 바로 최세진崔世珍의 《훈몽자회訓蒙字會》1527,

그 외에 《신증유합新增類合》(1567) 등의 자서字書이며 그 밖에 일반교양과 문장 입문서로는 《계몽편啓蒙篇》, 《동몽선습童蒙先習》, 《격몽요결擊蒙要訣》, 《추구推句》, 《사자소학四字小學》, 《해동속소학海東續小學》 등이었다.

그러면서 한편 중국의 대표적인 〈삼백천三百千〉 중 《삼자경》도 출간되었지만 오히려 이 《천자문》이 우리에게도 절대적 지위를 누려왔다. 그리고 우리나라에서 제작된 동몽서와 함께 그 가치를 인정받아 《중종실록中宗實錄》(권65. 24年 己丑七月乙未)에 "傳于政院曰:「初讀所用千字·類合·懸吐小學各二十件. ……」"이라 하였고, 최세진의 《훈몽자회》 인引에도 "臣竊見世之敎童幼學書之家, 必先千字, 次及類合, 然後始讀諸書矣"라 하여 《천자문》은 《유합》과 더불어 다른 책을 읽기에 앞서 문자를 익혀야 할 기본적인 입문서로 널리 중시되었음을 알 수 있다. 그러나 아깝게도 실제 이 《천자문》은 우리나라에서는 낱자의 글자 익힘의 수준으로 널리 애용되었을 뿐 그 속에 들어 있는 문장으로서의 내용에 대해서는 깊은 관심을 기울이지 않은 것이 아닌가 한다. 이에 대해 《훈몽자회》 인引에는 "千字, 梁朝散騎常侍周興嗣所撰也. 摘取故事, 排比爲文, 則善矣. 其在童稚之習, 僅得學字而已. 安能識察故事屬文之義乎?"라 한 것이다.

그럼에도 근세까지도 시골 서당마다 이 《천자문》은 한자의 기본 입문서요 어린이들 입에서 외우는 소리가 어디서나 들을 수 있었던 보편적인 교재였다. 다만 《삼자경》은 출판되기는 하였으나 제대로 소개되지도 못하였으며 아울러 중국의 격언교재格言敎材 중에서도 《증광현문增廣賢文》이나 《유학경림幼學瓊林》 등은 빛을 보지도 못하였다. 그 대신 중국에서는 제대로 알려지지 않은 명대明代 범립본范立本의 《명심보감明心寶鑑》이 전국에 널리 퍼져 지금도 읽히고 있다.

3)《광주천자문光州千字文》

실제 우리나라에서 널리 알려진 한석봉(韓石峰, 韓濩)의 《천자문》보다 먼저 훈음訓音을 달아 편찬한 《천자문》이 있었다. 바로 《광주천자문》이다. 이는 소창진평小倉進平이 소장하고 있던 것으로 이기문李基文교수가 1968년 일본 동경의 내각문고內閣文庫를 조사하다가 발견하여 《석봉천자문石峰千字文》 초간본과 함께 마이크로필름으로 가지고 와서 1973년 단국대학교 동양학 연구소에 의해 동양학총서 제3집에 묶어 《천자문》이라는 책으로 영인 출간 함으로써 세상에 알려지게 되었다. 이는 석음釋音을 보여주는 《천자문》 으로서는 현존 최고본最古本이며 그 훈은 연대에 비하여 매우 보수적이라 하였다. 《천자문》 본문 연구에 못지않게 국어학 고어古語 연구에 귀중한 자료로 평가받고 있다. 그 권말卷末 간기刊記에 "萬曆三年月日光州刊上"이라는 기록이 분명하여 바로 1575년(선조 8)에 나온 것임을 확정적으로 알 수 있 으나, 다만 누구의 손에 의해 한자가 쓰이고 누가 훈석과 음을 달았는지는 알 수가 없다. 이에 실린 한자는 문제가 되는 「녀모정결女慕貞潔」, 「영수길소 永綬吉劭」가 원본 그대로이다. 이 책은 어린이 초학 교재로 사용하기 위하여 지방 광주에서 간행한 것으로 실제 이러한 발상을 실행에 옮긴 선조들에 대하여 경외심을 금할 길이 없을 정도이다.(영인자료 참고)

4)《석봉천자문石峰千字文》

《천자문》이 중국에서 주흥사와 뗄 수 없는 관련이 있다면 한국에서는 한석봉과 뗄 수 없는 관련이 있다고 할 수 있을 것이다. 《천자문》은 우리 나라에서만 유일하게 훈을 앞에 붙여 읽고 외우는 교재로 자리잡았다. 이에 따라 조선 선조 때 명필 석봉石峰 한호(韓濩: 1543~1605. 중종 38~선조38)에 의해

1583년(선조 16) 음훈을 붙인 《천자문》은 그 뒤 지금까지 가장 널리, 보편적으로 알려진 《천자문》 음훈訓音 대본臺本이 되었다. 즉 선조의 명에 의하여 1583년 해서체楷書體의 단아한 글씨로 쓰여진 다음 만력萬曆 29년 신축년(辛丑年, 1601, 선조 34)에 간행하였으며 그 뒤 신미년(辛未年, 1691. 숙종 17)에 숙종이 직접 서문을 쓰고 중간한 《어제천자문御製千字文》도 있는데, 영조 30년 갑술(甲戌, 1754)년 등 몇 차례 단속적斷續的으로 간행을 거듭하였다. 그리고 이 《천자문》은 1958년 중앙대학교의 《문경文耕》(6집)에 남광우南廣佑 교수가 가나다 순 색인으로 정리하여 출판되기도 하였다.

한호는 자가 경홍景洪, 호는 석봉石峰, 혹은 청사晴沙이며 정랑正郎 한빈韓賓의 손자로서 개성開城에서 태어났다. 해행진초楷行眞草에 모두 뛰어나 1567년 진사에 합격, 임진왜란 때 선조의 행재소에서 문서를 관리하는 일을 맡기도 하였으며, 가평군수加平郡守에 배임되어 지금도 가평 시내 바로 맞은편 보납산寶納山에는 그에 관한 전설을 간직한 동굴이 있다.

석봉 한호는 당시 전란 중에 오가던 중국 사신들과 장수들에게도 널리 알려져 이여송李如松, 마귀麻貴 등도 그의 글씨를 구해 가지고 갈 정도였다 한다. 아울러 왕세정王世貞은 한석봉의 글씨를 보고 "성난 사자가 바위를 갉아내고, 목마른 천리마가 냇가로 달려가는 듯한 기세"라 칭송을 아끼지 않았고, 주지번朱之蕃은 "능히 왕우군, 안진경에 비견할 만하다"라고 하였다 한다. 그런가 하면 선조는 한호를 군수로 보내면서 "그대의 필법은 후세에 전하여야 하니 권태로울 때는 쓰지 말고 그렇다고 게을리하지도 말 것"을 당부하며 "취리건곤醉裡乾坤, 필탈조화筆奪造化"라는 휘호를 써 주었다고도 한다. 그의 글씨는 조맹부의 송설체를 따르면서도 동시에 왕희지 서체를 극구 고집하여 자신만의 독특한 서체를 만들었으며 안평대군安平大君, 김구

金絿, 양사언楊士彦과 함께 선초鮮初 사대가四大家로 꼽히고 있다. 그럼에도 서자관書字官의 글씨체라는 비평을 받아 경지보다 틀에 맞추려는 노력이 앞선 '서자관체書字官體' 또는 '간록체干祿體'의 흔적을 남겼다고도 한다.

이《석봉천자문》에서는 문제가 되는 「녀모정결女慕貞潔」은 「녀모정렬女慕貞烈」로 바꾸어 '렬烈'은 '미올 렬'로 되어 있어〈광주본〉의 '결潔: 물굴 결'과 달라졌으며,「영수길소永綏吉劭」는 「영수길소永綏吉邵」로 바꾸어 '소邵: 노퓰 쇼'라 하여〈광주본〉의 '소劭: 힘쓸 쇼'와 차이를 보이고 있다. 그리고 「첩어적방妾御績紡」도 「첩어방적妾御紡績」으로 순서가 바뀌어 있다.

좌우간 이《석봉천자문》은 우리 어릴 때만 해도 시골에서도 볼 수 있었던 대본으로 그 영향은 지극히 컸다고 할 수 있다.(부록의 영인본을 볼 것)

5)《주해천자문註解千字文》

그 외에 특이한《천자문》이 있었다. 홍윤표洪允杓 교수가 소장하고 있던 것은 "南陽洪泰運書"와 "崇禎百七十七年甲子秋京城廣通坊新刊"으로 되어 있어 중간본임이 확인되었고, 서울대학교 중앙도서관에 소장되어 있는 초간본(원간본)은 권말에 "崇禎百二十五年壬申冬, 註解于龜谿精舍, 上護軍南陽 洪聖源書, 南漢開元寺開板"이라는 간기刊記가 있다. 이로써 초간본 '崇禎 百二十五年'은 명明이 망한(1644) 뒤 우리나라에서는 흔히 청淸의 연호를 쓰지 않고 명의 마지막 연호 숭정崇禎 원년(元年, 1628)을 이어서 계산한 것으로 그 125년은 바로 1752년 임신(壬申, 조선 英祖 28년, 淸 高宗 乾隆 17년)년으로 구계정사龜谿精舍에서 주해註解하였고 상호군上護軍 벼슬의 남양홍씨南陽洪氏 홍성원洪聖源의 글씨로 남한南漢 개원사開元寺에서 간행된 것임을 알 수 있다.

그리고 중간본은 숭정崇禎 177년, 즉 1804년 갑자(甲子, 조선 純祖 4년, 淸 仁宗 嘉慶 9년)에 그 후손 홍태운洪泰運에 의해 증보된 방각본坊刻本이다. 이 책은 앞에 "篆與字音淸濁及小註並新增"이라 하여 원간본에다가 전서篆書와 자음을 넣고 청탁淸濁을 밝혔으며 아울러 소주小註를 부가한 것이다. 아울러 특이한 점은 문제가 되는 '렬烈', '결潔', '혈絜', '우祐', '호祜', '소劭', '소邵'자 등에 대하여 맨 끝에 권말에서 그 자형字形이 차이가 남을 밝혔고, '곤鯤'자는 '곤鯤'자로 바꾼 다음 '곤鯤: 큰고기 곤'이라 하여 〈광주본〉의 '곤鵾: 뭇닭 곤', 〈석봉본〉 의 '곤鵾: 새 곤'과는 다르다.(부록을 볼 것)

6) 지방판 《천자문》

이상 중요한 세 가지 유형의 《천자문》 외에도 각 지방마다 출간한 《천자문》은 지금도 널리 산재해 있다. 이에 1980년 정신문화연구원의 《방언 方言》 3집에 평안북도 강계 지방의 《천자문》이 수록된 이래, 김영진金永鎭, 박경래朴慶來, 손희하孫熙河, 류동석柳東碩 교수 등이 현지조사를 통하여 채록 한 《천자문》을 이기문 교수 등의 기획 편집으로 《천자문자료집千字文資料集》 (地方 千字文篇)이 간행하게 되었다.(1995. 박이정출판사) 이 자료집에서는 무려 21곳의 지방 《천자문》을 채록하였는데 평북의 강계江界, 박천博川, 강원도 강릉江陵, 충북의 괴산槐山 연풍 유하리, 같은 군의 적석리, 중원군中原郡 상모면 화천리, 전남 담양潭陽, 곡성, 경북 봉화奉化, 경남 산청山淸, 합천陜川 대병면 오동리, 같은 군면 성리, 합천 쌍책면 성산리, 같은 군 가회면, 경남 함양군咸陽郡 지곡면, 김해군金海郡 장유면, 하동군河東郡 하동읍, 마산馬山, 북제주군 고좌읍, 남제주군 표선면, 북제주군 애월읍 등 전국 각지를 고루

채록하여 1천 자의 글자를 일련번호를 부여하고 21개 《천자문》의 훈음을 대비시켜 대조하기에 편리하도록 하였다. 그 서문에 이기문 교수는 조사 결과의 몇 가지 사실을 적기摘記하였다.

"《석봉천자문》의 영향은 전국에 널리 퍼졌으며, 먼 북쪽 평안북도와 남쪽 제주도까지 《석봉천자문》의 영향이 보존되고 있다. 그리고 《석봉천자문》이후에도 중앙으로부터 훈의 개정 물결이 파급되었으며 먼 지역일수록 석봉의 영향이 더욱 잘 보존되어 있었다. 《석봉천자문》이전의 〈광주본〉이나 〈영남본〉의 흔적도 남아 있어 소중한 존재임을 확인할 수 있었다"라고 하였다.

그 외 최근까지 민간에서는 《이천자문二千字文》(世昌書館, 1953)이 유행하기도 하였다.

Ⅷ. 결언

《천자문》은 우리에게 있어 너무나 친숙한 교재이며 동시에 조선시대에는 필수교재였다. 그럼에도 피상적으로 우리는 그저 글자를 1천자 익히는 문자 학습서로 평범하게 인식되어 온 것이 아닌가 한다. 실제 《천자문》은 사람으로 태어나 어린 시절 최초로 접하는 한자 학습 낱자 교재이니 쉽게 덤벼도 되려니 하는 것은 큰 오산이다. 우선 1천 자라고 하는 것이 어린이에게는 실로 적은 양은 아니며 그 산술적 숫자보다 그 속에 들어 있는 내용은 천문, 지리, 인륜, 도덕, 수양, 물명, 역사 등 온 우주 만물과 일상생활에 필요한 개념의 보고이다.

이것이 우리나라에 들어와 조선시대 최고의 교재로 자리잡으면서 동양 삼국 중 유일하게 훈음으로 읽고 외우며 학습하는 풍토를 조성하였으니 실로 이만큼 피부에 닿도록 가까이한 책도 없었을 것이라 본다. 이에 이 얇은 책을 샅샅이 분석하고 자료를 모아 서지적 사실은 물론 글자마다의 뜻과 문장으로서의 내용을 정리하여 다시 한 번 정확도를 기하여, 한편으로는 학술적으로도 근거를 삼을 수 있고, 다른 한편으로는 기존의 《천자문》에 대한 인식도 새롭게 다질 수 있도록 해 보고자 한다. 그럼에도 시간에 쫓기고 자료 수집에 한계를 느껴 기존의 연구서나 논문, 저술을 모두 섭렵하지 아니한 채 필자도 겉핥기식으로 정리한 것이 아닌가 안타까움을 저버릴 수 없다. 앞으로 많은 학자들과 연구자들에게 조금이나마 보익補益이 되었으면 하는 바람에 서둘러 마무리하여 문세問世할 뿐이다.

隋，智永《眞草千字文》墨迹

唐나라 때 유행한 習字本 《천자문》. 智永 《천자문》을 臨書한 것.

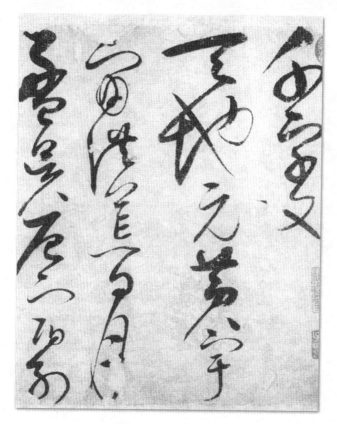

《草書千字文》趙佶(宋 徽宗)

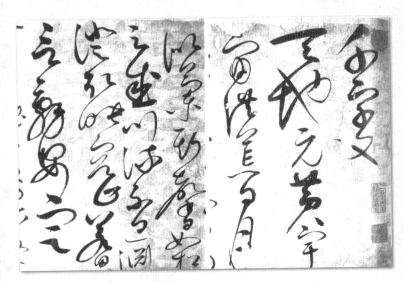

〈草書千字文〉(宋) 趙佶(宋 徽宗) 遼寧博物館 소장

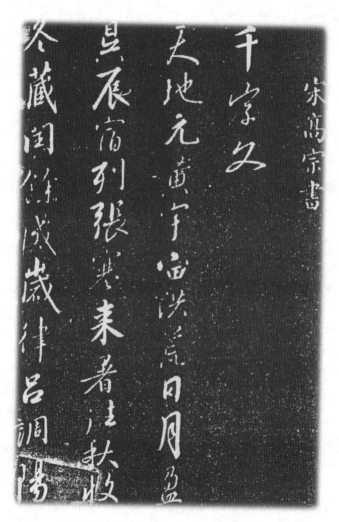

宋, 高宗(趙構)《御書千字文》

《眞草千字文》元, 조맹부(趙孟頫). 부록 참조.

《行書千字文》元, 조맹부 부록 참조.

夢英〈千字文〉

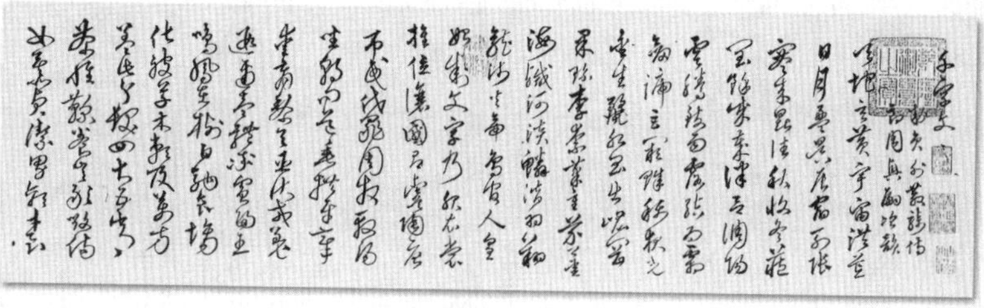

明, 沈粲《草書千字文》卷

《光州千字文》조선시대. 부록 및 해제 참조.

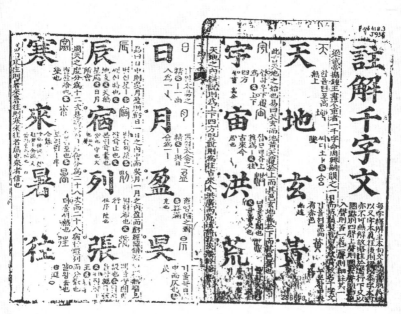

《註解千字文》조선시대. 부록 및 해제 참조.

《石峰千字文》 조선시대. 부록 및 해제 참조.

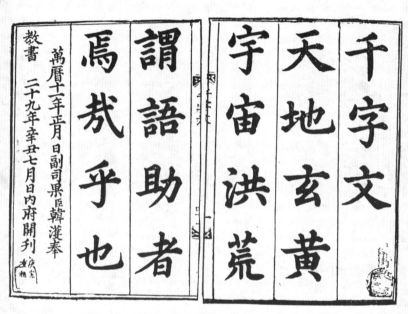

《石峰千字文》(辛丑本) 조선시대

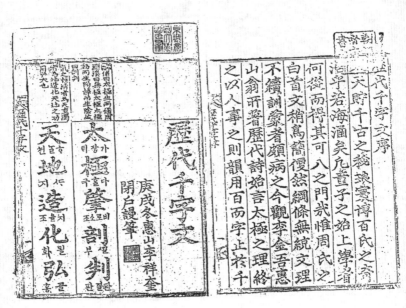

《歷代千字文》조선시대. 서문과 본문 일부

《新編千字文》표지와 본문 끝 부분

〈快雪時晴帖〉(東晉) 王羲之 臺北故宮博物館 소장

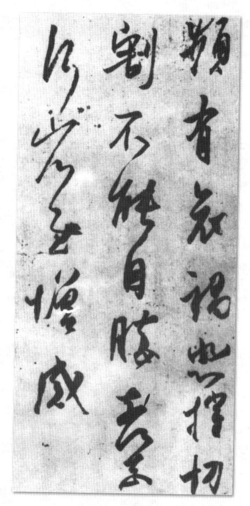

〈頻有哀禍帖〉東晉 王羲之

〈蜀素帖〉米芾

吱子教鶴髭縮頸還

青松本無華安得保

歲寒之

龜鶴年壽齊羽介所

記誅雛是靈物相得

忘形軀鶴有沖霄心兔

〈蜀素帖〉米芾

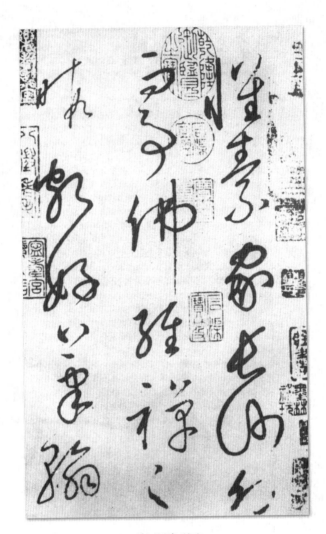

〈自敍帖〉懷素

尚書宣示孫權所求詔令所報所以博示

逮于卿佐必異良方出於阿是爺靈之

言可擇郎廟先孫始以疏賤得為前恩橫

所朕公私見申人同骨肉殊遇厚寵以至

鍾繇〈宣示表〉

〈三門記〉趙孟頫

〈仲尼夢奠帖〉(唐) 歐陽詢 遼寧博物館 소장

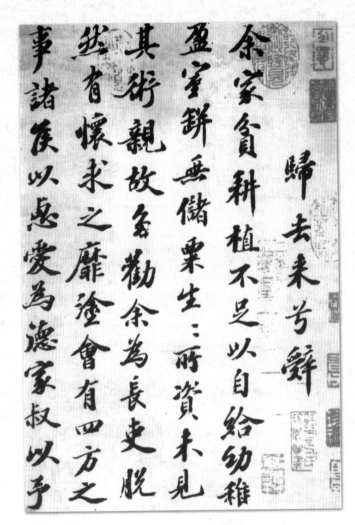

〈歸去來辭〉宋，蘇軾

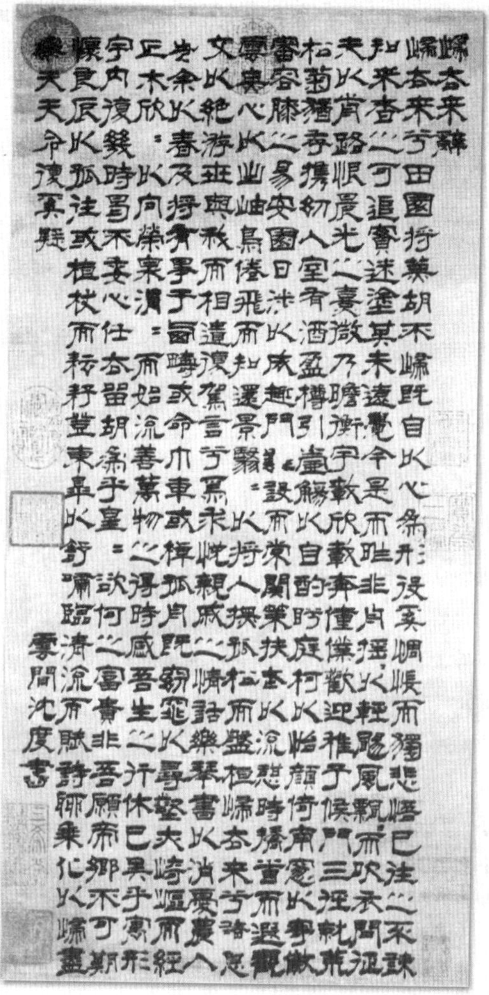

〈歸去來辭〉明, 沈度(書)

鍾繇(중국 제일의 楷書大家)

王逸少(王羲之)《三才圖會》

趙孟頫(元)

〈騎馬人物圖〉(元) 趙孟頫

〈王羲之觀鵝圖〉(元) 錢選 뉴욕 메트로 미술관 소장

米元章像

米芾字元章吳人以毋侍宋宣仁后藩邸恩從仕歷官太
常博士知無爲軍召爲書畫學博士賜對便殿上其子友
仁所作楚山清曉圖擢禮部員外郎出知淮陽軍卒爲文
奇險不蹈襲書法得王羲之體畫亦名家

미불(米芾, 자 元章)《三才圖會》

남조 梁 武帝(蕭衍) 《三才圖會》

武英殿大學士臨川金幼孜篆額
永樂廿一年元民縣主簿華亭張
君以疾致其事歸歸之又四年為
宣德二年三月初十日終於家春
秋六十有九合葬余山其元配章
氏之墓其孤暐奉右春坊庶子沈

臺閣體의 대표 沈度 〈張桓墓碣銘稿〉

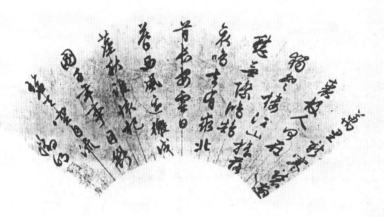

文徵明〈扇面〉

천자문 千字文

《천자문》전문全文

※ 숫자는 글자 차례의 일련번호를 16자씩 나타냄

001-016: 天地玄黃, 宇宙洪荒. 日月盈昃, 辰宿列張.
017-032: 寒來暑往, 秋收冬藏. 閏餘成歲, 律呂調陽.
033-048: 雲騰致雨, 露結爲霜. 金生麗水, 玉出崑岡.
049-064: 劍號巨闕, 珠稱夜光. 果珍李奈, 菜重芥薑.
065-080: 海鹹河淡, 鱗潛羽翔. 龍師火帝, 鳥官人皇.
081-096: 始制文字, 乃服衣裳. 推位讓國, 有虞陶唐.
097-112: 弔民伐罪, 周發殷湯. 坐朝問道, 垂拱平章.
113-128: 愛育黎首, 臣伏戎羌. 遐邇壹體, 率賓歸王.
129-144: 鳴鳳在樹, 白駒食場. 化被草木, 賴及萬方.
145-160: 蓋此身髮, 四大五常. 恭惟鞠養, 豈敢毀傷?
161-176: 女慕貞烈, 男效才良. 知過必改, 得能莫忘.
177-192: 罔談彼短, 靡恃己長. 信使可覆, 器欲難量.
193-208: 墨悲絲染, 詩讚羔羊. 景行維賢, 克念作聖.
209-224: 德建名立, 形端表正. 空谷傳聲, 虛堂習聽.
225-240: 禍因惡積, 福緣善慶. 尺璧非寶, 寸陰是競.
241-256: 資父事君, 曰嚴與敬. 孝當竭力, 忠則盡命.

257-272: 臨深履薄, 夙興溫凊. 似蘭斯馨, 如松之盛.
273-288: 川流不息, 淵澄取映. 容止若思, 言辭安定.
289-304: 篤初誠美, 慎終宜令. 榮業所基, 籍甚無竟.
305-320: 學優登仕, 攝職從政. 存以甘棠, 去而益詠.
321-336: 樂殊貴賤, 禮別尊卑. 上和下睦, 夫唱婦隨.
337-352: 外受傅訓, 入奉母儀. 諸姑伯叔, 猶子比兒.
353-368: 孔懷兄弟, 同氣連枝. 交友投分, 切磨箴規.
369-384: 仁慈隱惻, 造次弗離. 節義廉退, 顛沛匪虧.
385-400: 性靜情逸, 心動神疲. 守眞志滿, 逐物意移.
401-416: 堅持雅操, 好爵自縻. 都邑華夏, 東西二京.
417-432: 背邙面洛, 浮渭據涇. 宮殿盤鬱, 樓觀飛驚.
433-448: 圖寫禽獸, 畫綵仙靈. 丙舍傍啓, 甲帳對楹.
449-464: 肆筵設席, 鼓瑟吹笙. 陞階納陛, 弁轉疑星.
465-480: 右通廣內, 左達承明. 旣集墳典, 亦聚群英.
481-496: 杜藁鍾隷, 漆書壁經. 府羅將相, 路俠槐卿.
497-512: 戶封八縣, 家給千兵. 高冠陪輦, 驅轂振纓.
513-528: 世祿侈富, 車駕肥輕. 策功茂實, 勒碑刻銘.
529-544: 磻溪伊尹, 佐時阿衡. 奄宅曲阜, 微旦孰營?
545-560: 桓公匡合, 濟弱扶傾. 綺回漢惠, 說感武丁.
561-576: 俊乂密勿, 多士寔寧. 晉楚更霸, 趙魏困橫.
577-592: 假途滅虢, 踐土會盟. 何遵約法, 韓弊煩刑.
593-608: 起翦頗牧, 用軍最精. 宣威沙漠, 馳譽丹青.

609-624: 九州禹迹, 百郡秦幷. 嶽宗泰岱, 禪主雲亭.
625-640: 雁門紫塞, 鷄田赤城. 昆池碣石, 鉅野洞庭.
641-656: 曠遠綿邈, 巖岫杳冥. 治本於農, 務玆稼穡.
657-672: 俶載南畝, 我藝黍稷. 稅熟貢新, 勸賞黜陟.
673-688: 孟軻敦素, 史魚秉直. 庶幾中庸, 勞謙謹勅.
689-704: 聆音察理, 鑒貌辨色. 貽厥嘉猷, 勉其祗植.
705-720: 省躬譏誡, 寵增抗極. 殆辱近恥, 林皐幸卽.
721-736: 兩疏見機, 解組誰逼? 索居閑處, 沈黙寂寥.
737-752: 求古尋論, 散慮逍遙. 欣奏累遣, 慼謝歡招.
753-768: 渠荷的歷, 園莽抽條. 枇杷晚翠, 梧桐早凋.
769-784: 陳根委翳, 落葉飄颻. 遊鵾獨運, 凌摩絳霄.
785-800: 耽讀翫市, 寓目囊箱. 易輶攸畏, 屬耳垣牆.
801-816: 具膳飱飯, 適口充腸. 飽飫烹宰, 飢厭糟糠.
817-832: 親戚故舊, 老少異糧. 妾御績紡, 侍巾帷房.
833-848: 紈扇圓潔, 銀燭煒煌. 晝眠夕寐, 藍笋象牀.
849-864: 絃歌酒讌, 接杯擧觴. 矯手頓足, 悅豫且康.
865-880: 嫡後嗣續, 祭祀蒸嘗. 稽顙再拜, 悚懼恐惶.
881-896: 牋牒簡要, 顧答審詳. 骸垢想浴, 執熱願凉.
897-912: 驢騾犢特, 駭躍超驤. 誅斬賊盜, 捕獲叛亡.
913-928: 布射僚丸, 嵇琴阮嘯. 恬筆倫紙, 鈞巧任釣.
929-944: 釋紛利俗, 竝皆佳妙. 毛施淑姿, 工顰妍笑.
945-960: 年矢每催, 曦暉朗曜. 璇璣懸斡, 晦魄環照.

961-976: 指薪修祜, 永綏吉劭. 矩步引領, 俯仰廊廟.
977-992: 束帶矜莊, 徘徊瞻眺. 固陋寡聞, 愚蒙等誚.
993-1000: 謂語助者, 焉哉乎也.

《천자문千字文》

❀ 釋文
梁敕員外散騎侍郎周興嗣次韻: 淸, 汪嘯尹(纂輯). 孫謙益(參注)

梁, 郡名, 卽今歸德府. 武帝初封梁公, 進爵爲王, 後纂齊位, 以爲國號. 敕者, 君令臣之辭. 員外者, 官有常員, 於常員之外, 又設是官, 比於正員, 故云員外也. 散騎侍郎, 官名, 隸門下省. 其官始於秦時, 在乘輿左右, 騎而散從, 無常職. 漢因之, 以爲加官, 有常侍·侍郎等號. 至魏時, 始挿貂璫, 掌規諫, 又置員外焉. 梁初, 自爲散騎省, 後仍隸門下, 乃文學侍從之臣也. 周, 姓; 興嗣, 名; 次, 比也; 韻, 聲之諧者. 蓋以此千字編集成文, 而比之於韻, 使讀者諧於口也.

按: 《梁史》: 興嗣, 字思纂, 陳郡項人. 上以王羲之書千字, 使興嗣次韻爲文, 奏之, 稱善, 加賜金帛.《太平廣記》云:「梁武帝敎諸王書, 令殷鐵石於大王書中拓一千字不重者: 每字片紙, 雜碎無序. 帝召興嗣曰:『卿有才思, 爲我韻之.』興嗣一夕編綴進上, 鬢發皆白. 賞賜甚厚.」

001

천지현황天地玄黃

天地玄黃, 宇宙洪荒.

"하늘과 땅은 아득하고 누런색이며,
 우주는 넓고 황량하도다."

읽기

"天^천地^지는 玄^현黃^황하고, 宇^우宙^주는 洪^홍荒^황하다."

글자

① 天: 하늘 천 ② 地: 땅 지 ③ 玄: 검을 현 ④ 黃: 누를 황(누렇다, 노랗다) ⑤ 宇: 집 우 ⑥ 宙: 집 주 ⑦ 洪: 넓을 홍(크다, 넓다) ⑧ 荒: 거칠 황

• 玄黃: 하늘이 아득하고 현묘함을 뜻하며, 황은 땅의 색깔이 누렇다고 본 것임. 한편 이 현황은 서로 쌍성(雙聲, 같은 聲母의 음절이 쌍을 이룬 예로 漢語의 특징 중 하나임. 疊韻은 韻母가 같은 음절이 중첩을 이룬 것을 말함)을 이루고 있어 이를 쌍성연면어(雙聲連綿語)라 함.

- 宇宙: 온 천하와 우주 전체는 커다란 집과 같아 '우주'라 표현한 것이며 이는 첩운연면어(疊韻連綿語)에서 유래되어 하나의 어휘로 굳어졌음. 흔히 공간개념을 '宇', 시간개념을 '宙'라 풀이하고 있음. 즉 시공이 있는 이 세상 만물의 신비함을 뜻함.《淮南子》高誘 注 참조.
- 洪荒: 역시 서로 쌍성으로 이루어져 있으며, '荒'은 운자로 쓰였음.

【天地玄黄】 '天玄地黄'과 같음. 하늘은 현묘히 아득하고 땅은 누런색을 띠고 있음. 천지가 처음 생겨날 때는 혼돈하고 몽롱하여 하늘은 검은색이며 땅은 누런색이었음을 말하는 것이라고도 함.《周易》坤卦에 "玄黄者, 天地之雜也. 天玄而地黄"이라 하였고, 孔穎達의 疏에 "天色玄, 地色黄"이라 함.

【宇宙洪荒】 하늘 밖의 우주는 넓고 크며 황량함.《淮南子》原道訓에 "橫四維而含陰陽, 紘宇宙而章三光"이라 하였고, 高誘 주에 "四方上下曰宇, 古往今來曰宙. 以喩天地"라 함.

齊彦槐(1774~1841) 제작〈天球儀〉

✿ 釋文 清, 王嘯尹(纂輯) 孫謙益(參注). 이하 같음.
《易》乾卦云:「天玄而地黃」.《淮南子》:「四方上下謂之宇, 往古來今謂之宙」 洪, 大也; 荒, 草昧也.《揚子》云:「洪荒之世.」言天地開闢之初, 其時則草昧也. 此一節爲下十二節之綱領.

※ 이 구절의 '황(荒)'자부터 아래로 뒤의 '장(張), 장(藏), 양(陽), 상(霜), 강(岡), 광(光), 강(薑), 상(翔), 황(皇), 상(裳), 당(唐), 탕(湯), 장(章), 강(羌), 왕(王), 장(場), 방(方), 상(常), 상(傷), 량(良), 망(忘), 장(長), 량(量), 양(羊)'까지 25 구절이 같은 운(-ang: ㅑ, ㅑ, ㅑ)으로 압운(押韻)을 이루고 있음.

日晷

002
일월영측日月盈昃

日月盈昃, 辰宿列張.

"해와 달은 차고 기울며,
별과 별자리들은 하늘에 펼쳐져 있다."

읽기

"日^일月^월은 盈^영昃^측하고, 辰^진宿^수는 列^렬張^장이라."

글자

① 日: 날 일 ② 月: 달 월 ③ 盈: 찰 영 ④ 昃: 기울 측 ⑤ 辰: 별 진.
태어난 날 신(生辰, 誕辰. 간지의 용띠, 미르 진) ⑥ 宿: 잘 숙. 별자리 수
⑦ 列: 벌일 렬 ⑧ 張: 베풀 장

- 盈昃: 해는 뜨면 지고, 달은 기울었다 꽉 차서 만월을 이루고 하는 현상.
  盈은 달이 차는 것. 昃은 해가 서쪽으로 기우는 것을 말함.
- 辰宿: '진수'로 읽으며 辰은 별들. 宿는 별자리. 흔히 「이십팔수(二十
  八宿)」를 가리킴. 「이십팔수」는 東方의 角, 亢, 氐, 房, 心, 尾, 箕; 北方의

斗, 牛, 女, 虛, 危, 室, 壁; 西方의 奎, 婁, 胃, 昴, 畢, 觜, 參; 南方의
井, 鬼, 柳, 星, 張, 翼, 軫의 총 28개 별자리를 가리킴.

【日月盈昃】해와 달은 떠오르고 지고 하며 기울었다 찼다 함.《周易》豐卦
에 "日中則昃, 月盈則食"이라 함.
【辰宿列張】별과 별자리는 하늘에 열지어 펼쳐져 있음. 漢 陸賈의《新語》
道基篇에 "張日月, 列星辰, 序四時, 調陰陽"이라 함.

❀ 釋文

　　天地旣開闢, 則有日月星辰垂象於上矣. 日, 陽精. 月, 陰精. 盈者, 月光滿也;
昃者, 日西斜也. 月至望則盈, 日過午則昃. 辰者, 日月所會之次. 分周天爲十二宮;
子·丑·寅·卯·辰·巳·午·未·申·酉·戌·亥是也. 宿者, 日月所躔之星也. 蓋日行於天,
其所當度之星, 取而識之, 名之曰宿, 凡二十有八焉. 東方七宿: 角·亢·氐·房·
心·尾·箕; 北方七宿: 斗·牛·女·虛·危·室·壁; 西方七宿: 奎·婁·胃·昴·畢·觜·參;
南方七宿: 井·鬼·柳·星·張·翼·軫是也. 列, 陳也; 張, 布也. 謂辰宿陳布於天也.
《淮南子》云:「天設日月, 列星辰, 調陰陽, 張四時.」

〈嫦娥奔月圖〉(明) 唐寅

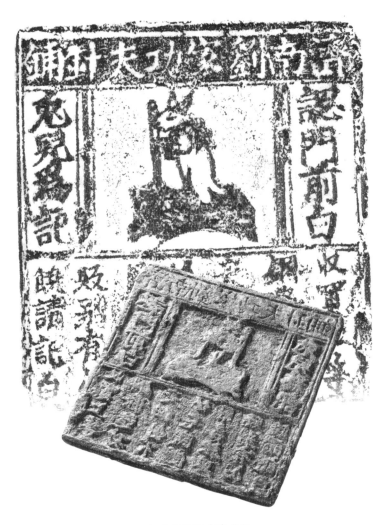

〈玉兎杵藥圖〉(宋) 銅版

003

한래서왕寒來暑往

寒來暑往, 秋收冬藏.
閏餘成歲, 律呂調陽.

"추위가 오면 더위는 물러가고,
　가을에는 거두어들이고 겨울이면 갈무리한다.
　남는 날짜는 윤달을 넣어 일 년을 이루고,
　율려로써 음양을 조율한다."

읽기

"寒^한來^래暑^서往^왕하며, 秋^추收^수冬^동藏^장이라.
　閏^윤餘^여로 成^성歲^세하고, 律^률呂^려로 調^조陽^양이라.

글자

① 寒: 찰 한 ② 來: 올 래 ③ 暑: 더울 서 ④ 往: 갈 왕 ⑤ 秋: 가을
추 ⑥ 收: 거둘 수 ⑦ 冬: 겨울 동 ⑧ 藏: 감출 장 ⑨ 閏: 윤달 윤
⑩ 餘: 남을 여 ⑪ 成: 이룰 성 ⑫ 歲: 해 세 ⑬ 律: 법칙 률 ⑭ 呂:
법칙 려 ⑮ 調: 고를 조 ⑯ 陽: 볕 양

- 閏餘: 지구의 태양 일 주기가 365일 5시간 48분 46초이기 때문에 한 해를 365일로 정할 경우 그 남는 시간이 모여 4년에 하루씩 더하여 이를 2월 말에 넣음. 그러나 음력으로는 364일, 혹은 365일로 하여 그 남는 시간이 3년에 무려 한 달이나 됨. 이에 1년 중 어느 한 달을 윤달로 정하여 남는 시간을 조절함.《史記》曆書에 "太史公曰: 神農以前尙矣. 蓋黃帝考定星曆, 建立五行, 起消息, 正閏餘, 於是有天地神祇物類之官, 是謂五官. 各司其序, 不相亂也. 民是以能有信, 神是以能有明德. 民神異業, 敬而不瀆, 故神降之嘉生, 民以物享, 災禍不生, 所求不匱"라 하였고, 裴駰의〈集解〉에《漢書音義》를 인용하여 "以歲之餘爲閏, 故曰閏餘"라 함. 음력으로는 한 해에 약 10일 21시간이 남아 3년이면 1달, 5년이면 2달, 19년이면 7달이나 차이가 남으로 해서 매년 그 해의 사계절에 맞도록 윤달을 정하여 삽입해 넣으며 최후에는 12월 다음에 넣어 이를 13월이라 함.
- 成歲: 한 해를 이룸.《尙書》堯典에 "朞, 三百有六旬有六日, 以閏月定四時, 成歲"라 함.
- 律呂: 원래 고대 樂律의 음계를 조절하는 기구로서 대나무나 금속관으로 만들었으며 모두 12개. 그 구멍의 크기에 따라 음의 고도를 정하여 다른 악기의 음가를 정하는 것. 그 중 홀수 6개를 '律', 짝수 6개를 '呂'라 하며 이를 합하여 '율려'라 함. 이를 12달과 배합하여《呂氏春秋》音律에는 黃鐘, 大呂, 太簇, 夾鐘, 姑洗, 仲呂, 蕤賓, 林鐘, 夷則, 南呂, 無射, 應鐘이라 하였으며 이에 따라 "仲冬日短至, 則生黃鐘; 季冬生大呂, 孟春生太簇, 仲春生夾鐘, 孟夏生仲呂, 仲夏日長至, 則生蕤賓, 季夏生林鐘, 孟秋生夷則, 仲秋生南呂, 季秋生無射, 孟冬生應鐘"이라 함. 한편 고대 동짓날 바람이 통하지 않는 밀실에서 갈대 껍질을 태운 재로 六律에 맞게 대롱을 책상에 올려놓은 다음 어느 율에 재가 흩날리는가를 보고 절기를 예측했다 함.《漢書》律曆志(上) 참조.《幼學瓊林》에 "冬至到而葭灰飛, 立秋至而梧葉落"이라 함.
- 調陽: 동지가 지나 양의 기운이 시작되어 절기가 변함을 알아내어 날짜를 조절함.

【寒來暑往】찬 계절이 가면 더운 여름이 오게 됨.《周易》繫辭傳(下)에 "寒往
　　則暑來, 暑往則寒來, 寒暑相推而成歲焉"이라 함.
【秋收冬藏】가을에는 거두어들이고 겨울에는 갈무리함.《荀子》王制篇에
　　"春耕夏耘, 秋收冬藏, 四者不失時"라 함.
【閏餘成歲】남는 윤달을 끼워 넣어 일 년의 날짜를 맞춤.
【律呂調陽】율려로써 측정하여 음양을 조화롭게 조절하여 날짜를 맞춤.

❀ 釋文

　日月運行於天, 而辰宿紀其次舍度數, 於是日行一周天, 而爲一日; 月行
二十九日有奇, 與日相會, 而爲一月; 積三月而成時, 積四時而成歲焉. 冬之氣寒,
夏之氣暑.《易》云:「寒往則暑來, 暑往則寒來.」言四時相代也. 萬物生於春,
長於夏, 收於秋, 藏於冬. 言秋冬, 而春夏在其中矣. 四時旣定, 又以其餘日置而
爲閏. 蓋三十日爲一月, 十二月爲一歲, 是每歲有三百六十日也. 然而天氣一周,
則不止於此. 自今歲立春之日, 至來歲立春之日, 共三百六十五日有奇. 是每歲
餘五日有奇, 此謂之氣盈, 又謂之大餘. 至於三十日爲一月, 則又不足. 自今月
合朔之時, 至來月合朔之時, 約二十九日有半, 故有小盡之月. 積至終歲, 則少
五日有奇. 此謂之朔虛, 又謂之小餘. 合二者計之, 則每歲餘十日有奇. 三歲約
餘一月, 五歲約餘二月, 八歲約餘三月, 而春入於夏矣. 積至十七歲約餘六月,
而夏反爲冬, 冬反爲夏. 寒暑變易, 而歲不成矣. 於是唐堯置爲閏月以歸其餘.
《書》堯典云:「以閏月定四時, 成歲.」是也. 歲時旣成, 而春夏得陽氣, 秋冬得
陰氣; 又恐其有差錯, 於是用律管以候之.《後漢書》律曆志云:「候氣之法: 爲室
三重, 戶閉, 塗釁必周密, 布緹縵室中, 以木爲案, 每律各一, 內庳外高, 從其方位,
加律其上, 以葭莩灰抑其兩端, 案律而候之, 氣至者灰去.」若此, 則節今不爽,
而陰陽之氣和矣. 是律呂者, 所以調和陰陽. 言陽而不言陰者, 省文以就韻也.
律呂始於黃帝, 命其臣伶倫取嶰谷之竹, 截以爲筒, 陰陽各六. 六陽管爲律: 黃鐘,
太簇, 姑洗, 蕤賓, 夷則, 無射是也. 六陰管爲呂: 大呂, 夾鐘, 仲呂, 林鐘, 南呂,
應鐘是也. 黃鐘長九寸, 應十一月; 大呂長八寸三分有奇, 應十二月; 太簇長八寸,
應正月; 夾鐘長七寸四分有奇, 應二月; 姑洗長七寸一分, 應三月; 仲呂長六寸
五分有奇, 應四月; 蕤賓長六寸二分有奇, 應五月; 林鐘長六寸, 應六月; 夷則
長五寸五分有奇, 應七月; 南呂長五寸三分, 應八月; 無射長四寸八分有奇,
應九月; 應鐘長四寸六分有奇, 應十月.

〈耕織圖〉(淸) 焦秉貞(畫)

004

운등치우雲騰致雨

雲騰致雨, 露結爲霜.

"구름은 올라가 비를 이루고,
이슬은 맺혀서 서리가 된다."

읽기

"雲운騰등致치雨우하고, 露로結결爲위霜상이라."

글자

① 雲: 구름 운 ② 騰: 오를 등 ③ 致: 이를 치 ④ 雨: 비 우 ⑤ 露:
이슬 로(드러날 로) ⑥ 結: 맺을 결 ⑦ 爲: 하 위(되다, 하다) ⑧ 霜: 서리 상

- 雲騰: 수증기가 올라가 구름이 되어 피어오름.
- 露: '이슬'이라는 뜻 외에 '겉으로 드러나다'의 뜻도 있음.(露積. 露宿, 綻露,
  露出 등)

【雲騰致雨】구름은 서로 말리고 올라 비를 이루다.
【露結爲霜】이슬은 서로 얽히고 맺혀 서리가 되다.

陰陽之氣旣調, 於是陽氣則蒸而爲雲雨, 陰氣則凝而爲霜露.《說文》云:「雲, 山川氣也.」騰, 升也. 致者, 使之至也.《釋名》云:「雨, 水從雲下也.」蓋雲升於天, 所以致雨.《禮記》云:「天降時雨, 山川出雲.」是也. 蔡邕《月令》云:「露者, 陰之液也.」結, 凝也.《易》坤卦云:「履霜堅冰, 陰始凝也.」蓋霜露本一物, 其潤澤則爲露, 其凝結則爲霜.《詩》秦風云「白露爲霜」是也. 此言四時之中, 有陽氣爲雲雨, 以生萬物; 有陰氣爲霜露, 以成萬物, 而後歲功乃成. 上句言陽, 下句言陰也.

〈鷄雛待飼圖〉(宋) 李迪 北京故宮博物院 소장

005

금생려수金生麗水

金生麗水, 玉出崑岡.
劍號巨闕, 珠稱夜光.

"금은 여수에서 나고,
옥은 곤륜산에서 난다.
검 중에 거궐이라 이름한 것이 훌륭하고,
구슬 중에는 야광주가 훌륭하다 일컫는다."

읽기

"金^금生^생麗^려水^수하고, 玉^옥出^출崑^곤岡^강이라.
劍^검號^호巨^거闕^궐이요, 珠^주稱^칭夜^야光^광이라."

글자

① 金: 쇠 금 ② 生: 날 생 ③ 麗: 고울 려 ④ 水: 물 수 ⑤ 玉: 구슬
옥 ⑥ 出: 날 출 ⑦ 崑: 메 곤 ⑧ 岡: 뫼 강 ⑨ 劍: 칼 검(劔으로도 씀)
⑩ 號: 부를 호 ⑪ 巨: 클 거 ⑫ 闕: 대궐 궐('비다'는 뜻으로도 씀)
⑬ 珠: 구슬 주 ⑭ 稱: 칭할 칭 ⑮ 夜: 밤 야 ⑯ 光: 빛 광

- 麗水: 지명이며 물 이름. 지금의 雲南省 麗江. 그곳의 金沙江(長江의 본류)에서 금이 난다고 하여 거론한 것. 《韓非子》內儲說上에 "荊南之地, 麗水之中生黃金"이라 함.
- 崑岡: '昆岡'으로도 표기하며 崑崙山(昆侖山)을 말함. 그곳에서 옥이 산출된다 하여 거론한 것. 《尙書》胤征에 "火炎昆岡, 玉石俱焚"이라 하였고, 孔安國의 注에 "山脊曰岡, 昆山出玉"이라 하였으며, 漢나라 때 桓寬의 《鹽鐵論》力耕에 "美玉珊瑚出于昆山, 珠玉犀象出於桂林"이라 함.
- 巨闕: 名劍(寶劍)의 이름. 越王 允常이 闕冶子로 하여금 칼 5자루를 주조하도록 하였는데 그 중 가장 훌륭한 한 자루를 '거궐'이라 이름하였음. 漢 袁康의 《越絶書》에 外傳 記寶劍에 "昔者, 越王句踐有寶劍五, 聞於天下. 客有能相劍者, 名薛燭. 王召而問之, 曰:「吾有寶劍五, 請以示之.」 薛燭對曰:「愚理不足以言大, 王請, 不得已」 乃召掌者, 王使取毫曹. 薛燭對曰:「毫曹非寶劍也. 夫寶劍, 五色並見, 莫能相勝. 毫曹已擅名矣, 非寶劍也.」 王曰:「取巨闕.」 薛燭曰:「非寶劍也. 寶劍者, 金錫和銅而不離, 今巨闕已離矣, 非寶劍也.」 王曰:「然巨闕初成之時, 吾坐於露擅之上, 宮人有四駕白鹿而過者, 車奔鹿驚, 吾引劍而指之, 四駕上飛揚, 不知其絶也. 穿銅釜, 絶鐵鍋, 胥中決如粱米, 故曰巨闕.」 이라 함.
- 夜光: 밤에 빛을 내는 구슬. 야광주. 이에 대한 전설은 매우 많음. 그 중 晉 王嘉의 《拾遺記》夏禹에는 우임금이 치수를 하던 중 "鑑龍關之山, 亦謂之龍門. 至一空岩, 深數十里, 幽暗不可復行, 禹乃負火而進. 有獸, 狀如豕, 銜夜明之珠, 其光如燭"이라 함.

【金生麗水】금은 麗水(麗江)의 金沙江에서 산출됨.
【玉出崑(昆)岡】옥은 곤륜산 등성이에서 남.
【劍號巨闕】보검의 이름은 거궐.
【珠稱夜光】구슬 중에는 야광주를 훌륭하다 여김.

上文言天時備矣, 然後地利興焉. 地生萬物, 而莫貴於寶, 故先言之. 金, 黃金也. 麗水, 在今雲南麗江府, 一名金沙江. 金生水底沙中, 土人淘而出之. 昆, 昆侖山也, 在今四番.《爾雅》云:「山脊曰岡」又云:「西北之美者, 有昆侖墟之璆・琳・琅玕焉.」則此山出玉者也. 劍, 兵器. 巨闕, 寶劍之名. 越王允常令歐冶子鑄寶劍五: 巨闕, 次純鉤, 湛盧, 莫邪, 魚腸. 珠者, 蚌之精. 珠之美者, 入夜有光.《搜神記》云, 隋侯見大蛇傷, 救之, 後蛇銜珠以報, 夜光可以燭堂, 故歷世稱焉.

〈犀角形玉杯〉1983 廣州 象崗山
西漢 南越王 趙眜墓 출토

006

과진리내果珍李柰

果珍李柰, 菜重芥薑.

"과실 가운데는 오얏과 버찌를 진귀한 것으로 여기며,
채소 중에는 겨자와 생강을 중한 것으로 여긴다."

읽기

"果꽈珍진李리柰내하고, 菜채重중芥개薑강이라."

글자

① 果: 과실 과 ② 珍: 보배 진 ③ 李: 오얏 리 ④ 柰: 벗(버찌) 내('어찌'
의 뜻으로도 쓰임) ⑤ 菜: 나물 채 ⑥ 重: 무거울 중('거듭, 겹치다'의 뜻으
로도 쓰임) ⑦ 芥: 겨자 개 ⑧ 薑: 생강 강

【果珍李柰】 과일 가운데 진기한 것은 오얏(자두)과 능금 따위임.《詩經》大雅
抑에 "投我以桃, 報之以李"라 함.
【菜重芥薑】 채소 중에 귀중한 것은 겨자와 생강임.

至於草木之美者, 則有李·奈·芥·薑之屬, 舉一二以該其餘也. 木實之可食者
曰果. 珍, 重也.《本草》云:「李, 味酸甘, 去痼熱, 調中」「奈, 味苦, 補中焦, 和脾.」
皆果之美者. 草之可食者曰菜.《本草》云:「芥, 味辛, 除腎邪, 利九竅, 明耳目.」
「薑, 味辛, 通神明, 去臭氣.」皆菜之美者也.

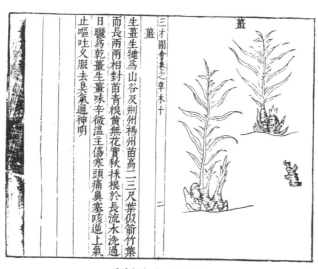

생강(薑)《三才圖會》

007

해함하담 海鹹河淡

海鹹河淡, 鱗潛羽翔.

"바닷물은 짜고 하수는 담백하며,
 비늘을 가진 것은 물에 잠겨 헤엄치고,
 깃을 가진 것은 날개를 펴 하늘을 난다."

읽기

"海해鹹함河하淡담이요, 鱗린潛잠羽우翔상이라."

글자

① 海: 바다 해 ② 鹹: 짤 함(鹹과 같으며 이체자) ③ 河: 물 하 ④ 淡: 맑을 담 ⑤ 鱗: 비늘 린 ⑥ 潛: 잠길 잠 ⑦ 羽: 깃 우 ⑧ 翔: 날 상

- 海鹹: 바닷물은 짜다는 뜻.
- 羽翔: 깃을 가진 날짐승은 하늘을 날아다님.

【海鹹河淡】바닷물은 짜고 강물은 담백함. 鹽水와 淡水를 구별함을 말함.

【鱗潛羽翔】비늘을 가진 물고기는 잠수하고 깃을 가진 날짐승은 하늘을 날아오름.《周禮》考工記 梓人에 "天下之大獸五: 脂者, 膏者, 羸者, 羽者, 鱗者"라 함.

❀ 釋文

　至於水之大者, 則有河·海; 而蟲魚鳥獸不可勝擧, 總以見地之廣生也. 海者, 衆水所歸之壑.《博物志》云:「天地四方, 皆海水相通, 地在其中.」總而言之, 謂之四海. 海水味鹹, 故曰海鹹. 河, 水名, 出今西番朶甘思西鄙, 有泉百餘泓, 名星宿海, 此其源也. 東北流至積石山, 始入中國. 又東北出塞外, 又轉而南入中國, 至今河間府界, 分爲九河而入於海. 此古道也. 今則南徙, 與淮合流, 至淮安府界入海. 河水味淡, 古曰河淡. 鱗, 魚甲也. 潛, 藏也. 羽, 鳥毛也. 翔, 飛也. 言魚藏於淵, 鳥飛於天也.

〈漁人圖〉(明) 戴進 미 프레얼 예술관 소장

008

롱사화제龍師火帝

龍師火帝, 鳥官人皇.
始制文字, 乃服衣裳.

"복희씨는 '용'자를 넣어 관직 이름을 삼았고,
염제 신농씨는 '불'의 뜻을 넣어 벼슬 이름을 삼았다.
소호씨는 '새' 이름을 넣어 벼슬 이름을 삼았고,
인황씨에 이르러 사람 사는 세상이 되었다.
비로소 창힐이 문자를 지었고,
이에 웃옷과 치마를 입는 복식제도가 마련되었다."

읽기

"龍룡師사火화帝제요, 鳥조官관人인皇황이라.
始시制제文문字자하고, 乃내服복衣의裳상이라."

글자

① 龍: 용 룡 ② 師: 스승 사('군사'라는 뜻으로도 쓰임) ③ 火: 불 화
④ 帝: 임금 제 ⑤ 鳥: 새 조 ⑥ 官: 벼슬 관 ⑦ 人: 사람 인 ⑧ 皇:

임금 황 ⑨ 始: 비로소 시 ⑩ 制: 지을 제 ⑪ 文: 글월 문 ⑫ 字: 글자 자
⑬ 乃: 이에 내 ⑭ 服: 옷 복 ⑮ 衣: 옷 의 ⑯ 裳: 치마 상

- 龍師: 伏羲氏 시대 관직의 명칭에 '龍'자를 붙여 불렀음. 즉 교육을 담당
  하는 春官은 靑龍氏, 정치와 국방을 담당하는 夏官은 赤龍氏, 형법을
  관장하는 秋官은 白龍氏, 공사와 제조를 담당하는 冬官은 黑龍氏, 중앙
  관직을 담당하는 中官은 黃龍氏 등으로 불러 五行과 五色을 더하여
  명칭을 정함. 《左傳》昭公 17년에 "郯子來朝, 公與之宴. 昭子問焉,
  曰:「少皥氏鳥名官, 何故也?」郯子曰:「吾祖也, 我知之. 昔者黃帝氏
  以雲紀, 故爲雲師而雲名; 炎帝氏以火紀, 故爲火師而火名; 共工氏
  以水紀, 故爲水師而水名; 大皥氏以龍紀, 故爲龍師而龍名. 我高祖
  少皥摯之立也, 鳳鳥適至, 故紀於鳥, 爲鳥師而鳥名, 鳳鳥氏, 曆正也;
  玄鳥氏, 司分者也; 伯趙氏, 司至者也; 靑鳥氏, 司啓者也; 丹鳥氏,
  司閉者也. 祝鳩氏, 司徒也; 鴡鳩氏, 司馬也; 鳲鳩氏, 司空也; 爽鳩氏,
  司寇也; 鶻鳩氏, 司事也. 五鳩, 鳩民者也. 五雉爲五工正, 利器用·
  正度量, 夷民者也. 九扈爲九農正, 扈民無淫者也. 自顓頊氏以來,
  不能紀遠, 乃紀於近. 爲民師而命以民事, 則不能故也.」仲尼聞之,
  見於郯子而學之. 旣而告人曰:「吾聞之, '天子失官, 官學在四夷', 猶信.」"
  이라 하였고, 杜預 주에 "太皥, 伏羲氏, 風姓之祖也. 有龍瑞, 故以龍
  名官"이라 함. 그 외 《漢書》五行志 등 참조.
- 火帝: 燧人氏. 처음으로 부싯돌과 나무를 비벼 불을 얻을 수 있는 방법을
  발명하여 익혀 먹을 수 있도록 한 문명 발전 단계의 한 부락 영수. 《韓非
  子》五蠹篇에 "有聖人作, 鑽燧取火, 以化腥臊, 而民悅之, 使王天下,
  號之曰燧人氏"라 함. 그러나 五帝의 하나인 炎帝 神農씨는 산을 태워
  불로써 농토를 일구어 烈山氏라고도 하며 이를 '화제'라 칭하기도 함.
  《三皇本紀》에 "炎帝神農氏, 以火德王, 故曰炎帝, 以火名官"이라 함.
  위에 인용된 《左傳》에도 "炎帝氏以火紀, 故爲火師而火名"이라 하여
  '화제'는 신농씨로 보는 것이 타당할 듯함.
- 鳥官: 소호씨 때 봉황새가 나타나 관직의 명칭에 '鳥'자를 넣어 부름.
  위에 인용된 《左傳》에 "我高祖少皥摯之立也, 鳳鳥適至, 故紀於鳥,

爲鳥師而鳥名, 鳳鳥氏, 曆正也; 玄鳥氏, 司分者也; 伯趙氏, 司至者也; 靑鳥氏, 司啓者也; 丹鳥氏, 司閉者也. 祝鳩氏, 司徒也; 鴡鳩氏, 司馬也; 鳲鳩氏, 司空也; 爽鳩氏, 司寇也; 鶻鳩氏, 司事也. 五鳩, 鳩民者也. 五雉爲五工正, 利器用·正度量, 夷民者也. 九扈爲九農正, 扈民無淫者也"라 함.

- 人皇: 고대 삼황을 흔히 천황씨, 지황씨, 인황씨로 보기도 하며 그 중 인황씨를 가리킴.《十八史略》(1)에 "人皇氏: 兄弟九人, 分長九州. 凡一百五十世, 合四萬五千六百年. 人皇以後, 有曰有巢氏, 構木爲巢, 食木實. 至燧人氏, 始鑽燧, 敎人火食, 在書契以前, 年代國都不可攷"라 하였으며, 唐 司馬貞의《史記補》에 인용된《三皇本紀》에는 "人皇九頭, 乘雲車, 駕六羽, 出谷口. 兄弟九人, 分長九州, 各立城邑"이라 하였음. 비로소 사람 사는 세상이 되었음을 말함.

- 文字: 상고시대 결승으로 통치하다가 황제가 倉頡(蒼頡)로 하여금 문자를 만들도록 하였다 함.《周易》繫辭(下)에 "古者, 包犧氏之王天下也,

처음 문자를 만들었다는 倉頡

仰則觀象於天, 俯則觀法於地, 觀鳥獸之文, 與地之宜, 近取諸身, 遠取諸物, 於是始作八卦, 以通神明之德, 以類萬物之情"이라 하였고, 許愼의《說文解字》序에 "倉頡之初作書, 蓋依類象形, 故謂之文, 其後形聲相益, 卽謂之字. 文者, 物象之本; 字者, 言孶乳而寖多也"라 함. 그리고《尙書》序에는 "伏羲始畫八卦, 造書契, 以代結繩之政, 由是文籍生焉"이라 함. 그런가 하면《淮南子》本經訓에는 "昔者, 蒼頡作書, 而天雨粟, 鬼夜哭"이라 함.

- 衣裳: 고대 황제의 아내 누조(嫘祖)가 처음으로 養蠶 기술을 발명하여 그로 인해 그 전까지 짐승 가죽을 걸치고 살던 사람들이 옷을 입게 되었으며, 아울러 의복제도를 갖추게 되었다 함.《史記》五帝本紀에 "黃帝居軒轅之丘, 而娶於西陵之女, 是爲嫘祖. 嫘祖爲黃帝正妃, 生二子, 其後皆有天下"라 함.

【龍師火帝】복희씨는 용으로 관직 이름을 삼았고, 염제 신농씨(혹, 수인씨)는 불로써 문명을 일으켰음.

【鳥官人皇】소호씨는 새로써 관직 이름을 삼았고, 삼황 중에 인황씨가 뒤를 이었음.

【始制文字】황제가 창힐로 하여금 처음으로 문자를 짓도록 하여 문명이 발전하기 시작하였음.

【乃服衣裳】이에 웃옷과 치마를 만들어 의복제도가 마련되었음.

✿ 釋文

上言天地變化, 無不具備, 於是人生其間, 備三才之位, 自洪荒之世, 三皇五帝, 傳至三代, 而後爲極盛也. 師, 官也. 太昊伏羲氏時, 龍馬負圖出於河, 因以龍紀官. 《爾雅》云:「帝, 君也.」上古之世, 燧人氏爲君, 始鑽木取火, 教民烹飪焉. 少昊氏時, 有鳳鳥至, 因以鳥紀官. 《春秋左傳》云「太昊氏以龍紀官, 爲龍師而龍名; 少昊氏以鳥紀官, 爲鳥師而鳥名.」按史: 春官爲靑龍氏, 夏官爲赤龍氏, 秋官爲白龍氏, 冬官爲黑龍氏, 中官爲黃龍氏. 又命其臣朱襄爲飛龍氏, 昊英爲潛龍氏, 大庭爲居龍氏, 渾沌爲降龍氏, 陰康爲土龍氏, 栗陸爲水龍氏. 此太昊之官也. 鳳鳥氏, 歷正也; 玄鳥氏, 司分也; 伯趙氏, 司至也; 靑鳥氏, 司啓也; 丹鳥氏, 司閉也; 祝鳩氏, 司徒也; 鵰鳩氏, 司馬也; 鳲鳩氏, 司空也; 爽鳩氏, 司寇也; 鶻鳩氏, 司事也. 五雉, 爲五工正; 九扈, 爲九農正. 此少昊之官也. 皇, 大也, 言其爲天下之大君也. 上古之世, 有天皇氏·地皇氏·人皇氏, 是謂三皇. 言人皇而不及天·地, 擧一以該其二也. 始, 初也. 制, 造也. 上古結繩而治, 伏羲始造文字. 其制有六: 象形·會意·假借·指事·轉注·諧聲是也. 乃者, 繼事之辭. 服, 身之飾也. 上曰衣, 下曰裳. 《白虎通》曰:「衣, 隱也; 裳, 障也. 所以隱形自障蔽也.」上古之民, 衣鳥獸之皮, 至黃帝命其臣胡曹始作衣裳.

009

추위양국推位讓國

推位讓國, 有虞陶唐.

"상고시대는 제위를 양위하여 선양을 하였으니,
바로 유우씨 순임금과 도당씨 요임금까지였다."

읽기

"推^추位^위讓^양國^국하니, 有^유虞^우와 陶^도唐^당이라."

글자

① 推: 밀 추('퇴'로도 읽음) ② 位: 자리 위 ③ 讓: 사양할 양 ④ 國:
나라 국 ⑤ 有: 있을 유 ⑥ 虞: 나라 이름 우 ⑦ 陶: 질그릇 도 ⑧ 唐:
나라 이름 당

• 讓國: 고대 堯임금과 舜임금은 천하를 禪讓으로 물려주었음을 말함.
  원래 상고시대부터 堯舜까지는 천하를 公으로 보아 '公天下'라 하여
  '禪讓'으로 이어왔으나 禹임금이 夏왕조를 건립하고부터는 천하를 집안이
  이어간다고 보아 '家天下'라 하여 '世襲'으로 이어갔음. 이 때문에 司馬遷
  은《史記》에서 五帝本紀는 묶어서 上古史로 쓰고 첫 왕조인 夏本紀
  부터 시작한 것임.

- 有虞: 순임금을 가리킴. 虞舜. 고대 虞나라를 세운 舜임금. 이름은 重華, 자는 都君. 성은 姚氏. 黃帝의 후대로 서민이 되어 농사를 짓던 중 堯에게 발탁되어 禪讓으로 나라를 이어받음. 아버지 瞽瞍와 아우 象에게 효도와 우애를 다한 것으로 널리 알려짐.《史記》五帝本紀에 "虞舜者, 名曰重華. 重華父曰瞽叟, 瞽叟父曰橋牛, 橋牛父曰句望, 句望父曰敬康, 敬康父曰窮蟬, 窮蟬父曰帝顓頊, 顓頊父曰昌意: 以至舜七世矣. 自從窮蟬以至帝舜, 皆微爲庶人. 舜父瞽叟盲, 而舜母死, 瞽叟更娶妻而生象, 象傲. 瞽叟愛後妻子, 常欲殺舜, 舜避逃; 及有小過, 則受罪. 順事父及後母與弟, 日以篤謹, 匪有解. 舜, 冀州之人也. 舜耕歷山, 漁雷澤, 陶河濱, 作什器於壽丘, 就時於負夏. 舜父瞽叟頑, 母嚚, 弟象傲,

〈堯舜禪位圖〉

皆欲殺舜. 舜順適不失子之道, 兄弟孝慈. 欲殺, 不可得; 卽求, 嘗在側. 舜年二十以孝聞. 三十而帝堯問可用者, 四嶽咸薦虞舜, 曰可. 於是堯乃以二女妻舜以觀其內, 使九男與處以觀其外. 舜居嬀汭, 內行彌謹. 堯二女不敢以貴驕事舜親戚, 甚有婦道. 堯九男皆益篤. 舜耕歷山, 歷山之人皆讓畔; 漁雷澤, 雷澤上人皆讓居; 陶河濱, 河濱器皆不苦窳. 一年而所居成聚, 二年成邑, 三年成都. 堯乃賜舜絺衣, 與琴, 爲築倉廩, 予牛羊. 瞽叟尙復欲殺之, 使舜上塗廩, 瞽叟從下縱火焚廩. 舜乃以兩笠自扞而下, 去, 得不死. 後瞽叟又使舜穿井, 舜穿井爲匿空旁出. 舜旣入深, 瞽叟與象共下土實井, 舜從匿空出, 去. 瞽叟·象喜, 以舜爲已死. 象曰:「本謀者象」象與其父母分, 於是曰:「舜妻堯二女, 與琴, 象取之. 牛羊倉廩予父母」象乃止舜宮居, 鼓其琴. 舜往見之. 象鄂不懌, 曰:「我思舜正鬱陶!」舜曰:「然, 爾其庶矣!」舜復事瞽叟愛弟彌謹. 於是堯乃試舜五典百官, 皆治"라 함.

- 陶唐: 唐堯. 고대 唐나라를 세운 堯임금. 이름은 放勳이며 帝嚳의 둘째 아들. 黃帝의 현손으로 성은 伊祁氏. 당에 봉해졌다가 뒤에 陶 땅으로 옮겨 흔히 '陶唐氏'라고도 함.《史記》五帝本紀에 "帝堯者, 放勳. 其仁

如天, 其知如神. 就之如日, 望之如雲. 富而不驕, 貴而不舒. 黃收純衣, 彤車乘白馬. 能明馴德, 以親九族. 九族旣睦, 便章百姓. 百姓昭明, 合和萬國"이라 함.

【推位讓國】 천하의 제위를 양보(추천)하여 어진 이에게 선양으로 물려줌.
【有虞陶唐】 유우씨 순임금과 도당씨 요임금.

🌸 釋文

嗣是而堯·舜, 則以禪讓而有天下. 推, 使之去己也. 讓, 以之與人也. 位, 君位也. 國, 土地也. 虞, 舜氏, 因以爲有天下之號. 堯初封陶, 後封唐, 故稱陶唐氏. 陶, 今兗州府定陶縣. 唐, 今平陽府. 堯在位七十載而禪於舜, 舜在位五十載而禪於禹. 此言堯·舜以天子之位, 土地之富, 推讓以與人也.

010

조민벌죄弔民伐罪

弔民伐罪, 周發殷湯.

"고통받던 백성을 위로하여 조문하며
 죄지은 임금을 토벌하였으니,
 바로 주나라 무왕 희발과 은나라 탕왕이었다."

읽기

"弔^조民^민伐^벌罪^죄하니, 周^주發^발과 殷^은湯^탕이라."

글자

① 弔: 조상할 조('吊'로 표기된 판본도 있음.) ② 民: 백성 민 ③ 伐: 칠 벌
④ 罪: 허물 죄 ⑤ 周: 두루 주(나라 이름 주) ⑥ 發: 펼 발 ⑦ 殷: 나라
이름 은 ⑧ 湯: 끓을 탕(임금 이름)

• 周發: 周나라 武王 姬發. 姬姓이며 文王(姬昌)의 아들. 아버지의 뜻을
  이어받아 제후를 盟津에서 모아 殷(商)나라 紂王을 벌할 것을 맹세하고,
  牧野에서 紂의 군대와 일전을 벌여 대승을 거둠. 이에 은(상)나라 주왕은
  자살하고 무왕은 鎬를 도읍으로 하여 주나라를 건립함.

● 殷湯: 殷나라 개국 군주인 탕임금. 子姓이며 이름은 履. 夏나라 말기 桀王이 폭압 정치를 벌이자, 이에 伊尹 등의 도움으로 하나라를 멸망시키고 은나라를 세워 박(亳)을 도읍으로 함.

【弔民伐罪】 폭압 정치에 고통당하는 이들을 위로하고 백성에게 못된 짓을 하는 폭군을 토벌함. 은나라 탕왕이나 주나라 무왕은 각기 하나라 말왕 걸과 은나라 말왕 주를 쳐 벌하고 그들에게 고통받던 백성을 구제하고 위로하였음을 말함.

【周發殷湯】 周나라 武王 姬發과 殷나라 湯王. 둘 모두 周나라와 殷나라의 개국 군주이며 聖王으로 추앙함.

〈商湯像〉

❊ 釋文

嗣是而湯武, 則以征誅而得天下. 弔, 慰也. 伐, 正其罪而討之也. 周, 武王有天下之號. 發, 武王名. 殷, 亳都也. 契封於商, 其後成湯滅夏, 因以爲有天下之號. 至盤庚遷於殷, 則兼稱殷. 此言殷湯, 據其後而言也. 禹受舜禪而有天下, 傳四百餘年. 其後王夏桀無道, 成湯放之南巢, 而代其位, 傳六百餘年. 其後王殷紂無道, 武王誅之, 而代其位. 此言湯武慰安夏·商無罪之民, 而誅伐有罪之桀·紂也. 坊本作「商」, 今從古本作「殷」.

011

좌조문도坐朝問道

坐朝問道, 垂拱平章.

"궁궐에 앉아 천하의 도를 질문하며,
옷자락을 늘어뜨리고 팔짱을 끼고 있어도
나라의 정치가 밝게 드러났다."

읽기

"坐^좌朝^조問^문道^도하고, 垂^수拱^공平^평章^장이라."

글자

① 坐: 앉을 좌 ② 朝: 아침 조('조정'을 뜻하기도 함) ③ 問: 물을 문
④ 道: 길 도 ⑤ 垂: 늘어뜨릴 수 ⑥ 拱: 팔짱낄 공 ⑦ 平: 평평할 평
⑧ 章: 밝을 장(문장이라는 뜻도 있음)

• 垂拱: 옷깃을 늘어뜨리고 손을 모아 팔짱을 낀 채 아무 작위도 하지 아니
함을 뜻함. 無爲而治를 칭송하는 말로 흔히 쓰임. 《尙書》武成篇에
"惇信明義, 崇德報功, 垂拱而天下治"라 하였고, 孔穎達의 疏에 "謂所
任得人, 人皆稱職, 手無所營, 下垂其拱"이라 함.

• 平章: '平'은 변별하여 다스림을 뜻하며 '章'은 '彰'과 같음. 아주 밝게 드러남을 말함.《尙書》堯典에 "九族旣睦, 平章百姓"이라 함.

【坐朝問道】 조정에 앉아 정치의 도리를 질문함.
【垂拱平章】 옷깃을 늘어뜨리고 손을 모아 無爲而治로 천하의 이치를 변별하여 다스림. 훌륭한 군주를 뜻함.

❀ 釋文
承上三節而言. 朝, 朝廷也; 道, 理也. 自上至下曰垂. 拱, 斂手也.《書》武成云:「垂拱而天下治.」言垂衣拱手而治也. 平者, 正之使不傾; 章者, 明之使不昧.《堯典》云:「平章百姓.」此總言上文, 諸君皆坐於朝廷, 訪問治道, 垂衣拱手, 平正章明, 以治天下, 言其有道之形容也, 按: 古之人君, 皆立朝以聽政. 至秦尊君抑臣, 始有坐朝之禮. 此云坐朝, 亦據後世而言之耳. 朝, 平聲.

畵像磚(漢)

012

애육려수愛育黎首

愛育黎首, 臣伏戎羌.
遐邇壹體, 率賓歸王.

"백성을 사랑하고 길러주니,
먼 이민족 오랑캐도 신하로 복종하여 왔다.
가까운 중원이나 먼 이민족이 하나가 되니,
모두를 이끌고 천자에게 귀의하여 몰려들었다."

읽기

"愛애育육黎려首수하니, 臣신伏복戎융羌강이라.
遐하邇이壹일體체하여, 率솔賓빈歸귀王왕이라."

글자

① 愛: 사랑 애 ② 育: 기를 육 ③ 黎: 검을 려 ④ 首: 머리 수 ⑤ 臣:
신하 신 ⑥ 伏: 엎드릴 복 ⑦ 戎: 민족 이름 융 ⑧ 羌: 민족 이름 강

⑨ 遐: 멀 하 ⑩ 邇: 가까울 이 ⑪ 壹: 한 일 ⑫ 體: 몸 체 ⑬ 率: 거느릴
솔(비율 률) ⑭ 賓: 손님 빈 ⑮ 歸: 돌아갈 귀 ⑯ 王: 임금 왕

- 黎首: '黎民'이라고도 하며 '검은머리'라는 뜻으로 백성을 뜻함. 혹 '黎'는 '많다'(衆)의 뜻으로도 봄.
- 戎羌: 서쪽의 戎族과 羌族. 고대 중국의 둘레에 있던 소수민족을 통칭 하여 말한 것. 원래 戎은 東夷, 北狄, 南蠻과 더불어 중국 사방의 이민족 을 구분하여 나누던 이름이며, 殷周시대에는 鬼戎, 西戎, 餘無之戎 등 으로 불렸고, 춘추시대에는 犬戎, 驪戎, 蠻戎 등으로 불렸음. 한편 羌 族은 고대 甘肅, 靑海, 四川 등지에 흩어져 살던 소수민족으로 통칭하 여 西羌으로 불렸으며 지금도 남아 있음.
- 邇遐: '가까운 곳이나 먼 곳 할 것 없이 모두'라는 뜻. 邇는 內地에 사는 黎首이며 遐는 멀리 사는 戎羌을 뜻함.
- 壹體: 하나가 됨. '壹'은 '一'의 가진 형태.
- 率賓: '率土之濱'의 줄인 말. '통솔하고 있는 영토의 끝까지'라는 뜻. '賓'은 '濱'과 같음. '가, 끝, 물가의 끝'이라는 뜻. 《詩經》 小雅 北山에 "溥天之下, 莫非王土; 率土之濱, 莫非王臣"이라 함.

【愛育黎首】 영명한 군주는 백성을 사랑하고 길러줌.
【臣伏戎羌】 훌륭한 신하라면 서융과 강 같은 이민족이 복종해 오도록 함.
【遐邇壹體】 먼 곳이나 가까운 곳이나 모두가 하나가 됨.
【率賓歸王】 천하 백성이 모두 신하가 되어 천자에게 귀의해 옴.

❀ 釋文

此言其德澤之及於人者. 育, 養也. 黎, 黑也; 首, 頭也. 人首皆黑, 故稱民曰 「黎首」. 臣, 事之也. 伏, 屈服也. 戎者, 四裔之一. 羌者, 四戎之一種. 言上文有道 之君, 皆愛養中國之民; 至於外裔, 亦能屈服而臣事之, 使不叛也. 上句言中國, 下句言外裔. 遐, 遠也. 承上文戎·羌而言. 邇, 近也. 承上黎民而言. 體, 身體也.

率, 偕也. 賓, 服也. 歸. 往也. 王, 君也.《說文》云:「天下所歸, 往也.」言遠而外裔, 近而中國, 有道之君, 視之如一身然, 無遠無近, 皆被其澤. 故民相率服從, 而歸往於我王也.

〈外國使臣群像〉(宋)

013
명봉재수鳴鳳在樹

鳴鳳在樹, 白駒食場.
化被草木, 賴及萬方.

"봉황새는 노래하며 나무에 모여들고,
흰 망아지는 들에서 풀을 뜯는다.
교화가 초목에조차 미치니,
만방이 모두 그 은혜에 힘입도다."

읽기

"鳴명鳳봉은 在재樹수하고, 白백駒구는 食식場장이라.
化화被피草초木목하니, 賴뢰及급萬만方방이로다."

글자

① 鳴: 울 명 ② 鳳: 봉새 봉 ③ 在: 있을 재 ④ 樹: 나무 수 ⑤ 白:
흰 백 ⑥ 駒: 망아지 구 ⑦ 食: 먹을 식(밥 사) ⑧ 場: 마당 장 ⑨ 化:
될 화 ⑩ 被: 입을 피 ⑪ 草: 풀 초 ⑫ 木: 나무 목 ⑬ 賴: 기댈 뢰
⑭ 及: 미칠 급 ⑮ 萬: 일만 만('万'으로 표기된 판본도 있음) ⑯ 方: 모 방

- 鳴鳳: 태평성대를 상징하는 봉황새가 나타나 욺.
- 白駒: 흰 망아지. 만물이 각기 제 복에 겨워 태평을 누림을 말함.
- 萬方: 萬邦과 같음. 온 천하를 가리킴.

【鳴鳳在樹】봉황새가 나무에 모여들어 노래함. 태평성대를 상징하는 새로써 이 새가 나타나면 상서롭게 여겼음.《詩經》大雅 卷阿에 "鳳凰于飛, 翽翽 其羽, 亦集爰止, 藹藹王多吉士, 維君子使, 媚于天子"라 하였으며《說苑》 辨物篇에 "黃帝卽位, 惟聖恩承天, 明道一修, 惟仁是行, 宇內和平, 未見 鳳凰, 維思影像, 夙夜晨興, 於是乃 問天老曰:「鳳儀何如?」天老曰: 「夫鳳, 鴻前麟後, 蛇頸魚尾, 鶴植 鴛鴦, 思麗化枯折所志, 龍文龜身, 燕喙雞喙, 駢翼而中注, 首戴德, 頂 揭義, 背負仁, 心信智, 食則有質, 飮則有儀, 往則有文, 來則有嘉. 晨鳴 曰發明, 晝鳴曰保長, 飛鳴曰上翔, 集鳴曰歸昌. 翼挾義, 衷抱忠, 足履正,

畵像磚〈鳳凰〉

尾繫武, 小聲合金, 大聲合鼓; 延頸奮翼, 五光備擧, 光興八風, 氣降時雨, 此謂 鳳像. 夫惟鳳爲能究萬物, 通天祉, 象百狀, 達于道. 去則有災, 見則有福, 覽九 州, 觀八極, 備文武, 正王國, 嚴照四方, 仁聖皆伏. 故得鳳之像一者, 鳳過之, 得二者, 鳳下之, 得三者, 則春秋下之, 得四者, 則四時下之, 得五者, 則終身 居之」黃帝曰:「於戱盛哉!」於是乃備黃冕, 帶黃紳, 齋于中宮, 鳳乃蔽日而降. 黃帝降自東階, 西面啓首曰:「皇天降玆, 敢不承命?」於是鳳乃逐集東囿, 食帝 竹實, 棲帝梧樹, 終身不去"라 함.《孔演圖》에 "鳳非竹實不食"이라 하였고, 李白의 시에 "鳳飢不啄粟"이라 함. 한편《論語》子罕篇에는 "子曰:「鳳鳥 不至, 河不出圖, 吾已矣夫!」"라 함.

【白駒食場】흰 망아지가 들에서 한가롭게 풀을 뜯음.《詩經》小雅 白駒에 "皎皎白駒, 食我場苗"라 함.

【化被草木】성인의 교화가 초목에까지 미침.

【賴及萬方】모든 나라가 그 혜택을 입으며 그 힘에 기댐.

✿ 釋文

此言其德澤之及於物者. 鳥出聲曰鳴. 鳳, 靈禽也, 有道則見.《孔演圖》云:「鳳非竹實不食」駒, 馬之小者; 白, 言其色. 場, 治谷之地.《詩》小雅云:「皎皎白駒, 食我場苗」仁風動物白化. 被, 及也. 賴, 利也.《春秋傳》云:「萬, 盈數也」方, 謂東西南北. 萬方則盡乎天下矣. 極言有道之君, 仁德及物, 如鳳如駒, 盡得其所. 至於草木, 亦皆被化, 而利賴萬方, 無一物不蒙其澤也, 古本作「在樹」, 今作「在竹」, 從之.

此章言天地人之道, 爲《千字文》之發端. 首節從天地初闢之時說起, 見自有天地之由來. 第二節至第四節, 承首節天道而言. 天有日月星星辰, 雲雨霜露, 以成四時二氣, 見天道之大也. 第五節至第七節, 承首節地道而言. 地之生物, 有金玉珠寶之異, 山川草木之盛,, 鳥獸蟲魚之繁, 見地道之廣也. 第八節至第十三節, 承首節宇宙而言, 洪荒以來, 三皇·五帝·三王, 開物成務, 以前民用, 仁民愛物, 以廣德澤, 見人事之盛也.

014
개차신발蓋此身髮

蓋此身髮, 四大五常.
恭惟鞠養, 豈敢毀傷?

"대체로 이 몸과 머리카락은 부모로부터 받은 것이요,
네 가지 큰 덕목과 다섯 가지 해야 할 일들이 있도다.
공손히 오직 나를 길러주신 어버이를 생각하니,
어찌 감히 훼손하거나 다치는 일이 있을 수 있겠는가?"

읽기

"蓋개此차身신髮발은 四사大대五오常상이니,
恭공惟유鞠국養양에 豈기敢감毀훼傷상이리오?"

글자

① 蓋: 덮을 개. 발어사 개(蓋는 이체자임) ② 此: 이 차 ③ 身: 몸 신
④ 髮: 터럭 발 ⑤ 四: 넉 사 ⑥ 大: 큰 대 ⑦ 五: 다섯 오 ⑧ 常: 떳떳

할 상 ⑨ 恭: 공경 공 ⑩ 惟: 오직 유 ⑪ 鞠: 칠 국 ⑫ 養: 기를 양
⑬ 豈: 어찌 기 ⑭ 敢: 굳셀 감 ⑮ 毁: 허물 훼 ⑯ 傷: 다칠 상

- 蓋: 발어사. '대체로, 무릇'의 뜻.
- 身髮: 身體髮膚의 줄인 말. 이 몸은 부모로부터 받은 것이니 잘 보존
  하여야 함을 말함. 《孝經》開宗明義章에 "子曰:「夫孝, 德之本也. 敎之
  所由生也. 復坐! 吾語汝. 身體髮膚, 受之父母, 不敢毁傷, 孝之始也;
  立身行道, 揚名於後世, 以顯父母, 孝之終也. 夫孝, 始於事親, 中於
  事君, 終於立身. 〈大雅〉云:『無念爾祖? 聿脩厥德.』」"이라 하였으며,
  《論語》泰伯篇에는 "曾子有疾, 召門弟子曰:「啓予足! 啓予手! 詩云,
  『戰戰兢兢, 如臨深淵, 如履薄冰.』而今而後, 吾知免夫! 小子!」"라 함.
- 四大: 우리의 몸은 地, 水, 風, 火의 네 가지 물질이 합하여 구성되었다
  하여 이를 '사대'라 함. 이는 실제 불교의 이론으로 《圓覺經》에 "我今
  此身, 四大和合. 所謂髮毛爪齒, 皮肉筋骨, 髓腦垢色, 皆歸於地; 唾涕
  膿血, 津液涎沫, 痰淚精氣, 大小便利, 皆歸於水; 暖氣歸火; 動轉歸風"
  이라 함. 한편 道家에서는 道, 天, 地, 人을 '사대'라 하였음.
- 五常: 사람으로서 지켜야 할 다섯 가지 덕목. 즉 仁, 義, 禮, 智, 信을
  말함. 董仲舒의 〈賢良策〉에 "夫仁義禮智信, 五常之道, 王者所當修
  飭也"라 하였음. 그러나 《孟子》滕文公(上)의 "父子有親, 君臣有義,
  夫婦有別, 長幼有序, 朋友有信"을 '오상'으로 보기도 하며, 《尙書》泰誓(下)
  의 "今商王受, 押侮五常"에서 孔穎達의 疏에는 "五常卽五典, 謂父義,
  母慈, 兄友, 弟恭, 子孝, 五者人之常行"이라 하였음.
- 鞠養: 부모가 길러줌. 《詩經》小雅 蓼莪에 "父兮生我, 母兮鞠我. 拊我
  畜我, 長我育我, 顧我復我, 出入腹我. 欲報之德, 昊天罔極"이라 함.

【蓋此身髮】대체로 내 몸의 신체발부.
【四大五常】사대와 오상으로 이루어져 있음.
【恭惟鞠養】오직 길러주신 부모님의 은혜를 공경히 받들어야 함.
【豈敢毁傷】어찌 감히 훼손하거나 다칠소냐.

釋文

　此以下言學者修身之事. 蓋, 發語辭. 四大: 地·水·火·風也.《圓覺經》云:
「此身四大和合. 髮毛爪齒, 皮肉筋骨, 髓腦垢色, 皆歸於地. 睡涕膿血, 津液涎沫,
痰淚精氣, 大小便利, 皆歸於水. 暖氣歸火, 動轉歸風」是也. 五常: 仁·義·禮·
智·信也. 恭, 敬也. 惟者, 專辭. 鞠, 卽養也. 豈敢, 猶云不敢. 毁, 壞也. 傷, 損也.
《孝經》云:「身體髮膚, 受之父母, 不敢毁傷.」言此身髮, 乃父母鞠養, 而敢損
壞也. 此將言修身之事, 故先言身之至重, 以見其不可不修. 外而形體, 則有四大,
內而心性, 則有五常. 修身者, 惟修其五常之德, 而後能不虧四大之體, 蓋不敢
毁傷者, 在四大; 而所以不毁傷者, 在修其五常也.

〈孔門弟子守喪圖〉

015

녀모정렬女慕貞烈

女慕貞烈, 男效才良.

"여자로 태어났다면 정렬 지키기를 사모하고,
남자라면 재능과 어짊을 본받아야 하리라."

（읽기）

"女^녀慕^모貞^정烈^렬하고, 男^남效^효才^재良^량이라."

（글자）

① 女: 계집 녀 ② 慕: 그리워할 모 ③ 貞: 곧을 정 ④ 烈: 매울 렬
⑤ 男: 사내 남 ⑥ 效: 본받을 효('効'는 이체자) ⑦ 才: 재주 재 ⑧ 良:
어질 량

• 貞烈: 다른 판본에는 '貞潔'로 되어 있음. 이 潔자는 周興嗣 원본에 두 번
  중복되어(058에 '紈扇圓潔') '潔'자를 뒷사람들이 '烈'로 고쳐 쓴 것이 통행
  되어 내려온 것임(우리나라의《石峰千字文》·《註解千字文》등도 '烈'로 고쳐져
  있으나 그보다 앞서 출판된《光州千字文》등에는 그대로 '潔'을 두 번 중복된 채로
  되어 있음.) '烈'과 '潔'은 같은 운으로 서로 바꾸어 쓸 수 있음. 단〈纂輯本〉
  에는 '紈扇圓絜'로 하여 '潔'자를 '絜'자로 바꾸어 놓았음.

• 效: 그렇게 되는 모습을 보고 모방하거나 따라 배우며 그러한 뜻을 가지고 있음을 뜻함. '効'자와 흔히 혼용하고 있으며 뜻은 대략 같음.

【女慕貞烈】 여자는 정렬을 가질 것을 사모하며 따라 배움.
【男效才良】 남자는 재능이 있고 훌륭함을 이루고자 뜻을 품고 있음.

❀ 釋文

　　雖男女有異, 而五常之修一也. 慕, 愛也. 貞潔, 正而靜也. 效, 法也. 才, 有能者. 良, 有德者.

〈女史箴圖〉 顧愷之 大英博物館 소장

016

지과필개知過必改

知過必改, 得能莫忘.
罔談彼短, 靡恃己長.

"허물이 있음을 알았다면 반드시 고쳐야 하며,
능함을 터득하였으면 이를 잊지 않고 실천해야 한다.
남의 단점을 말하지 말 것이며,
자신의 뛰어남을 너무 믿어서도 안 된다."

읽기

"知^지過^과必^필改^개하고, 得^득能^능莫^막忘^망하라.
罔^망談^담彼^피短^단하고, 靡^미恃^시己^기長^장하라."

글자

① 知: 알 지 ② 過: 지날 과(허물 과) ③ 必: 반드시 필 ④ 改: 고칠
개 ⑤ 得: 얻을 득 ⑥ 能: 능할 능 ⑦ 莫: 말 막 ⑧ 忘: 잊을 망 ⑨ 罔:
말 망 ⑩ 談: 말씀 담 ⑪ 彼: 저 피 ⑫ 短: 짧을 단 ⑬ 靡: 아닐 미
⑭ 恃: 믿을 시 ⑮ 己: 몸 기 ⑯ 長: 긴 장

- 得能: 어떠한 일을 능히 처리할 수 있는 능력을 터득하여 얻음.
- 罔談: '罔'은 '勿'과 같음. '~하지 말라'의 금지명령어에 쓰임. 쌍성호훈.
- 靡恃: '靡'는 '未, 勿, 無, 亡' 등과 같음. 역시 금지명령어에 쓰이며 쌍성호훈. '恃'는 자신의 장점을 과신하여 긍지를 가지고 서두르거나 뽐내며 나섬을 말함.

【知過必改】 허물을 알아차렸으면 반드시 고침. 《論語》 學而篇과 子罕篇에 "過則勿憚改"라 하였으며, 衛靈公篇에는 "子曰:「過而不改, 是謂過矣.」"라 함. 그리고 《國語》 魯語에는 "過而能改, 民之上也"라 함.

【得能莫忘】 능한 기능을 터득하였으면 이를 잃지 않도록 해야 함. '忘'은 '亡'과 같으며 '망실'의 뜻으로 봄. 《論語》 學而篇의 "學而時習之, 不亦說乎"의 뜻을 말함.

【罔談彼短】 상대의 단점을 말하지 아니함.

【靡恃己長】 자신의 장점을 믿거나 뽐내는 일을 하지 아니함. 漢나라 崔瑗의 座右銘에 "無道人之短, 無說己之長; 施人愼勿念, 受施愼勿忘"이라 함. 《明心寶鑑》에 인용된 《景行錄》에 "耳不聞人之非, 目不視人之短, 口不言人之過, 庶幾君子!"라 함. 《增廣賢文》에도 "毋以己長而形人之短, 毋因己拙而忌人之能"이라 하였음. 한편 '罔, 靡' 두 글자는 모두 부정사로 쓰였으며 雙聲互訓을 이루고 있음.

❀ 釋文

此與下節, 皆言修五常之事. 改, 更也. 得, 求而獲之也. 能, 有諸己者也. 忘, 失也. 言於五常而有過失, 則必改之; 於五常而有所能, 必守而勿失也. 罔者, 戒之之辭. 談, 言也. 彼者, 對己而言. 短, 卽過也. 靡, 無也. 恃者. 矜夸之意. 長, 卽能也. 言人於五常而有過, 則不詆之; 己於五常而有所能, 則不矜之也.

《村童鬧學圖》(송대 그림)

017
신사가복信使可覆

信使可覆, 器欲難量.

"약속한 일은 반드시 지킨다는 믿음을 주고,
자신의 도량은 남이 헤아릴 수 없을 정도로 크게 가져라."

읽기

"信신使사可가覆복이요, 器기欲욕難난量량이라."

글자

① 信: 믿을 신 ② 使: 하여금 사 ③ 可: 옳을 가 ④ 覆: 엎어질 복
('덮을 부'로도 풀이함) ⑤ 器: 그릇 기 ⑥ 欲: 하고자 할 욕 ⑦ 難: 어려울
난 ⑧ 量: 헤아릴 량

- 信: 성실하며 믿음이 있고 허락한 말을 실천함.
- 覆: 실질을 잘 살핌. 원래 '덮다, 엎어지다'의 두 가지 뜻이 있으며 '덮다'의
  경우 음은 '부'이며 '엎어지다'의 경우는 '복'으로 읽어야 함.
- 器: 도량. 기량. 가슴에 품은 큰 뜻. 어떤 일에 쓰일 기구.《論語》爲政篇
  에 "子曰:「君子不器」"라 하였고, 公冶長편에는 "子貢問曰:「賜也何如?」
  子曰:「女, 器也」曰:「何器也?」曰:「瑚璉也」"라 함.

【信使可覆】 말에는 믿음이 있도록 하여 승낙한 말은 반드시 지키며 남의
경험을 잘 살펴야 함.
【器欲難量】 자신의 도량은 남으로 하여금 가히 측량할 수 없을 정도로
원대하게 가져야 함.

🍁 **釋文**

　信, 實也. 覆, 復驗也. 言與人約信, 務爲誠實, 使可以復驗, 則言不妄矣. 器,
量也. 量, 度也. 言人之器量, 欲其廣大, 使人難以度量; 恃己之長, 則人得而
測之矣. ○量, 平聲.

〈武城絃歌〉 민간판화 조선시대

018
묵비사염 墨悲絲染

墨悲絲染, 詩讚羔羊.

"묵자는 흰 실이 물감 색깔에 따라
변하는 것을 보고 슬픔을 느꼈고,
《시경》에는 검은 염소의 순정한 검은색을 찬양하였다."

읽기

"墨^묵悲^비絲^사染^염하고, 詩^시讚^찬羔^고羊^양이라."

글자

① 墨: 먹 묵 ② 悲: 슬플 비 ③ 絲: 실 사 ④ 染: 물들일 염 ⑤ 詩:
글 시 ⑥ 讚: 기릴 찬 ⑦ 羔: 검은 염소 고('羖'는 이체자) ⑧ 羊: 양 양

• 墨: 墨子(대략 B.C.468~B.C.376)를 가리킴. 전국시대 墨家學派의 영수.
이름은 翟. 원래 宋나라 사람으로 魯나라에 오래 살았으며 제자가 3백
명이었음. 天志, 明鬼를 내세워 兼愛, 非攻, 尙賢, 尙同을 주장하였고
節用과 非樂을 선도하였음.

千字文 131

- 絲染: 묵자가 흰 실로 여러 가지 물을 들이는 공정을 보다가 슬픔을 느꼈다 함. 《淮南子》說林訓에 "楊子見逵路而哭之, 爲其可以南, 可以北; 墨子見練絲而泣之, 爲其可以黃, 可以黑"이라 하였으며,《墨子》所染 篇에는 "見染絲者而歎曰:「染于蒼則蒼, 染于黃則黃. 所入者變, 其色 亦變. 五入必, 而已則爲五色矣, 故染不可不愼也. 非獨染絲然也, 國亦 有染"이라 함.
- 羔羊: 검은 양. 검은 염소.《詩經》召南 羔羊篇을 가리킴. "羔羊之皮, 素絲五紽"라 하여 검은 양의 털빛이 검고 순정한 것을 찬양한 내용으로 사람도 이와 같아야 함을 말함.

【墨悲絲染】묵자는 물감 재료에 따라 색이 변하는, 물이 드는 흰실을 보고 슬픔을 느낌.
【詩讚羔羊】《詩經》에는 검은 양의 순정한 털을 찬양함.

✿ 釋文

此言修五常者, 欲其鈍一而不雜也. 墨, 姓, 名翟. 悲, 痛而泣之也. 絲, 蠶所 吐也. 以色加素曰染. 墨翟見染絲者而泣曰:「染於蒼則蒼, 染於黃則黃, 不可 不愼也.」《詩》召南羔羊之篇. 贊, 美之也. 羔, 羊之小者. 羊, 畜名.《詩》云: 「羔羊之皮, 素絲五紽.」按《詩》本義, 美大夫之節儉正直. 此引《詩》則但取羔 羊素絲, 其色之純一耳.

〈紅衣舞女壁畵〉(唐) 1957 陝西 長安 唐墓 벽화

019

경행유현 景行維賢

景行維賢, 克念作聖.
德建名立, 形端表正.

"훌륭한 행동은 오직 어짊이 바탕이어야 하며,
자잘한 행동을 이겨내면 성인이 될 수 있다.
그렇게 되면 덕이 세워지고 명예가 서게 되나니,
모습을 단정히 하고 표정도 똑바르게 가져야 한다."

읽기

"景경行행維유賢현이요, 克극念념作작聖성이라.
德덕建건名명立립하고, 形형端단表표正정이니라."

글자

① 景: 볕 경 ② 行: 다닐 행 ③ 維: 벼리 유('오직 유(惟)'와 같은 뜻이며
〈三民本〉에는 '惟'로 되어 있음) ④ 賢: 어질 현 ⑤ 克: 이길 극(尅은 이체자)

⑥ 念: 생각할 념 ⑦ 作: 지을 작 ⑧ 聖: 성인 성 ⑨ 德: 큰 덕 ⑩ 建: 세울 건 ⑪ 名: 이름 명 ⑫ 立: 설 립 ⑬ 形: 형상 형 ⑭ 端: 끝 단 ⑮ 表: 겉 표 ⑯ 正: 바를 정

- 景行: 아름다운 행동. 본받고 흠모할 만한 행실.
- 克念: 자질구레한 잡념에 대해서는 이를 이겨내고 극복함. 또는 항상 군자가 되겠다는 생각을 가지고 실천해 나감을 뜻한다고도 봄.

【景行維賢】훌륭한 행동을 본받음에는 오직 그 현덕한 행동 때문임. 《詩經》 小雅 車牽에 "高山仰止, 景行行止"라 하였고, 鄭玄의 箋에 "古人有高德者則 慕仰之, 有明行者則而行之"라 함.
【克念作聖】때마다 이를 생각하여 행동하면 보통 사람도 성인이 될 수 있음. 《尚書》多方篇에 「惟聖罔念作狂, 惟狂克念作聖, 天惟五年須暇之子孫, 誕作 民主, 罔可念聽. 天惟求爾多方, 大動以威, 開厥顧天. 惟爾多方罔堪顧之」라 하였으며 《增廣賢文》에도 이를 인용하여 "惟聖罔念作狂, 惟狂克念作聖" 이라 함.
【德建名立】덕이 세워지면 명예는 저절로 서게 됨.
【形端表正】몸가짐을 단정히 하면 의표가 저절로 바르게 됨. '形表端正'과 같음.

釋文

景, 仰也. 行者, 事之迹也. 《詩》小雅云:「景行行止.」維, 與惟同. 賢者, 能修 五常之善人也. 言此善人, 當景仰而效法其行事也. 克, 能也. 念, 思也. 作, 爲也. 聖者, 不思不勉, 自合於五常之人也. 《書》多方篇云:「惟狂克念作聖.」言人能 以五常之道, 思之於心, 而力行之, 則可造於聖人之域也. 德, 卽五常之德. 建, 卽立也. 名, 賢人聖人之名也. 形, 體也. 端, 卽正也. 立木以示爲表. 行端則影亦端, 表正則影亦正. 言此賢聖之人, 惟能建立五常之德, 因以有聖賢之名, 如形表之端正, 則影自隨之而不爽. 蓋修德者必有名譽, 而人不可不效法之也.

※ 이 구절의 '성(聖)'자부터 아래 '정(正), 청(聽), 경(慶), 경(競), 경(敬), 명(命), 청(淸), 성(盛), 영(映), 정(定), 령(令), 경(竟), 정(政), 영(詠)'까지 15글자는 모두 'ㅎ(ㅐ)'계통의 韻字로 되어 있음.

〈孔子出行圖〉 민간판화 조선시대

020

공곡전성空谷傳聲

空谷傳聲, 虛堂習聽.
禍因惡積, 福緣善慶.

"빈 골짜기에서의 소리는 멀리 퍼져 나가고,
빈 강당에서의 음향은 겹쳐서 들리게 된다.
재앙은 악을 쌓음에서 비롯되는 것이요,
복은 착한 일의 경사로움에서 연유되는 것이니라."

읽기

"空공谷곡傳전聲성이요, 虛허堂당習습聽청이니,
禍화因인惡악積적이요, 福복緣연善선慶경이니라."

글자

① 空: 빌 공 ② 谷: 골 곡 ③ 傳: 전할 전 ④ 聲: 소리 성 ⑤ 虛: 빌 허
⑥ 堂: 집 당 ⑦ 習: 익힐 습 ⑧ 聽: 들을 청 ⑨ 禍: 재앙 화 ⑩ 因:
인할 인 ⑪ 惡: 악할 악(미워할 오, 어찌 오) ⑫ 積: 쌓을 적 ⑬ 福: 복 복
⑭ 緣: 인연 연 ⑮ 善: 착할 선 ⑯ 慶: 경사 경

- 習聽: '習'은 '襲'과 같음. 메아리나 음향이 겹치고 반복되어 울림.
- 善慶: 선함과 경사스러움. 착한 일을 뜻함.

【空谷傳聲】 빈 골짜기에서의 소리는 아주 멀리까지 퍼져 나감. 南朝 梁 武帝의 〈淨業賦〉에 "若虛谷之應聲, 似游形之有影"이라는 표현이 있음.

【虛堂習聽】 큰 집의 공간에서는 들리는 메아리가 반복되어 울려나옴.

【禍因惡積】 재앙은 악을 많이 쌓았기 때문에 생기는 것임.

【福緣善慶】 복은 선과 경사스러운 일을 많이 한 연유로 찾아오는 것임.《周易》 坤卦에 "積善之家, 必有餘慶; 積不善之家, 必有餘殃"이라 하였으며,《昔時賢文》에는 "好訟之子, 多致終凶; 積善之家 必有餘慶"이라 함.《明心寶鑑》에도 인용되어 있음.

釋文

空, 卽虛也. 谷, 兩山中之相來處. 傳, 續也. 堂, 屋之高大者. 習, 重也. 聽者, 耳所聞也. 言聲在空谷之中, 則相傳續而不已; 在虛堂之中, 則聲發於此, 響應於彼, 使所者重復也. 禍, 災殃也. 惡, 悖於五常之事也. 積, 累也, 言惡非一端也. 緣, 卽因也. 善者修五常之事也. 慶者, 善之著也. 言天之降禍於人, 必因其悖於五常, 爲惡多端而然; 天之降福於人, 必因其能修五常, 善著於身而然也.

○上節言人事之不爽, 修德必獲令名, 如影之隨形表; 此節言天道之不爽, 爲惡得禍, 爲善得福, 如響之赴聲也.

磁州窯〈白釉黑花嬰戲瓷罐〉(元) 1994 遼寧 綏中 출토

021

척벽비보尺璧非寶

尺璧非寶, 寸陰是競.

"한 자나 되는 큰 구슬이라 해도 보배로운 것이 아니요,
 지극히 짧은 시간이 바로 다투어야 할 보배이니라."

읽기

"尺^척璧^벽이 非^비寶^보요, 寸^촌陰^음이 是^시競^경이라."

글자

① 尺: 자 척 ② 璧: 구슬 벽 ③ 非: 아닐 비 ④ 寶: 보배 보 ⑤ 寸:
마디 촌 ⑥ 陰: 그늘 음 ⑦ 是: 이 시 ⑧ 競: 다툴 경

- 尺璧: 아주 큰 구슬을 말함. 훌륭한 미옥.
- 寸陰: '一寸光陰'의 줄인 말. 아주 짧은 시간. 이를 놓치지 않도록 다투어
  학습에 활용함. 朱熹의 〈偶成〉 시에 "少年易老學難成, 一寸光陰不
  可輕. 未覺池塘春草夢, 階前梧葉已秋聲"이라 함.

【尺璧非寶】지름이 한 자나 되는 큰 구슬이라 해도 그것을 보배로운 것으로 여기지 아니함.

【寸陰是競】아주 짧은 시간이라 해도 이를 보배로 여겨 놓치지 않도록 다툼. 이 구절은 《淮南子》原道訓의 "聖人不貴尺之璧, 而重寸之陰, 時難得而易失也"라 한 뜻을 표현한 것임. 한편 《晉書》 陶侃傳에는 「大禹聖人, 乃惜寸陰, 至衆人, 當惜分陰」이라 하였고, 《增廣賢文》에는 "晝坐惜陰, 夜坐惜燈"이라 함.

❀ 釋文

　天道人事, 不爽如此, 而人當力行其五常矣. 尺, 度名, 十寸爲尺. 璧, 玉之圓者. 寶, 貴之也. 寸, 亦度名. 陰, 日影也. 競, 爭也. 昔禹惜寸陰. 《淮南子》云: 「聖人不貴尺之璧, 而重寸之陰.」此言尺璧之重·而不以爲寶, 惟以寸陰當爭, 而孜孜然修其五常, 惟日不足也.

〈惜陰〉丘堂 呂元九 선생 글씨(현대)

〈大禹像〉 山東 嘉祥縣 武梁祠(東漢 畵像石)

022

자부사군資父事君

資父事君, 曰嚴與敬.

"아버지 모시는 것을 바탕으로 삼아 임금을 모시되,
이를 일러 엄함과 공경이라 하는 것이니라."

읽기

"資^자父^부事^사君^군이니, 曰^왈嚴^엄與^여敬^경이라."

글자

① 資: 밑천 자 ② 父: 아비 부 ③ 事: 섬길 사(일 사) ④ 君: 임금 군
⑤ 曰: 가로 왈 ⑥ 嚴: 엄할 엄 ⑦ 與: 더불 여(~과/와) ⑧ 敬: 공경 경

• 資父: 아버지를 모시는 것을 근본으로 삼아 이를 출발점의 근거로 함.
《孝經》士孝章에 "資於事父以事母, 而愛同; 資於事父以事君, 以敬同.
故母取其愛, 而君取其敬, 兼之者, 父也"라 함.
• 嚴敬: 아버지에게 배운 엄함을 바탕으로 하여 임금에게 공경을 다함.

【資父事君】아버지 섬김을 기본으로 하여 임금을 섬김.
【曰嚴與敬】이는 바로 엄히 여겨 복종함과 높이 여겨 공경함으로써 하여야
  함을 말함.

❀ 釋文

上言五常之當修; 而所爲五常者, 在於人倫之內. 蓋仁爲父子之德; 以爲君臣
之德; 長幼有序, 卽禮之德; 夫婦之有別, 卽智之德; 而信又爲朋友之德也. 此下
十四節, 皆言人倫; 而人倫之中, 莫大於父子君臣, 故又別而言之. 資, 藉也. 事,
奉也. 嚴者,畏憚之意. 敬, 心無所慢也.《孝經》云:「資於事父以事君而敬同.」
又云:「孝莫大於嚴父」言用事父之道, 卽可以事君, 其嚴憚恭敬之心則同, 蓋移
孝以作忠也.

畫像磚〈董永侍父圖〉四川 渠縣 출토

023

효당갈력 孝當竭力

孝當竭力, 忠則盡命.

"효성은 의당 자식으로서 가진 힘을 다할 것이요,
임금에게 충성은 자신의 목숨까지 바치는 것이니라."

읽기

"孝효當당竭갈力력이요, 忠충則즉盡진命명이라."

글자

① 孝: 효도 효 ② 當: 마땅 당 ③ 竭: 다할 갈 ④ 力: 힘 력 ⑤ 忠:
충성 충 ⑥ 則: 법 칙(假定文의 結果節에 쓰일 경우 '즉'으로 읽음) ⑦ 盡:
다할 진 ⑧ 命: 목숨 명

• 竭力: 자신의 힘이 미치는 모든 것을 쏟아 부어 어버이를 모심.
• 盡命: 임금(국가)을 위하는 일이라면 목숨까지도 다하고자 하여야 함.

【孝當竭力】부모를 모심에는 의당 그 힘을 다하여야 함.《論語》學而篇에
"子夏曰:「賢賢易色; 事父母, 能竭其力; 事君, 能致其身; 與朋友交, 言而有信.
雖曰未學, 吾必謂之學矣.」"라 함.
【忠則盡命】임금에게는 목숨을 바쳐 충성을 다함.

※ 釋文

  善事父母爲孝. 當, 合也, 謂理合如是也. 竭, 亦盡也.《論語》云:「事父母能
竭其力.」盡己之心爲忠.《論語》云:「臣事君以忠.」言忠臣之事君, 有死無二,
盡己之命而不惜也. 孝承上資父而言, 忠承上事君而言.

〈姜太公出關隱磻溪圖〉明《封神演義》삽화

024
림심리박臨深履薄

臨深履薄, 夙興溫凊.

"깊은 못 앞에 서 있듯이, 얇은 얼음을 밟고 가듯,
 아침 일찍 일어나고 저녁 늦어 잠자리에 들면서
 어버이의 따뜻함과 서늘함을 보살펴 드려야 하느니라."

읽기

"臨림深심履리薄박이요, 夙숙興흥溫온凊청이라."

글자

① 臨: 임할 림 ② 深: 깊을 심 ③ 履: 밟을 리 ④ 薄: 얇을 박 ⑤ 夙: 이를 숙 ⑥ 興: 흥할 흥 ⑦ 溫: 따뜻할 온 ⑧ 凊: 서늘할 청('정'으로도 읽음)

- 夙興: 夙興夜寐의 줄인 말. 새벽부터 밤늦도록 열심을 다함. '興'은 '起'와 같음. 잠자리에서 일어남. 起床을 말함.
- 溫凊: 冬溫夏凊의 줄인 말. 겨울에는 따뜻하고 여름에는 시원하게(서늘하게) 부모를 모시는 일. 흔히 昏定晨省과 함께 쓰임.

【臨深履薄】깊은 못 가에 서 있듯이 조심하고 얇은 얼음을 밟고 지나가듯 두려워함.《詩經》小雅 小旻에 "戰戰兢兢, 如臨深淵, 如履薄氷"이라 함.

【夙興溫淸】아침 일찍 일어나고 저녁 늦게 잠자리에 들며 모든 정성을 쏟아 부지런히 실천하는 일과 겨울에 따뜻하게 해 드리고 여름에 시원하게 해 드리는 부모님 봉양 방법. '夙興'은《詩經》小雅 小宛에 "夙興夜寐, 毋忝爾 所生"이라 하였고, '溫淸'은《禮記》曲禮(上)에 "凡爲人子之禮, 冬溫而夏淸, 昏定而晨省"이라는 말에서 비롯된 것임. 한편《二十四孝》에 "漢, 黃香, 年 九歲, 失母, 思慕惟切, 鄕人稱其孝. 香躬執勤苦, 一意事父. 夏天暑熱, 爲扇 涼其枕蓆; 冬天寒冷, 以身暖其被褥. 太守劉護表而異之"라 한 고사가 전함.

釋文

上言忠孝之道, 而事君卽資於父, 故此又專言孝也. 臨, 莅也. 深, 深淵也. 履, 踐也. 薄, 薄冰也.《詩》云:「戰戰兢兢, 如臨深淵, 如履薄冰.」夙, 早也. 興, 起也.《詩》云:「夙興夜寐. 無忝爾所生.」溫者, 使之暖也. 淸者, 使之凉也. 《曲禮》云:「凡爲人子之禮, 冬溫而夏淸」此言嚴敬之實, 子之事親, 謹畏小心, 如臨深淵, 而踐薄冰, 夙興夜寐, 冬溫夏淸, 而後爲孝也.

曾子《三才圖會》

025

사란사형 似蘭斯馨

似蘭斯馨, 如松之盛.
川流不息, 淵澄取映.

"난초처럼 아름다운 이 향내,
 소나무처럼 무성한 저 모습.
 냇물이 흘러 쉬지 않고 흘러가듯,
 깊은 못 맑고 맑아 얼굴을 비춰 볼 수 있듯이."

읽 기

"似사蘭란斯사馨형하며, 如여松송之지盛성이라.
 川천流류不불息식하고, 淵연澄징取취映영이라."

글 자

① 似: 닮을 사 ② 蘭: 난초 란 ③ 斯: 이 사 ④ 馨: 향기 형 ⑤ 如:
같을 여 ⑥ 松: 소나무 송 ⑦ 之: 갈 지 ⑧ 盛: 성할 성 ⑨ 川: 내 천
⑩ 流: 흐를 류 ⑪ 不: 아니 불 ⑫ 息: 쉴 식 ⑬ 淵: 깊은 못 연
⑭ 澄: 맑을 징 ⑮ 取: 취할 취 ⑯ 映: 비칠 영

- 似蘭: 난초와 같음. 향내를 표현할 때 거론하는 말.
- 不息: 쉼이 없음. 물은 밤낮으로 그치지 아니하고 흐름.《論語》子罕篇에 "子在川上, 曰: 「逝者如斯夫! 不舍晝夜」"라 함.

【似蘭斯馨】 부모에게 효를 다하면 그 덕은 난향과 같음.
【如松之盛】 그 무성함은 소나무와 같음.
【川流不息】 마치 물이 흘러 쉼이 없는 것과 같음.《禮記》中庸 30장에 "萬物並育而不相害, 道並行而不相悖, 小德川流, 大德敦化, 此天地之所以爲大也"라 함.
【淵澄取映】 맑은 물이 아주 깨끗하여 거울처럼 비춰 볼 수 있음. 덕행이 아주 맑고 깨끗함을 말함. 역시 《禮記》中庸 31장에 "溥博淵泉, 而時出之. 溥博如天, 淵泉如淵. 見而民莫不敬, 言而民莫不信, 行而民莫不說. 是以聲名洋溢乎中國, 施及蠻貊; 舟車所至, 人力所通; 天之所覆, 地之所載, 日月所照, 霜露所隊; 凡有血氣者, 莫不尊親, 故曰配天"이라 함.

釋文

孝爲百行之原. 能孝於親, 則爲有德之人矣, 故設喩以贊美之. 似·如, 皆比也. 蘭, 香草也.《易》繫辭云: 「其臭如蘭.」斯, 語辭. 馨, 香也. 松, 木名. 盛, 茂也, 松至冬而不凋, 故云盛. 川, 水之流者. 流, 行也. 息, 止也. 淵, 水之止者. 澄, 清也. 映, 照也, 水清而可以照物也. 言其德之馨香, 則如蘭; 其德之茂盛, 則如松; 其德純常而不間斷, 則如川之流而不止; 其德潔清而可照也.

〈蘭竹圖〉(청) 鄭燮(1693~1765)

용지약사容止若思

容止若思, 言辭安定.

"표정과 행동거지는 깊이 생각했던 것에 맞도록 하고,
말하는 태도는 안정감이 있도록 하라."

읽 기

"容^용止^지若^약思^사하며, 言^언辭^사安^안定^정이라."

글 자

① 容: 얼굴 용('용납하다'의 뜻도 있음) ② 止: 그칠 지 ③ 若: 같을 약
④ 思: 생각 사 ⑤ 言: 말씀 언 ⑥ 辭: 말씀 사 ⑦ 安: 편안 안 ⑧ 定:
정할 정

• 容止: 얼굴 표정과 행동거지.
• 若思: 깊이 생각한 것에 맞도록 함.

【容止若思】얼굴 표정과 행동은 깊이 생각한 것에 맞도록 함.

【言辭安定】말이 안정됨. 이상은《禮記》曲禮에 "毋不敬, 儼若思, 安定辭"라 하였고,《論語》季氏篇에 "孔子曰:「君子有九思: 視思明, 聽思聰, 色思溫, 貌思恭, 言思忠, 事思敬, 疑思問, 忿思難, 見得思義」"라 한 것을 표현한 것임.

❀ 釋文

容, 貌也. 止者, 對作而言, 一身之擧動也. 心所運曰思, 人有思者, 貌必沉靜. 若思者, 喩其容之肅也. 言, 語也. 辭, 說也, 言之成文者也. 安定, 亦沉靜之意. 《曲禮》云:「毋不敬, 儼若思, 安定辭」言有德之人, 其貌言如是也.

〈松鶴圖〉(清) 沈銓 四川美術館 소장

027

독초성미^{篤初誠美}

篤初誠美, 愼終宜令.

"시작을 독실히 함이 진실로 아름다운 것이요,
끝맺음을 신중히 함이 의당 훌륭한 것이로다."

읽기

"篤^독初^초誠^성美^미하고, 愼^신終^종宜^의令^령이라."

글자

① 篤: 도타울 독 ② 初: 처음 초 ③ 誠: 정성 성 ④ 美: 아름다울 미
⑤ 愼: 삼갈 신 ⑥ 終: 마칠 종 ⑦ 宜: 마땅 의 ⑧ 令: 하여금 령. 아름
다울 령

- 篤初: 처음 시작을 독실히 함.
- 誠: 부사로 '진실로'라는 뜻으로 쓰였음.
- 愼終: 그 끝마무리를 신중히 함.

- 宜: 합당함. 옳음. 여기서는 '의당, 마땅히'라는 뜻의 부사로 쓰였음.
- 令: 앞 구절의 '美'와 대를 이루어 '아름답다'는 뜻으로 쓰였음.

【篤初誠美】어릴 때부터 독실히 충효를 실천하는 것은 진실로 아름다운 것임.
【愼終宜令】늙어 몸을 마칠 때까지 삼가고 신중히 한다면 이는 의당 아름다운 일이라 여겨야 함.

釋文

篤, 厚也. 初, 始也. 誠, 信也. 美·令, 皆善也. 愼, 謹也. 終者, 事之成也. 宜, 當也. 言人有德者, 能厚之於始, 信爲善矣, 又當謹之於終, 而後爲德之成也. 蓋人少, 則慕父母, 誠厚於始也; 及知好色, 則慕少艾; 有妻子, 則慕妻子; 仕則慕君. 善於終者鮮矣. 惟終身慕父母者, 乃爲大孝. 故勉人修德, 當終如其始也.

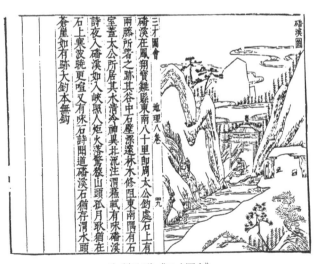

반계(磻溪) 《三才圖會》

028

영업소기榮業所基

榮業所基, 籍甚無竟.
學優登仕, 攝職從政.

"영예로운 업적으로 터전을 삼으면,
홀륭함이 더하여 끝이 없으리라.
학문이 뛰어나면 벼슬길에 올라,
관직을 다스리고 정치에 종사할 수 있느니라."

읽기

"榮^영業^업所^소基^기하면, 籍^적甚^심無^무竟^경이라.
學^학優^우登^등仕^사하여, 攝^섭職^직從^종政^정이라."

글자

① 榮: 영화 영 ② 業: 업 업 ③ 所: 바 소 ④ 基: 터 기 ⑤ 籍: 문서 적
(藉: '자리 자'로 된 판본도 있으며 혹 이 '籍'자를 '자'로도 읽음) ⑥ 甚: 심할 심

⑦ 無: 없을 무 ⑧ 竟: 마칠 경 ⑨ 學: 배울 학 ⑩ 優: 넉넉할 우. 뛰어
날 우 ⑪ 登: 오를 등 ⑫ 仕: 벼슬 사 ⑬ 攝: 쥘 섭 ⑭ 職: 벼슬 직 ⑮ 從:
좇을 종 ⑯ 政: 정사 정

- 籍甚: '藉甚, 藉盛'과 같음. 성대함. 아주 풍성하고 심히 훌륭함.
- 無竟: 끝이 없음. 다함이 없음. '竟'은 '境'과 같음.
- 攝職: 관직을 맡아 다스림. 攝行官職과 같음.
- 從政: 정치에 종사함.

【榮業所基】훌륭한 업적을 이루기 위해 기초가 되는 것. 그것은 바로 효를
이루고 덕을 쌓아 두는 것임을 말한 것.
【籍甚無竟】그 풍성한 명예와 성망이 끝이 없음.《漢書》陸賈傳에 "賈以此
游漢廷公卿間, 名聲籍甚"이라 하였고, 王先謙의〈補注〉에 周壽昌의 말을
인용하여 "籍甚,《史記》作'藉盛', 蓋籍卽藉, 用白茅之藉, 言聲名得所藉而益
盛也"라 함.
【學優登仕】이루어 놓은 학업이 우수하면 벼슬길에 오르게 됨.《論語》子張
篇에 "子夏曰:「仕而優則學, 學而優則仕.」"라 함.
【攝職從政】관직을 맡아 다스리고 정치에 종사함.《論語》子路篇에 "子曰:
「苟正其身矣, 於從政乎何有? 不能正其身, 如正人何?」"라 하였으며,《禮記》
哀公問篇에는 "公曰:「敢問何謂爲政?」孔子對曰:「政者, 正也. 君爲正, 則百
姓從政矣; 君之所爲, 百姓之所從也.」"라 함.

🏵 釋文

上言孝成而德備, 事父之道盡矣, 然後可資之以事君焉. 此以下, 言事君之事.
榮, 顯榮也. 業, 事業也. 卽下攝職從政, 仕者之事也. 基, 本也. 籍者, 有聲譽也.
甚, 太過也.《漢書》陸賈傳云:「名聲籍甚.」竟, 已也. 學, 講習討論也. 優, 有餘
也. 登, 升也. 仕, 爲官也. 攝, 治也. 職, 官所掌之事也. 從, 就也. 政, 國政也.

言能孝而有德, 則異日事君, 顯榮之業, 皆本於此. 蓋孝德之人, 必有名譽以聞
於上, 籍甚而不已焉. 又必俟學古有獲之後, 知所以致君, 知所以澤民, 然後可
升於朝而爲官, 而治理政事也.《論語》云:「學而優則仕.」

〈作猗蘭操〉민간판화 조선시대

존이감당存以甘棠

存以甘棠, 去而益詠.

"감당나무 남겨 두라 말을 하듯이,
떠난 뒤에 그 덕을 더욱 기려 노래하리라."

읽기

"存^존以^이甘^감棠^당하면, 去^거而^이益^익詠^영이리라."

글자

① 存: 있을 존 ② 以: 써 이 ③ 甘: 달 감 ④ 棠: 아가위나무 당
⑤ 去: 갈 거 ⑥ 而: 말 이을 이 ⑦ 益: 더할 익 ⑧ 詠: 읊을 영

• 甘棠: 나무이름. 흔히 팥배나무, 혹 아가위나무라고 함. 棠梨. 周나라
召公(姬奭)의 일화를 말함. 文王(姬昌)의 아들이며 武王(姬發)의 아우.
周公(姬旦)과 함께 주나라 초기 선정을 베풀었음. 燕나라에 봉을 받아
연나라 시조가 됨. 그가 감당나무 아래에서 소송을 잘 치러 이를 두고
그곳 사람들이 〈감당〉의 시를 지어 칭송하였음을 말함.《史記》燕召
公世家에 "召公之治西方, 甚得兆民和. 召公巡行鄉邑, 有棠樹, 決獄

政事其下, 自侯伯至庶人各得其所, 無失職者. 召公卒, 而民人思召公之政, 懷棠樹不敢伐, 哥詠之, 作〈甘棠〉之詩"라 하였고, 《詩經》 召南甘棠에 "蔽芾甘棠, 勿剪勿伐, 召伯所茇. 蔽芾甘棠, 勿剪勿敗, 召伯所憩. 蔽芾甘棠, 勿剪勿拜, 召伯所說"이라 함.

- 益詠: 더욱 흠모하며 노래로 칭송함.

【存以甘棠】 벼슬자리에 있을 때 감당나무 송사 판결처럼 함.
【去而益詠】 그러한 자가 떠날 때면 더욱 그를 흠모하여 칭송하게 됨.

❀ 釋文

存, 留也. 甘棠, 木名. 《草木疏》云:「今棠梨也」去, 離也. 而, 轉語辭. 益, 增也. 咏, 歌也. 昔召公循行南國, 嘗止於甘棠樹下, 後人思其德, 因愛其樹, 而不忍伐. 其《詩》云:「蔽芾甘棠, 勿翦勿伐, 召伯所茇」言人臣之事君, 必當體君心以愛民, 亦如召公之去南國, 而人思慕之, 留所止之樹而不伐, 愈歌咏於無窮也.

召公 《三才圖會》

030
악수귀천樂殊貴賤

樂殊貴賤, 禮別尊卑.

"음악은 귀천에 따라 다름이 있고,
예의는 존비에 따라 구별이 있다."

읽기

"樂^악殊^수貴^귀賤^천이요, 禮^례別^별尊^존卑^비니라."

글자

① 樂: 풍류 악(즐거울 락, 즐길 요) ② 殊: 다를 수 ③ 貴: 귀할 귀
④ 賤: 천할 천 ⑤ 禮: 예도 례 ⑥ 別: 구별할 별 ⑦ 尊: 높을 존
⑧ 卑: 낮을 비

● 貴賤: 고대 음악은 궁중의 귀족 음악과 민간의 통속 음악으로 구분하였음.
궁중 음악을 雅樂이라 하며 「陽春白雪」 등이 있음. 민간 음악은 俗樂,
혹은 俚曲이라 하며 「下里巴人」 등이 있음. 두 음악은 서로 뒤섞일 수
없음.

• 尊卑: 예는 각 직분이나 등급별로 그 내용과 형식이 차이가 있음을 말함. 《漢書》公孫弘傳에 "進退有度, 尊卑有分, 謂之禮"라 함.

【樂殊貴賤】음악은 귀천의 차이가 있음.
【禮別尊卑】예는 존비의 구별이 있음.

釋文

上言父子君臣之倫, 至此又推其類而盡言之, 因以此二語爲發端. 言五倫之中. 有貴有賤, 有尊有卑, 而先王制禮作樂, 所以殊異而分別之也.

※ 이 구절의 '비(卑)'자부터 아래로 '수(隨), 의(儀), 아(兒), 지(枝), 규(規), 리(離), 휴(虧), 피(疲), 이(移), 미(麋)'까지 11 구절이 같은 開尾韻(-u/-i: ㅜ, ㅣ)으로 압운(押韻)을 이루고 있음.

〈陶女樂俑〉明器 北魏 1953 陝西 西安 출토

상화하목上和下睦

上和下睦, 夫唱婦隨.

"윗사람은 온화하고 아랫사람이 화목하며,
지아비가 이끌어 주면 아내는 따르나니."

[읽기]

"上^상和^화下^하睦^목하고, 夫^부唱^창婦^부隨^수니라."

[글자]

① 上: 윗 상 ② 和: 화할 화 ③ 下: 아래 하 ④ 睦: 화목할 목 ⑤ 夫:
지아비 부 ⑥ 唱: 부를 창 ⑦ 婦: 며느리(지어미, 아내) 부 ⑧ 隨: 따를 수

● 夫唱: 남편이 노래를 부름. 남편이 앞서 인도해 나감을 뜻함.
● 婦隨: 아내는 남편이 이끄는 대로 따라 감.

【上和下睦】'上下和睦'과 같음. 상하는 지위나 신분, 나이 등의 위아래를
말함.

【夫唱婦隨】 남편이 선도하면 아내는 이를 따름. 원래 《關尹子》 三極篇에
"天下之禮, 夫者唱, 婦者從; 牡者馳, 牝者逐; 雄者鳴, 雌者應"이라 한 말에서
유래되었음. '唱'은 '노래 부르다'의 뜻 외에 '先導하다, 唱導(倡導)하다'의
뜻을 가지고 있음.

✿ 釋文

上, 即尊貴者. 下, 即卑賤者. 和, 諧也. 睦, 親也. 言五倫雖有貴賤·尊卑·上下
之不同, 而皆以和諧親睦爲善也. 五倫之中, 始於夫婦. 夫者, 男子之稱.《爾雅》
曰:「女子已嫁曰婦.」婦之言眼也, 服事於夫也. 唱, 導也. 隨, 從也. 夫理外事,
導之於前; 婦爲內助, 從之於後也.

〈陶鶴〉(東漢) 明器 四川 成都 출토

外受傅訓, 入奉母儀.
諸姑伯叔, 猶子比兒.

"밖에서는 스승의 가르침을 받고,
집안에서는 어머니의 법도를 받들어 따르고,
여러 고모와 삼촌들도,
조카들을 자신의 아들처럼 여겨 보살피느니라."

읽기

"外외受수傅부訓훈하고, 入입奉봉母모儀의하라.
諸제姑고伯백叔숙은, 猶유子자比비兒아하라."

글자

① 外: 바깥 외 ② 受: 받을 수 ③ 傅: 스승 부 ④ 訓: 가르칠 훈
⑤ 入: 들 입 ⑥ 奉: 받들 봉 ⑦ 母: 어미 모 ⑧ 儀: 거동 의 ⑨ 諸: 여러
제 ⑩ 姑: 시어미(고모) 고 ⑪ 伯: 맏 백 ⑫ 叔: 아재비 숙 ⑬ 猶: 오히려
(같을) 유 ⑭ 子: 아들 자 ⑮ 比: 견줄 비 ⑯ 兒: 아이 아

- 傅訓: 스승의 가르침.
- 母儀: 어머니로서의 의표.
- 伯叔: 백부, 숙부 등. 아버지와 형제 항렬인 삼촌들.

【外受傅訓】밖에서는 스승의 가르침을 받음.
【入奉母儀】집에 들어와서는 어머니의 가르침을 받듦.
【諸姑伯叔】여러 고모들과 삼촌들. 아버지의 형제자매 항렬들.
【猶子比兒】조카나 질녀들을 모두 자신의 아들처럼 여김. 여기서는 상복을 그 항렬에 맞추어 입음을 말함.《禮記》檀弓(上)에 "喪服, 兄弟之子猶子也, 蓋引而進之也; 嫂叔之無服也, 蓋推而遠之也; 姑姐妹之薄也, 蓋有受我而厚之者也"라 함.

河北 宣化 下八里 요대 張文藻묘의 벽화〈兒童偸桃圖〉

✿ 釋文

此推父子之倫而廣言之. 外者, 出而在鄕黨之間. 受, 承也. 傅, 師也. 訓, 敎也. 入, 進也, 進於家內也. 奉, 亦承也. 儀, 範也. 言外而在鄕黨, 則承師之敎訓; 入於其家, 則奉母之儀範也. 諸, 衆也. 父之姊妹曰姑. 父之兄曰伯. 父之第曰叔. 猶, 同也. 比, 幷也.《禮》檀弓篇云:「兄弟之子, 猶子也.」言兄弟所生之子, 與己子同, 而得比幷於兒也. 上文止言資父, 而父子之倫, 有所未盡. 與父同尊者, 有師焉; 與父同親者, 有母焉; 以及諸姑伯叔, 皆從父以推者也. 至於兄弟之子, 則從子以推者也, 而父子之倫全矣.

○古者, 民生於三, 事之如一. 父生之, 師敎之, 君食之是也.《禮》檀弓篇云:「事親服勤至死, 致喪三年; 事君服勤至死, 方喪三年; 事師服勤至死, 心喪三年.」蓋師與父幷重, 後世師道不講, 唐韓愈作《師說》, 擧世皆非之, 風之不古也久矣.

033
공회형제孔懷兄弟

孔懷兄弟, 同氣連枝.

"형제의 우애를 크게 가슴에 품어라.
동기는 한 나무에 난 가지이니라."

읽 기

"孔^공懷^회兄^형弟^제하라. 同^동氣^기는 連^련枝^지니라."

글 자

① 孔: 클(구멍) 공 ② 懷: 품을 회 ③ 兄: 형 형 ④ 弟: 아우 제
⑤ 同: 한 가지 동 ⑥ 氣: 기운 기 ⑦ 連: 이을 련(聯은 이체자) ⑧ 枝:
가지 지

- 孔懷: 아주 심히 서로 그리워하고 사랑함.
- 同氣: 형제는 부모로부터 같은 혈기를 타고 태어났음.

【孔懷兄弟】형제는 부모로부터 함께 피를 이어받은 동기로서 서로 우애가 깊고 관심과 배려가 아주 깊음.《詩經》小雅 常棣에 "常棣之華, 鄂不韡韡. 凡今之人, 莫如兄弟. 死喪之威, 兄弟孔懷. 原隰裒矣, 兄弟求矣. 脊令在原, 兄弟急難. 每有良朋, 況也永歎. 兄弟鬩于牆, 外禦其務. 每有良朋, 烝也無戎. 喪亂旣平, 旣安且寧. 雖有兄弟, 不如友生. 儐爾籩豆, 飮酒之飫. 兄弟旣具, 和樂且孺. 妻子好合, 如鼓瑟琴. 兄弟旣翕, 和樂且湛. 宜爾室家, 樂爾妻帑. 是究是圖, 亶其然乎!"라 함.

【同氣連枝】같은 기를 타고났으니 같은 나무에 이어진 가지와 같음. 위에 인용한《詩經》小雅 常棣를 참조할 것.

🏵 釋文

此言兄弟之倫. 孔, 大也. 懷, 愛也.《爾雅》云:「男子先生爲兄, 後生爲弟」同, 共也. 氣, 父母之氣也. 連, 合也. 木生條曰枝. 言兄弟當大相友愛, 蓋形雖分, 而同受父母之氣, 猶木有歧枝, 而合於一本也.

山東 濰坊에서 발견된 淸代 年畫〈榴開百子圖〉

034

교우투분交友投分

交友投分, 切磨箴規.

"친구를 사귐에는 정분을 던질 수 있어야 하고,
 서로 절차탁마하여 바른 길로 이끌어 주도록 하라."

읽기

"交^교友^우投^투分^분하여, 切^절磨^마箴^잠規^규하라."

글 자

① 交: 사귈 교 ② 友: 벗 우 ③ 投: 던질 투 ④ 分: 나눌 분 ⑤ 切:
끊을 절(모두 체) ⑥ 磨: 갈 마 ⑦ 箴: 경계 잠 ⑧ 規: 법 규

- 投分: 각자의 직분에 맞게 서로 투합함. 의기가 투합함.
- 切磨: 切磋琢磨의 줄인 말.《詩經》衛風 淇奧에 "有匪君子, 如切如磋,
  如琢如磨. 瑟兮僩兮, 赫兮咺兮. 有匪君子, 終不可諼兮"라 함.
- 箴規: 좋은 길로 나갈 수 있도록 서로 권면함.

【交友投分】 친구를 사귐에는 서로 정분에 투합하게 마련임.

【切磨箴規】 서로 절차탁마하여 바른 길로 나갈 수 있도록 도움을 주고받음.
《詩經》 衛風 淇奧에 "有匪君子, 如切如磋, 如琢如磨"라 함.

釋文

此言朋友之倫. 交, 相合也. 友, 朋友也. 投, 托也. 分, 情分也. 切, 割也. 磨,
礪也. 治骨角者, 旣切而復磋之; 治玉石者, 旣琢而復磨之. 《詩》衛風云: 「如切
如磋, 如琢如磨.」 喻爲學者, 已精而益求其精也. 有所諷諭以救其失者爲箴.
規, 戒也. 言朋友之合, 以情相托. 平日爲學, 則切磋琢磨, 相勉以求其精; 至於
有過, 則諷諭規戒, 相救以正其失也.

〈長春百子圖〉

035

인자은측仁慈隱惻

仁慈隱惻, 造次弗離.

"인자함과 측은함이란,
  그 어떤 급박한 상황에서도 위배할 수 없는 것이니라."

읽기

"仁^인慈^자隱^은惻^측은 造^조次^차弗^불離^리니라."

글자

① 仁: 어질 인 ② 慈: 사랑 자 ③ 隱: 숨을 은 ④ 惻: 안타까울 측
⑤ 造: 지을 조 ⑥ 次: 버금(다음) 차 ⑦ 弗: 아니 불 ⑧ 離: 떠날 리

- 隱惻: '惻隱'과 같음.《孟子》四端說 참조.
- 造次: 아주 급박한 순간을 뜻하는 雙聲連綿語. 文字의 의미보다 音韻
  結合으로 묶이어 쓰이는 어휘임. 이에 따라 '초차'로 읽어야 하며 聲이
  'ㅊ-ㅊ'의 같은 齒音 계통으로 연결된 音韻語임. 뜻은 '만들다'(造)와
  '차례'(次)의 결합이 아님. '造'는《論語集註》에 反切로 '七到反'(초)로
  되어 있음.

【仁慈隱惻】 인자함과 남을 측은히 여기는 아름다운 본성. 맹자가 말한 性善
說 중의 四端說을 말함. 《孟子》 公孫丑(上)에 "孟子曰:「人皆有不忍人之心.
先王有不忍人之心, 斯有不忍人之政矣. 以不忍人之心, 行不忍人之政, 治天下
可運之掌上. 所以謂人皆有不忍人之心者: 今人乍見孺子將入於井, 皆有怵惕
惻隱之心; 非所以內交於孺子之父母也, 非所以要譽於鄕黨朋友也, 非惡其聲
而然也. 由是觀之: 無惻隱之心, 非人也; 無羞惡之心, 非人也; 無辭讓之心,
非人也; 無是非之心, 非人也. 惻隱之心, 仁之端也; 羞惡之心, 義之端也; 辭讓
之心, 禮之端也; 是非之心, 智之端也. 人之有是四端也, 猶其有四體也. 有是
四端而自謂不能者, 自賊者也; 謂其君不能者, 賊其君者也. 凡有四端於我者,
知皆擴而充之矣; 若火之始然, 泉之始達. 苟能充之, 足以保四海; 苟不充之,
不足以事父母.」라 함.

【造次弗離】 아주 급박하고 짧은 시간이라 해도 이 원리에서 떠날 수 없음.
《論語》 里仁篇에 "子曰:「富與貴, 是人之所欲也; 不以其道得之, 不處也. 貧
與賤, 是人之所惡也; 不以其道得之, 不去也. 君子去仁, 惡乎成名? 君子無
終食之間違仁, 造次必於是, 顚沛必於是.」라 함.

❀ 釋文

上言五論備矣, 而五常之德, 猶未明指之也, 故於此詳言之. 此言仁之德也.
仁者, 心之德, 愛之理. 慈, 愛也, 隱, 痛之深也. 惻, 傷之切也. 《孟子》云:「惻隱
之心, 人皆有之.」造次, 急遽苟且之時. 弗者, 禁止之辭. 離, 去也. 信仁主於愛,
而遇不忍之事, 則傷之切而痛之深, 此乃人之本心, 雖當急遽苟且之時, 而不可
捨去也. 按仁, 義, 禮, 智, 信, 爲五常之德, 而仁義爲大, 故明指之; 猶上文五倫,
亦以君臣父子爲大也. 然仁義二者, 而仁包四德, 尤大於義, 故又別而信之; 猶上
文君父并重, 而事君之道, 資於事父, 又以孝爲本也. 雖其文有强略, 而理實貫通,
先後差次, 截然不紊, 讀者宜熟玩之.

〈流民圖〉(明) 周臣 미 하와이 호놀룰루 미술대학 소장

036

절의렴퇴節義廉退

節義廉退, 顚沛匪虧.

"절의와 염치, 겸양과 물러섬이란,
  엎어지고 자빠지는 상황에서도 어그러뜨릴 수 없는 것이니라."

읽기

"節^절義^의廉^렴退^퇴는 顚^전沛^패匪^비虧^휴니라."

글자

① 節: 마디 절 ② 義: 옳을 의 ③ 廉: 청렴할 렴 ④ 退: 물러날 퇴
⑤ 顚: 엎어질 전 ⑥ 沛: 물 많을 패 ⑦ 匪: 아닐 비 ⑧ 虧: 어그러질 휴

• 顚沛: 엎어지는 시간 정도의 아주 짧은 순간. 連綿語로써 顚仆沛地의
  시간. 다른 것을 생각할 겨를이 없을 정도의 다급한 상황을 뜻함.

【節義廉退】 절조, 정의, 염치, 退讓. 이는 사람으로서 갖추어야 할 가장 근본
  적인 덕목임. 《孟子》 滕文公(上)에 "富貴不能淫, 貧賤不能移, 威武不能屈"
  이라 함.

【顚沛匪虧】 곧 엎어지는 짧은 순간일지라도 이는 훼손할 수 없는 것임.
《論語》里仁篇에 "子曰:「富與貴, 是人之所欲也; 不以其道得之, 不處也. 貧
與賤, 是人之所惡也; 不以其道得之, 不去也. 君子去仁, 惡乎成名? 君子無
終食之間違仁, 造次必於是, 顚沛必於是.」"라 함.

釋文

　此言義·禮·信之德. 有所守而不變, 謂之節, 信之德也. 義者, 心之制, 使之
宜也. 廉, 有分辨, 智之德也. 退, 謙讓也, 禮之德也. 顚沛, 傾覆流離之際. 匪,
非也, 亦禁止之辭. 虧, 缺也. 言義·禮·智·信之德, 皆人所不能無, 雖當傾覆流
離之際, 而不可虧缺也.《論語》云:「造次必於是, 顚沛必於是.」

〈白瓷雙腹龍柄傳瓶〉(隋) 1957 陝西 西安 李靜訓묘 출토

037

성정정일性靜情逸

性靜情逸, 心動神疲.

"성품을 조용히 갖고 정서를 편안히 가져라.
마음이 동요하면 정신이 피폐해지느니라."

읽기

"性성靜정情정逸일하며, 心심動동神신疲피니라."

글자

① 性: 성품 성 ② 靜: 고요할 정 ③ 情: 뜻 정 ④ 逸: 편안할 일
⑤ 心: 마음 심 ⑥ 動: 움직일 동 ⑦ 神: 귀신 신 ⑧ 疲: 고달플 피

* 性靜: 성질을 고요히 가짐. 조급히 굴거나 화를 내는 일이 없도록 함.
* 心動: 마음이 동요함.

【性靜情逸】 성품을 조용히 가지면 정서가 저절로 안일해짐.

【心動神疲】 마음이 동요하면 정신이 피로해짐. 南朝 梁나라 劉勰의 《文心
雕龍》養氣篇에 "率志委和, 則理融而情暢; 鑽礪過分, 則神疲而氣衰"라 한
뜻과 유사함.

❀ 釋文

此總上文五常之德而信. 蓋天以仁·義·禮·智·信之德, 賦之於人爲性. 情者,
性之發也. 心, 載性者也. 神者, 心之靈也. 靜者, 止於五常而不動也. 逸, 安也.
反於靜者爲動. 疲, 勞之極也. 言人之修五常者, 其性止於仁·義·禮·智·信, 而所
發之情皆安; 其不修五常者反是, 信爲外物所動, 而勞敝其神也.

〈竹林七賢圖〉(淸) 華嵒(畫)

038

수진지만守眞志滿

守眞志滿, 逐物意移.

"진실함을 지키면 뜻이 원만해지지만,
  외물을 쫓아가면 뜻이 그에 옮겨가게 마련이다."

읽기

"守수眞진志지滿만하며, 逐축物물意의移이니라."

글자

① 守: 지킬 수 ② 眞: 참 진 ③ 志: 뜻 지 ④ 滿: 찰 만 ⑤ 逐: 쫓을 축
⑥ 物: 만물 물 ⑦ 意: 뜻 의 ⑧ 移: 옮길 이

• 志滿: 뜻이 원만히, 그리고 원대하게 됨.
• 逐物: 외물의 영화나 부귀를 부러워하며 그를 쫓아감.
• 意移: 뜻이 그쪽으로 옮겨가 바른 생각을 가질 수 없음.

【守眞志滿】진솔함을 지키면 뜻이 원만해짐.《莊子》漁父篇에 "愼守其眞, 還以物與人, 則無所累矣"라 함.

【逐物意移】외물을 따라가면 뜻이 그리로 옮겨감. 축물은 외물을 탐내어 부귀영화를 쫓아감을 말함.

✿ 釋文

守, 操守也. 眞者, 性之正也. 言仁·義·禮·智·信, 乃人之眞性也. 心之所之謂之志. 滿, 足也. 遂, 引之而去也. 物, 外物, 聲色嗜欲之類, 所以動其心者. 意者, 心之所發也. 移, 卽動也. 此申上節而言. 性靜情逸者, 守其仁·義·禮·智·信之眞性, 爲能充滿其志, 而無所虧欠. 心動神疲者, 蓋爲聲色嗜欲外物所動, 引之而去, 而意以移, 因不能守其五常也.

〈靑花八仙葫蘆瓶〉(부분) 明

039

견지아조堅持雅操

堅持雅操, 好爵自縻.

"아름다운 지조를 굳게 지키면,
좋은 작위가 저절로 따라온다."

읽기

"堅^견持^지雅^아操^조하면, 好^호爵^작自^자縻^미니라."

글자

① 堅: 굳을 견 ② 持: 가질 지 ③ 雅: 아름다울 아 ④ 操: 잡을 조
⑤ 好: 좋을 호 ⑥ 爵: 벼슬(술잔) 작 ⑦ 自: 스스로 자 ⑧ 縻: 줄(얽어맬) 미

• 好爵: 훌륭한 작위.
• 自縻: 저절로 그것이 끈이 되어 이끌어 줌.

【堅持雅操】 아름다운 절조를 굳게 지킴.
【好爵自縻】 좋은 작위가 저절로 줄이 닿음. 줄로 끌어 주듯이 그것이 자신
을 끌어 감. 줄로 매어 끌어들여 줌을 뜻함. 《周易》 中孚卦에 "我有好爵, 吾與
爾縻之"라 함.

此又總承上文而結言之. 堅, 固也. 持, 卽守也. 謂之堅持, 必性靜情逸, 守其
眞而志滿, 不逐於外物而心動神疲也. 雅, 常也. 操者, 所守之德, 卽五常也. 好,
美也. 爵, 位也. 縻, 繫也. 言人能固守五常, 則爲有德之人, 王者必擧而用之,
而美位自繫於其身矣.《易》中孚卦云:「我有好爵, 吾與爾縻之.」此言自縻, 謂己
之修德所致, 卽『自求多福』之意, 所以深勉乎人也. 操, 去聲.

此章言君子修身之道, 惟修其五常, 則不毀傷其身, 因推類而擧君臣·父子·
兄弟·夫婦·朋友之倫, 爲五常所屬, 終則指仁·義·禮·智·信之五德, 而勉人
固守之也.

〈臥石老梅圖〉(明) 陳洪綬(畫)

040

도읍화하都邑華夏

都邑華夏, 東西二京.
背邙面洛, 浮渭據涇.

"화하 중원에 도읍을 정하여,
동경과 서경 두 서울이 있었으니,
동경 낙읍은 북망산을 뒤로 하고 낙수를 앞에 두었으며,
서경 장안은 위수 위에 떠 있으며 경수를 거점으로 하고 있다."

읽기

"都^도邑^읍華^화夏^하하니, 東^동西^서二^이京^경이라.
背^배邙^망面^면洛^락하고, 浮^부渭^위據^거涇^경이라."

글자

① 都: 도읍 도 ② 邑: 고을 읍 ③ 華: 빛날 화 ④ 夏: 여름 하 ⑤ 東:
동녘 동 ⑥ 西: 서녘 서 ⑦ 二: 두 이 ⑧ 京: 서울 경 ⑨ 背: 등 배
⑩ 邙: 뫼(언덕) 망 ⑪ 面: 얼굴 면 ⑫ 洛: 물 이름 락 ⑬ 浮: 뜰 부
⑭ 渭: 물 이름 위 ⑮ 據: 의지할 거 ⑯ 涇: 물이름 경

- 華夏: 중국인들이 자신을 일컬을 때 쓰는 민족 이름. 원래 중원지역을 뜻하는 말이며, 뒤에 중국을 일컫는 말로 쓰였음.《左傳》定公 10년 孔穎達 疏에 "中國有禮義之大, 故稱夏; 有服章之美, 謂之華. 華夏一也"라 함.
- 二京: 중국은 고대로 西安(長安, 鎬) 지역을 西京, 洛陽(雒邑)을 東京이라 하여 두 개의 서울을 두고 번갈아 조대를 이루었음. 西周, 東周와 西漢 東漢, 그리고 唐나라 때의 예가 그러하였으며, 그 외에도 明나라 이후에는 北京과 南京을 二京으로 삼기도 하였음.
- 背芒: 북쪽의 망산, 혹은 북망산이라 하며 낙양의 북쪽 귀족들의 공동 묘지를 말함. '背'는 '北'과 같음. 등을 지고 있음.
- 面洛: 洛水. 낙양의 남쪽을 흐르는 물. 사람은 집을 짓거나 행동할 때 남쪽을 향하고 북쪽을 등을 지고 있어 흔히 '背山臨水'라 하며 面은 '남쪽으로 마주하고 있다'는 뜻임.
- 浮渭: 서경 장안의 지리적 위치를 뜻함. 위수와 경수가 만나는 곳의 남쪽에 장안이 있음. 위수는 황하의 최대 지류로 감숙성 烏鼠山에서 발원하여 섬서성 중부를 거쳐 潼關에서 황하와 합류함.
- 據涇: 역시 장안 근처를 흐르는 물로 위수의 지류이며 섬서성 중부를 흐름, 涇河라고도 함.《尙書》禹貢에 "弱水旣西, 涇屬渭汭"라 함.

【都邑華夏】중국(하화, 중원)에 도읍을 정함.
【東西二京】동경 낙읍과 서경 장안의 두 서울이 있었음.
【背邙面洛】낙양은 북쪽으로 망산, 남쪽으로 낙수를 마주하고 있음.
【浮渭據涇】장안은 위수와 경수가 만나는 곳에 자리를 잡고 있음.

釋文

此以下, 言王者之事. 此言王者京都之大也.《帝王世紀》云:「天子所宮曰都」邑, 縣也: 又王都亦稱邑.《詩》商頌云: 「商邑翼翼」此所謂邑, 乃王都之邑也. 華, 文明之象: 夏, 大也. 中國謂之華夏, 言其文明而大也. 京, 亦大也, 王者所居之國也. 周之成王, 營洛邑爲王城, 幾乎平王東遷居焉. 東漢光武亦都之, 謂之東京, 卽今河南府是也. 周之武王, 都於鎬京. 秦都於咸陽. 西漢都於長安, 謂之西京,

卽今西安府是也. 背, 後也, 在國之北. 面, 前也, 在國之南. 邙, 山名, 北邙山也,
在今河南府城之北. 洛, 水名, 源出今商州洛南縣冢嶺山, 東流經河南府城之南,
又東至鞏縣入河. 此句承上東京而言. 邙山在東京城北, 洛水在東京城南也. 浮,
泛也. 據, 依也. 渭, 水名, 出今臨洮府渭源縣鳥鼠山, 東流至西安府華陰縣入河. 涇,
水名, 出今平涼府岍頭山, 東南流至西安府高陵縣入渭. 此句承上西京而言. 西京
左泛渭流而右依涇水也. 蓋言王者之都, 以二京爲最; 而二京之出川, 形勝如此也.

※ 이 구절의 '경(京)'자부터 아래로 '경(涇), 경(驚), 령(靈), 영(楹), 생(笙), 성(星),
명(明), 영(英), 경(經), 경(卿), 병(兵), 영(纓), 경(輕), 명(銘), 형(衡), 영(營), 경(傾),
정(丁), 녕(寧), 횡(橫), 맹(盟), 형(刑), 정(精), 청(靑), 병(幷), 정(亭), 성(城), 정(庭),
명(冥)'까지 30구절이 같은 운(-eng/ -ɔng: ㅕ ㅓ ㅕ ㅖ)으로 압운(押韻)을
이루고 있음.

〈南都繁會圖〉(明)

041

궁전반울宮殿盤鬱

宮殿盤鬱, 樓觀飛驚.
圖寫禽獸, 畵綵仙靈.
丙舍傍啓, 甲帳對楹.
肆筵設席, 鼓瑟吹笙.
陞階納陛, 弁轉疑星.
右通廣內, 左達承明.

"궁궐들은 굽이굽이 빽빽하고,
누대는 날아갈 듯 놀랍게 솟아 있다.
날짐승 길짐승의 모습을 그려 장식하였고,
선인과 신령을 아름다운 채색으로 그려 넣었다.
세 번째 건물은 옆으로 문을 내고,
한 무제의 갑장은 기둥과 마주하였다.

자리를 깔고 주연을 설치하고,

음악을 울려 풍악을 연주하며,

공신이 계단을 오르면 황제가 이를 맞으니,

흔들리는 고깔 모습, 별이 반짝이듯 하였도다.

오른쪽으로는 광내전으로 통하고,

왼쪽으로 들어서면 승명려에 이르도다."

읽기

"宮^궁殿^전은 盤^반鬱^울하고, 樓^루觀^관은 飛^비驚^경이라.

圖^도寫^사禽^금獸^수하며, 畫^화綵^채仙^선靈^령이라.

丙^병舍^사는 傍^방啓^계하고, 甲^갑帳^장은 對^대楹^영이라.

肆^사筵^연設^설席^석하고, 鼓^고瑟^슬吹^취笙^생이라.

陞^승階^계納^납陛^폐하니, 弁^변轉^전疑^의星^성이라.

右^우通^통廣^광內^내하고, 左^좌達^달承^승明^명이라."

글자

① 宮: 궁궐 궁 ② 殿: 전각 전 ③ 盤: 평평할 반 ④ 鬱: 빽빽할 울 ⑤ 樓: 다락 루 ⑥ 觀: 볼 관 ⑦ 飛: 날 비 ⑧ 驚: 놀랄 경 ⑨ 圖: 그림 도 ⑩ 寫: 베낄 사 ⑪ 禽: 날짐승 금 ⑫ 獸: 짐승 수 ⑬ 畫: 그림 화 ⑭ 綵: 비단 채(彩: '채색 채'로 된 판본도 있음) ⑮ 仙: 신선 선 ⑯ 靈: 신령 령 ⑰ 丙: 간지 병 ⑱ 舍: 집 사 ⑲ 傍: 곁 방 ⑳ 啓: 열 계 ㉑ 甲: 간지 갑 ㉒ 帳: 장막 장 ㉓ 對: 대할 대 ㉔ 楹: 기둥 영 ㉕ 肆: 마구할 사 ㉖ 筵: 자리 연 ㉗ 設: 베풀 설 ㉘ 席: 자리 석 ㉙ 鼓: 북 고 ㉚ 瑟: 비파 슬 ㉛ 吹: 불 취 ㉜ 笙: 생황 생 ㉝ 陞: 오를 승(升, 昇은 이체자) ㉞ 階: 섬돌 계 ㉟ 納: 들일 납 ㊱ 陛: 섬돌 폐 ㊲ 弁: 고깔 변 ㊳ 轉: 구를 전 ㊴ 疑: 의심할 의 ㊵ 星: 별 성 ㊶ 右: 오른 우 ㊷ 通: 통할 통

⑬ 廣: 넓을 광 ⑭ 內: 안 내 ⑮ 左: 왼 좌 ⑯ 達: 통달할 달 ⑰ 承:
이을 승 ⑱ 明: 밝을 명

- 盤鬱: 궁궐의 모습이 아름답고 깊은 모습.
- 樓觀: 궁궐과 高樓. 궁전의 큰 건물들을 말함. '觀'은 궁궐 문 밖의 雙闕.
- 圖寫: 그림으로 그림. 건물의 기둥이나 서까래, 대들보 등에 여러 형상의
  그림을 그려 아름답게 꾸밈.
- 丙舍: 後漢 때 궁중의 正室 양쪽에 방을 설치하고 甲乙丙丁의 순서로
  이름을 붙였음. 뒤에 정실의 곁에 있는 방을 일컫는 말이 됨.
- 甲帳: 漢 武帝가 만들었던 장막. 《北堂書鈔》(132)에 인용된 《漢武故事》
  에 "以琉璃珠玉, 明月夜光, 雜錯天下珍寶爲甲帳, 次爲乙帳. 甲以居神,
  乙以自居"라 함.
- 肆筵: 자리를 깔아 잔치 준비를 함. '肆'는 '자리 등을 펴다, 깔다'의 뜻.
- 鼓瑟: 다음의 '吹笙'과 합하여 '음악을 연주하다'의 뜻. 《詩經》小雅
  鹿鳴에 "我有嘉賓, 鼓瑟吹笙"이라 함.
- 陞階: '陞'은 '升'과 같음. 계단에 오름.
- 納陛: 고대 황제가 공신에게 九錫을 내릴 때, 공신을 계단에 올라 들어
  오도록 하여 이 행사를 거행하였음. '陛' 역시 계단이며 특히 황제가 전용
  으로 사용하고, 신하는 그 밑에서 의견을 올림으로써 황제를 '陛下'라
  부른 것임.
- 弁轉: 신하가 오를 때 쓰고 있는 弁(冠, 모자)이 따라서 움직임을 표현한
  것. 《詩經》衛風 淇奧에 "有匪君子, 充耳琇瑩, 會弁如星"이라 함. '弁'
  은 고대 고관대신이 쓰는 모자로서 각 조대마다 모자의 이름이 달랐음.
  《儀禮》士冠禮 注에 "弁名出於槃. 槃. 大也, 言所以自光大也; 冔名出
  於幠. 幠, 覆也, 言所以自覆飾也. 收, 言所以收斂髮也"라 하여, 조(冔)는
  다른 기록에는 후(冔)로 되어 있음. 《釋名》에는 "冔, 殷冠名也"라 하였
  으며, 《孔子家語》冠頌에 "孔子曰: 「周弁·殷冔·夏收, 一也. 三王共
  皮弁, 素緌委貌, 周道也; 章甫, 殷道也; 毋追, 夏后氏之道也」"라 함.
- 疑星: 《詩經》의 '如星'과 같음. 마치 별처럼 반짝거림.
- 廣內: 궁전 이름. 廣內殿. 漢나라 때 장서각. 궁중 도서관이었음.

• 承明: 承明廬. 천자의 正寢 옆의 좌우 露寢을 承明이라 하였으며, 신하
  (내시)들이 임금을 보위하기 위해 지키는 곳.

【宮殿盤鬱】 궁전이 아름답게 꾸며져 있음.
【樓觀飛驚】 누대와 건물의 모습은 날아갈 듯 놀라운 기세를 자랑함.
【圖寫禽獸】 궁전 건물을 각종 금수의 그림으로 치장함.
【畫綵(彩)仙靈】 그림의 채색은 신선이나 영물의 모습임.
【丙舍傍啓】 병사는 곁문을 열도록 되어 있음.
【甲帳對楹】 한 무제의 장막은 궁궐의 기둥을 마주하고 있음.
【肆筵設席】 자리를 깔고 잔치 준비를 함.
【鼓瑟吹笙】 슬과 생을 연주하여 음악도 울림.
【陞階納陛】 공신은 상을 받으러 올라가고 임금은 이를 맞이함.
【弁轉疑星】 고관의 고깔은 흔들려 마치 별이 빛나는 것과 같음.
【右通廣內】 오른쪽으로는 광내전과 통함.
【左達承明】 왼쪽으로는 승명려와 통함.

釋文

　此言王者宮室之壯.《爾雅》云:「宮謂之室.」古者以宮爲室之通稱, 後世專
以稱天子之室焉. 殿, 堂之高大者, 秦始皇始作之. 盤, 屈曲之貌. 鬱, 茂盛之貌.
樓,《說文》云:「重屋也.」《爾雅》云:「觀謂之闕.」《釋名》云:「觀者, 於上觀
望也.」皆屋之最高者也. 飛, 鳥飛也.《詩》小雅云:「如翬斯飛.」驚, 駭也. 言樓
觀之高, 勢若飛然, 而駭人之目也. 圖·寫, 皆畫也. 飛曰禽, 走曰獸. 以五色狀物
之形曰畫. 彩, 色也.《釋名》云:「長生不死曰仙.」靈, 神也. 言此宮殿樓觀之中,
皆以彩色圖畫飛禽走獸及神仙之形於內也. 丙, 干名. 舍, 屋也.《天官書》云:
「亥爲天門, 巳爲地戶, 丙舍於巳.」故凡地戶, 俱稱丙舍. 魏《鍾繇帖》云:「墓田
丙舍」傍, 側也. 啓, 開也. 言丙舍之門, 開於其側也. 甲者, 干之首. 帳,《釋名》云:
「張也, 張施於床上也.」《漢武故事》云:「上以琉璃珠玉·明月夜光·雜錯珍寶爲
甲帳, 其次爲乙帳.」對, 當也. 楹, 柱也. 肆, 陳也. 設, 置也. 重曰筵, 單曰席. 古人
藉地而坐, 筵席皆坐之具也. 鼓, 動之也. 瑟, 樂器, 狀如琴, 有二十五弦. 以口
噓氣曰吹. 笙, 亦樂器, 以匏爲之, 列管於匏之中, 又施簧於管端, 以出其聲也.

升, 登也. 階, 級也. 納, 入也. 陛, 卽階也. 堂之高者去地遠, 古設階陛, 所以升堂者也. 弁, 冠名.《白虎通》云:「弁之爲言樊也, 所以攀持其髮也.」有爵弁·韋弁·皮弁等制. 轉, 動也. 疑, 似也.《詩》衛風云:「會弁如星.」此句承上階陛而言. 登階入陛者, 其弁動移如星之多, 則階陛之廣可知, 甚言以形容之也. 言舍之以丙爲次者, 其門開於側, 當柱則施甲帳, 又陳設筵席, 而作樂於其間; 其階陛之廣, 登納者弁若星然, 不可勝數也. 東爲左, 西爲右. 通, 卽達也. 廣內·承明, 皆殿名.《三輔黃圖》云:「建章宮中, 西則廣內殿.」又云:「未央宮有承明殿.」此二句總上文而言宮室之大, 其右則直通於廣內, 其左側直達於承明也. 觀, 去聲.

〈阿房宮圖〉청대 무명씨

042

기집분전旣集墳典

旣集墳典, 亦聚群英.

"이미 삼분·오전과 같은 많은 도서를 수집하였고,
또한 뛰어난 선비 학자도 모두 모아 놓았구나."

읽기

"旣^기集^집墳^분典^전하며, 亦^역聚^취群^군英^영이라."

글자

① 旣: 이미 기 ② 集: 모을 집 ③ 墳: 무덤 분 ④ 典: 법전 전 ⑤ 亦:
또 역 ⑥ 聚: 모을 취 ⑦ 群: 무리 군(羣은 이체자) ⑧ 英: 꽃부리 영

• 墳典: 《三墳》, 《五典》의 줄인 말. 《三墳》은 三皇 때의 책이라 하며
《五典》은 五帝 때의 기록이라 함. 혹 《삼분》은 伏羲, 神農, 黃帝의 책
이며, 《오전》은 少昊, 顓頊, 高辛, 唐堯, 虞舜의 역사 기록이라 함.
《左傳》召公 12년에 "是能讀三墳五典八索九丘"라 하였고, 杜預 注에
"皆古書名也"라 하였으며 孔穎達의 疏에는 "孔安國 《古文尙書》序云:

伏羲·神農·黃帝之書, 謂之三墳, 言大道也. 少昊·顓頊·高辛·唐·虞
之書, 謂之五典, 言常道也"라 함.
- 群英: 많은 영재들. 현능한 선비들이 많음을 말함.

【旣集墳典】 궁궐에서 이미 삼분·오전과 같은 많은 책을 모았음.
【亦聚群英】 역시 현능한 선비들을 많이 모아들였음.

❀ 釋文

　言此宮殿樓觀之中,《墳》·《典》藏焉, 群英會焉. 旣者, 已事之辭. 集, 卽聚也;
《墳》,《三墳》也.《典》,《五典》也.《三墳》載三皇之事者也.《五典》, 載五帝之
事者也.《春秋左傳》云: 楚左史倚相「能讀三墳五典.」書莫右於《墳》·《典》,
故擧此以該群書也. 亦, 又也. 群, 衆也. 才德出衆之人謂之英. 此節爲下六節
綱領. 按: 古《三墳》已不可考, 至宋元豐中, 張商英得於唐州北陽民家. 其書爲
《山墳》·《氣墳》·《形墳》三篇. 言多誕妄, 蓋僞書也;《五典》卽《書經》,〈堯典〉·
〈舜典〉·〈大禹謨〉·〈皐陶謨〉·〈益稷〉五篇.

〈欽定四庫全書〉

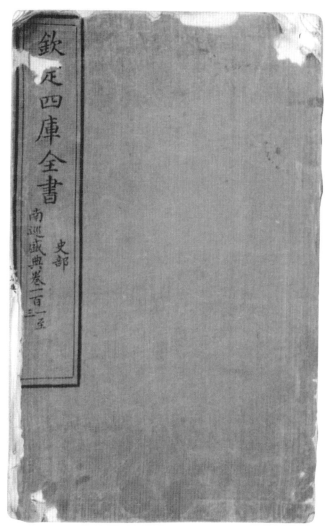

〈欽定四庫全書〉文源閣本

043
두고종례杜藁鍾隷

杜藁鍾隷, 漆書壁經.

"한나라 두도의 초서와 종요의 뛰어난 예서 글씨,
 옻칠을 한 훌륭한 전적과 공자 벽에서 나온 경서까지도."

"杜^두藁^고鍾^종隷^례요, 漆^칠書^서壁^벽經^경이라."

글 자

① 杜: 막을 두 ② 藁: 볏짚 고 ③ 鍾: 종지 종(鐘과는 다른 글자임)
④ 隷: 노예 례 ⑤ 漆: 옻 칠 ⑥ 書: 글 서 ⑦ 壁: 벽 벽 ⑧ 經: 벼리 경

• 杜藁: 漢나라 章帝 때 초서의 대가였던 杜度의 원고. 여기서는 草書를
  말함. '藁'는 '稿'로도 쓰며 원고를 처음 쓸 때 우선 초서로 썼다가 다시
  정리함을 뜻함. 초서는 隷書 통행 후에 초고를 쓰는 서체로써 草隷라고도
  함. 章帝가 이를 좋아하여 그 때문에 '章草'라고도 함. 뒤에 서법예술로
  발전하여 '今草'가 나오게 되었으며, 晉나라 王羲之, 王獻之 부자가 연결
  된 자체를 개발하였고, 당나라 때 張旭, 懷素, 그리고 宋나라 때 米芾
  등이 '狂草'를 개발하였음.

• 鍾隷: 삼국시대 隷書로 뛰어났던 鍾繇. 자는 元常(151~230). 삼국시대 魏나라의 걸출한 서예가. 潁川 長社(지금의 河南省 許昌 長葛縣) 사람. 벼슬이 太傅에 이르러 흔히 "鍾太傅"라 불림. 어려서 劉德昇에게 글씨를 배웠으며 前代 각 서예가의 장점을 널리 취하고 各體를 고루 섭렵하였으며 특히 正楷에 뛰어났음. 점획이 異趣하였으며 結構가 樸實하여 자연미를 최대한 살리는 필법을 구사하였음. 그리고 隷書에서 楷書로 변화하는 중요하고 새로운 모습을 창안한 자로 널리 알려져

鍾繇(중국 제일의 楷書大家)

있음. 흔히 王羲之와 함께 "鍾王"으로 병칭되며 역대로 이를 추앙하였음. 아깝게도 眞跡은 전하지 아니하나 이를 法帖으로 刻한 〈宣示表〉, 〈賀克捷表〉, 〈力命表〉, 〈薦季直表〉 등이 있으며 모두가 晉唐시대 사람들이 臨摹한 것임. 《三國志》 권13에 傳이 있으며, 唐 張彦遠의 《法書要錄》8, 그리고 張懷瓘의 《書斷》에 그에 관한 기록이 있음. 梁 武帝의 《古今書人優劣評》에 「繇書如雲鵠游天, 群鴻戱海, 行間茂密, 實亦難過」라 하였고, 南梁의 庾肩吾의 《書品》에는 그를 張芝와 王羲之를 上之上에 넣으면서 「鍾書天然第一, 工夫次之. 妙盡許昌之碑, 窮極鄴下之牘」이라 함. 한편 唐 李嗣眞의 《書後品》에서는 「元常正隷如郊廟旣陳, 俎豆斯在; ……秋山嵯峨」라 하였음. 그런가 하면 唐 張懷瓘의 《書斷》에서는 「太傅雖習曹(喜), 蔡(邕)隷法, 藝過於師. 靑出於藍, 獨探神妙」라 하고, 다시 「眞書古雅, 道合神明, 則元常第一」이라 하면서 贊에는 「元常眞書絶世, 乃過於師, 剛柔備焉. 點畫之間, 多有異趣. 可謂幽深無際, 古雅有餘, 秦漢以來, 一人而已」라 극찬하였고, 宋 黃庭堅의 《山谷題跋》에서는 「鍾小字筆法淸勁, 殆欲不可攀」이라 하였으며, 明 岑宗旦의 《書評》에는 「繇書如盛德君子, 容貌若愚」라 하였고, 淸 劉熙載의 《書槪》에는 「鍾繇茂密, 然茂密正能走馬」라 하고 다시 「其書之大巧若拙, 後人莫及」이라 함. 그러나 唐 太宗은 《王羲之論》에서 「鍾雖擅美一時, 亦爲逈絶, 論其盡善, 或有所疑. 至於布纖濃, 分疏密,

霞舒雲卷, 無所間然. 但其體則古而不今, 字則長而逾制」라 하였음.
한편 隷書는 佐書라고도 하며 篆書에서 간화되어 이루어진 서체. 秦始皇
때 많은 장정을 징집하여 토목공사를 벌이면서 전서가 느리고 쓰기에
불편함을 덜기 위해 노예들의 도움을 받아 쉽게 쓰고자 하여 이루어졌
으며 이를 程邈이 정리한 서체라 함. 漢魏 때 보편적인 서체였으며 지금도
널리 쓰이고 있음.

* 漆書: 죽간이나 목간에 옻즙으로 쓴 글씨. 고대의 귀중한 전적을 뜻함.
* 壁經: 壁書라고도 하며 漢나라 때 魯나라 共王이 궁궐을 넓히려 孔子의
  구택을 헐자 벽에서 많은 고문의 경서들이 쏟아져 나왔음. 이는 秦始皇의
  焚書坑儒 때 공자의 8세손 孔鮒(혹은 그 아우 孔騰)가 몰래 숨겨두었던
  것이라 하며 그 중에 《古文尙書》,《禮記》,《孝經》 등이 들어 있었음.
  이를 고문자로 썼다 하여 '古文經'이라 하며 당시 예서로 베껴 쓴
  경서를 '今文經'이라 함.(《漢書》藝文志 참조)

【杜藁鍾隷】 두도의 초서와 종요의 예서.
【漆書壁經】 옻즙으로 쓴 책과 공자 구택 벽에서 나온 경서들.

❀ 釋文

此節承上文《墳》·《典》而言, 見書籍之多也. 杜, 杜度也. 鍾, 鍾繇也. 藁, 草藁
也. 凡作文藁, 多用草書, 故謂草書爲藁. 漢章帝時, 杜度善作草書. 隷, 賤者之稱.
秦始皇時, 程邈始變古文篆書爲隷, 以其簡捷, 便於徒隷, 故謂之隷. 魏鍾繇善作
此書. 漆, 木液可飾器者. 古人無墨, 以漆書字於竹簡之上. 書者, 載籍之通稱.
壁, 墻也. 經, 六經, 《易》·《書》·《詩》·《禮》·《樂》·《春秋》是也. 此所謂經,
乃《書經》也. 始皇焚書時, 孔子八世孫騰, 藏《書經》於壁中, 至漢時, 魯共王壞
孔子舊宅得之, 謂之《古文尙書》. 言書籍之多, 有草書者, 有隷書者, 有漆書者,
有若壁中之古文者, 蓋篆書不可勝數也. 按隷書, 卽今眞書.《書苑》云:「割程
邈隷, 取二分; 割李斯篆, 取八分, 爲八分書」則今稱隷書者, 八分書也; 古之稱
隷者, 乃眞書也. 又《唐六典》:「校書郎正字, 字體有五: 四曰八分書, 石經碑碣
所用; 五曰隷書, 典籍·表奏·公私文疏所用.」則隷之爲眞書無疑矣.

府羅將相, 路俠槐卿.
戶封八縣, 家給千兵.
高冠陪輦, 驅轂振纓.
世祿侈富, 車駕肥輕.

"중앙 부서에는 장군과 재상을 망라하였고,
임금의 행차에 길에 가득 도열한 고관대작들.
공신에게 여덟 현을 봉하여 그 가문에 많은 군사를 주었도다.
높은 모자로 임금의 수레를 모시니,
말을 몰아 수레가 움직일 때면 갓끈이 흔들리도다.
대대로 녹을 받아 부유함을 누리니,
수레는 가볍고 말은 살쪘도다."

"府^부羅^라將^장相^상하고, 路^로俠^협槐^괴卿^경이라.

戶^호封^봉八^팔縣^현이요, 家^가給^급千^천兵^병이라.

高^고冠^관陪^배輦^연하며, 驅^구轂^곡振^진纓^영이라.

世^세祿^록侈^치富^부하니, 車^거駕^가肥^비輕^경이라."

글자

① 府: 곳집 부 ② 羅: 비단(벌일) 라 ③ 將: 장수 장 ④ 相: 서로 상
⑤ 路: 길 로 ⑥ 俠: 호협할 협 ⑦ 槐: 화나무 괴 ⑧ 卿: 벼슬 경
⑨ 戶: 지게(문) 호 ⑩ 封: 봉할 봉 ⑪ 八: 여덟 팔 ⑫ 縣: 고을 현
⑬ 家: 집 가 ⑭ 給: 줄 급 ⑮ 千: 일천 천 ⑯ 兵: 병사 병 ⑰ 高: 높을
고 ⑱ 冠: 갓 관 ⑲ 陪: 모실 배 ⑳ 輦: 손수레 연 ㉑ 驅: 몰 구 ㉒ 轂:
수레바퀴통 곡 ㉓ 振: 떨칠 진 ㉔ 纓: 갓끈 영 ㉕ 世: 인간 세 ㉖ 祿:
녹 록 ㉗ 侈: 사치할 치 ㉘ 富: 부자 부 ㉙ 車: 수레 거(차) ㉚ 駕: 멍에
할 가 ㉛ 肥: 살찔 비 ㉜ 輕: 가벼울 경

- 府羅: 천자의 조정에 설치된 행정부서와 조직들에서 고관대작을 모두 망라하고 있음을 말함.
- 槐卿: 고관대작. 三公九卿을 말함.《周禮》秋官에 의하면 周나라 때 조정 밖에 화나무(槐) 3그루를 심어 흔히 三公의 지위를 상징하였으며, 다시 조정에 가시나무(刺) 9그루를 심어 九卿을 상징하였음.
- 路俠: 俠은 夾과 같음. 길에 빽빽하게 늘어서 임금을 모시고 있음.
- 陪輦: 황제를 보위하기 위하여 모시며 따르는 수레.
- 驅轂: 수레바퀴. 수레가 멋지게 달리는 모습.
- 振纓: 관의 갓끈이 흔들리는 모습.
- 侈富: 영화와 부귀를 누림.
- 肥輕: 말은 살찌고 수레는 가벼움. 훌륭한 말과 좋은 수레를 뜻함.

【府羅將相】천자의 정부에서는 장군과 재상을 망라하여 모여 있음.

【路俠槐卿】천자가 출행할 때면 고관대신들이 옆에 줄을 서서 모시고 있음.

【戶封八縣】큰 공을 세운 이들에게 여덟 개 현의 넓은 토지를 봉함.

【家給千兵】그러한 봉지를 받은 공신은 많은 병사들을 부릴 수 있도록 해 줌.

【高冠陪輦】고관들이 수레를 타고 황제를 따르며 모심.

【驅轂振纓】멋진 수레에 흔들리는 갓끈의 모습.

【世祿侈富】대대로 녹을 받으며 영화와 부귀를 누림.

【車駕肥輕】수레를 끄는 말은 살찌고 수레는 가벼움.

고대 수레 모형

❇ 釋文

自此以下五節, 俱承上文群英而言. 此節言群英祿位之尊富也. 府,《風俗通》云:「聚也, 公卿牧守之所聚也.」羅, 列也. 將·相, 文武臣也. 路, 道路也. 俠, 與夾同.《周禮》六卿: 冢宰·司徒·宗伯·司馬·司冠·司空也. 漢九卿: 太常·光祿勳·衛尉·太僕·廷尉·鴻臚·宗政·司農·少府也.《周禮》:「建邦外朝之法: 左九棘, 孤·卿·大夫位焉; 面三槐, 三公位焉.」言槐而不言棘, 言卿而不言公·孤·大夫, 省文也. 戶, 民家也. 封者, 使食其所入也. 縣,《釋名》云:「懸也, 懸於郡也.」家, 將相公卿之家也. 給, 予也. 兵, 士卒也. 陪, 侍也. 輦, 天子之車也. 驅, 馳之也. 轂, 車輪也. 振, 動也. 纓, 冠繫也. 驅轂, 承上陪輦而言; 振纓, 承上高冠而言. 父子相繼爲世. 祿, 俸也. 言此將相公卿之子孫, 皆得食祖父之祿, 而世世相承也. 侈, 奢也. 富者, 饒於財也. 駕,《說文》云:「馬在軛中」也. 肥,《說文》云:「多肉也.」輕, 疾也. 肥言其馬, 輕言其車也. 言此群英, 在將相公卿之位者, 其所封之戶, 有八縣之廣, 而給其家者, 有千兵之多. 出則驅其車輪, 以侍天子輦而行; 而所戴之高冠, 以車馳而振動其纓. 其冠服之美盛如此. 至於子孫, 亦得世食其祿, 奢侈富足, 駕肥馬而乘輕車也. 按: 自秦罷封建, 漢初, 復封王子弟. 後懲七國之禍, 膺封爵者, 止食其邑之戶. 然東漢吳·鄧之功, 所封不過四縣; 晉惟羊祜得封五縣. 玆云八縣, 未知何所指也. 又重臣之有勳德者, 給兵以爲從衛, 其數多寡不同, 如晉衛瓘·陸玩等, 皆給千兵, 恩禮之盛, 無逾此矣.

045

책공무실策功茂實

策功茂實, 勒碑刻銘.
磻溪伊尹, 佐時阿衡.
奄宅曲阜, 微旦孰營?
桓公匡合, 濟弱扶傾.
綺回漢惠, 說感武丁.
俊乂密勿, 多士寔寧.

"모책과 공훈의 풍성한 실적은,
비석에 새기고 금석에 새길 만하도다.
반계의 강태공과 은나라 이윤은,
때맞추어 임금을 도와 아형에 올랐으며,
주나라 주공은 곡부에 터를 잡았으니
주공 단이 아니었다면 누가 성주를 세울 수 있었으리오?
춘추 제나라 환공은 일광천하하고 구합제후하여,

약한 자는 구제하고 엎어지는 나라는 일으켜 세워 주었도다.
상산사호의 기리계는 한 혜제에게 돌아와 우익이 되어 주었고,
부열은 은나라 무정의 꿈에 나타나 감응하였네.
뛰어난 인재들 빽빽이 모여들어,
많은 선비 있으니 이로써 안녕을 얻은 것이라네."

읽기

"策^책功^공茂^무實^실하니, 勒^륵碑^비刻^각銘^명이요,
磻^반溪^계伊^이尹^윤은 佐^좌時^시阿^아衡^형이라.
奄^엄宅^택曲^곡阜^부하니, 微^미旦^단孰^숙營^영이리오?
桓^환公^공匡^광合^합하여, 濟^제弱^약扶^부傾^경이라.
綺^기回^회漢^한惠^혜하며, 說^열感^감武^무丁^정이라.
俊^준乂^예密^밀勿^물하니, 多^다士^사寔^식寧^녕이라."

글자

① 策: 채찍(모책) 책 ② 功: 공 공 ③ 茂: 무성할 무 ④ 實: 열매 실
⑤ 勒: 굴레(새길) 륵 ⑥ 碑: 비석 비 ⑦ 刻: 새길 각 ⑧ 銘: 새길 명
⑨ 磻: 돌 반 ⑩ 溪: 시내 계 ⑪ 伊: 저 이 ⑫ 尹: 맏 윤 ⑬ 佐: 도울 좌
⑭ 時: 때 시 ⑮ 阿: 언덕 아 ⑯ 衡: 저울대 형 ⑰ 奄: 가릴(나라 이름) 엄
⑱ 宅: 집 택(댁) ⑲ 曲: 굽을 곡 ⑳ 阜: 언덕 부 ㉑ 微: 미세할 미(未:
'아닐 미'로 된 판본도 있음) ㉒ 旦: 아침 단 ㉓ 孰: 누구 숙 ㉔ 營: 지을 영
㉕ 桓: 굳셀 환 ㉖ 公: 벼리 공 ㉗ 匡: 바로잡을 광 ㉘ 合: 합할 합
㉙ 濟: 건널 제 ㉚ 弱: 약할 약 ㉛ 扶: 붙들 부 ㉜ 傾: 기울 경 ㉝ 綺:
비단 기 ㉞ 回: 돌아올 회 ㉟ 漢: 나라이름(물이름) 한 ㊱ 惠: 은혜 혜
㊲ 說: 말씀 설(달랠 세. 기쁠 열. 悅) ㊳ 感: 느낄 감 ㊴ 武: 호반 무 ㊵ 丁:

고무래 정(사나이, 십간의 4번 째) ㊶ 俊: 준걸 준 ㊷ 乂: 벨 예(刈와 같음)
㊸ 密: 빽빽할 밀 ㊹ 勿: 말 물 ㊺ 多: 많을 다 ㊻ 士: 선비 사 ㊼ 寔:
참 식 ㊽ 寧: 편안 녕

- 策功: 〈三民本〉에는 '榮功'으로 되어 있으나 '榮'자는 이미 '榮業所基'
  (028)가 있어 이는 '策功'이어야 함. 장수로서의 策略과 功勳을 말함.
- 茂實: 풍성한 공적과 실적. 司馬相如의 〈封禪文〉에 "俾萬世得激淸流,
  揚微波, 斐英聲, 騰茂實"이라 함.
- 勒碑: 비석에 그 공을 새겨 넣어 길이 영광을 전함. '勒'은 '彫刻'과 같음.
- 刻銘: 비석이나 鐘鼎에 그 이름을 새겨 공덕을 찬미함.
- 磻溪: 물 이름. 지금의 陝西 寶雞縣 동남쪽을 흐르며 강태공이 이곳에서
  낚시를 하면서 대인을 기다리다가 文王을 만났다고 함.《韓詩外傳》(8)
  에 "太公望少爲人壻, 老而見去, 屠牛朝歌, 賃於棘津, 釣於磻溪. 文王
  擧而用之, 封於齊"라 함. 강태공은 呂尙, 이름은 望, 자는 子牙. 문왕을
  만나 주나라를 도와 武王 때 군사책임자로서 殷나라 紂를 멸함. 뒤에
  제나라에 봉을 받아 제나라 시조가 됨.《史記》齊太公世家 참조.
- 伊尹: 商나라 초기의 대신. 이름은 摯. 원래 有莘氏의 媵臣(귀족 딸이
  시집갈 때 따라가는 남자 노비)이었으나 재능이 있어 湯에게 발탁됨. 탕을
  도와 夏나라 桀을 멸하고 공을 세워 국정을 담당함. 탕이 죽은 뒤 그

뒤를 이은 外丙과 仲壬 두 임금을
모셨으며 保衡(阿衡)이라는 관직에
오름. 중임이 죽은 뒤 그 조카 太甲
이 들어섰으나 그가 무도한 짓을 저
지르자 그를 일시 방축하였다가 다
시 불러 나라를 다스리도록 함. 이
때 〈太甲訓〉 3편을 지었다 하나 지
금은 전하지 않음.

伊尹《三才圖會》

- 佐時: 보좌할 때. 이윤이 탕과 외병, 중임, 태갑을 보좌할 때를 말함.
- 阿衡: 保衡이라고도 하며 상나라 때의 관직 이름. 師保에 해당함.《詩經》
  商頌 長發에 "實有阿衡, 實左右商王"이라 함.

- 奄宅: 보살피고 안정시킴. 통치함. 혹은 奄은 고대 나라 이름으로 지금의 山東 曲阜로서 奄宅은 '이 엄 땅을 거처로 삼다'의 뜻으로도 봄.
- 曲阜: 周公 旦이 이곳을 봉지로 하여 魯나라를 세웠으며 곡부를 도읍으로 하였음.
- 微旦: '주공 단이 없었다면'의 뜻. '미'는 흔히 '～이 아니라면, 없었다면'의 가정문에 쓰임. 주공 단은 姬旦으로 文王(姬昌)의 아들이며 武王(姬發)의 아우, 그리고 成王(姬誦)의 삼촌으로 주나라 초기 문물제도를 완비한 성인. 아울러 아우 관숙과 채숙으로 하여금 은나라 유민 武庚을 감시하도록 하였으나, 이들이 난을 일으키자 주공은 奄國으로 물러나〈鴟鴞〉라는 글을 짓고 동정하여 이들을 진압한 다음, 洛陽에 成周를 건설, 은나라 유민을 이주시켜 감독이 편하도록 하였음.《尙書》의〈大誥〉,〈康誥〉,〈多士〉,〈無逸〉,〈立政〉편 등은 모두 이에 관련된 내용임.
- 孰營: "주공이 아니라면 낙양에 성주를 대규모로 건설하는 일을 누가 해낼 수 있었겠는가?"라는 뜻. 그러나〈釋文〉에는 "주공이 아니면 누가 곡부의 노나라를 건설할 수 있었겠는가?"라는 뜻으로 보았음.
- 桓公: 춘추오패의 수장인 齊나라 환공(B.C.685~B.C.643년 재위). 성은 姜氏, 이름은 小白. 襄公의 아우로 제나라에 내란이 일어나자, 鮑叔과 함께 莒로 피신하였다가 그 때 管仲을 데리고 魯나라로 피신한 公子 糾와 선후를 다투어, 먼저 귀국하여 왕위에 오름. 관중의 도움으로 부국강병을 이루어 첫 패자가 됨. 魯, 宋, 鄭나라를 제압하고 譚, 遂나라를 정복하였으며 山戎을 쳐서 燕나라를 구제하였고 北狄을 제지하여 邢, 衛나라를 안정시키기도 하였음. 아울러 8개 나라와 연합하여 楚나라를 친 다음 召陵에서 회맹을 맺음. 그리고 여러 차례 회맹을 거쳐 周 惠王이 태자 鄭을 폐출하는 것을 저지하여 이를 襄王으로 오르도록 하였으며, 35년(B.C.651) 제후를 葵丘에 모아 회맹을 한 다음 尊王攘夷의 기치를 내걸고 周나라를 보위함.《史記》齊太公世家 참조.
- 匡合: '一匡天下, 九合諸侯'의 줄인 말. 세상을 바로잡고 회맹을 맺어 천하를 안정시킴.《論語》憲問篇에 "子路曰:「桓公殺公子糾, 召忽死之, 管仲不死. 曰: 未仁乎?」子曰:「桓公九合諸侯, 不以兵車, 管仲之力也. 如其仁, 如其仁.」"이라 하였고, 또 같은 편에 "子貢曰:「管仲非仁者與? 桓公殺公子糾, 不能死, 又相之」子曰:「管仲相桓公, 霸諸侯, 一匡

天下, 民到于今受其賜. 微管仲, 吾其被髮左袵矣. 豈若匹夫匹婦之爲 諒也, 自經於溝瀆而莫之知也?」라 하여 공자는 매우 긍정적으로 보았음.

- 濟弱扶傾: 약한 나라는 구제해 주고, 엎어져 망해 가는 나라는 붙들어 다시 세위 줌을 말함.

- 綺回: 商山四皓가 돌아옴. 秦나라 때 세상에 굽히지 아니하고 은거하 였던 네 사람의 은사. 東園公, 甪里先生, 綺里季, 夏黃公이었음. 商山 은 지금의 陝西 商縣 동남에 있는 산.

〈商山四皓〉 清 黃愼(畫)

漢 高祖(劉邦) 때 呂后와 태자가 그들을 초청하여 태자를 폐하려던 뜻을 바꾸었음. 《漢書》(72) 王貢兩龔鮑傳에 "漢興有 園公·綺里季·夏黃公·甪里先生, 此四 人者, 當秦之世, 避而入商雒深山, 以待 天下之定也. 自高祖聞而召之, 不至. 其後呂后用留侯計, 使皇太子卑辭束帛 致禮, 安車迎而致之. 四人旣至, 從太 子見, 高祖客而敬焉, 太子得以爲重, 遂用自安"이라 하였으며, 《史記》 留侯世家에는 "漢十二年, 上從擊破布軍歸, 疾益甚, 愈欲易太子. 留侯 諫, 不聽, 因疾不視事. 叔孫太傅稱說引古今, 以死爭太子. 上詳許之, 猶欲易之. 及燕, 置酒, 太子侍. 四人從太子, 年皆八十有餘, 鬚眉皓白, 衣冠甚偉. 上怪之, 問曰:「彼何爲者?」四人前對, 各言名姓, 曰東園公, 甪里先生, 綺里季, 夏黃公. 上乃大驚, 曰:「吾求公數歲, 公辟逃我, 今公何自從吾兒游乎?」四人皆曰:「陛下輕士善罵, 臣等義不受辱, 故恐而亡匿. 竊聞太子爲人仁孝, 恭敬愛士, 天下莫不延頸欲爲太子 死者, 故臣等來耳」上曰:「煩公幸卒調護太子」四人爲壽已畢, 趨去. 上目送之, 召戚夫人指示四人者曰:「我欲易之, 彼四人輔之, 羽翼已成, 難動矣. 呂后眞而主矣.」戚夫人泣, 上曰:「爲我楚舞, 吾爲若楚歌.」 歌曰:「鴻鵠高飛, 一擧千里. 羽翮已就, 橫絶四海. 橫絶四海, 當可 奈何! 雖有矰繳, 尙安所施!」歌數闋, 戚夫人噓唏流涕, 上起去, 罷酒. 竟不易太子者, 留侯本招此四人之力也"라 함. 《高士傳》(中) 四皓, 《新序》(善謀下), 《西京雜記》, 《十八史略》(1), 《初學記》(5), 《太平御覽》 (507), 《類說》(2) 등에 널리 실려 있음.

- 漢惠: 한나라 2대 임금 劉盈(B.C.210~B.C.188). 高祖 劉邦과 呂后 사이에 난 적자로서 유방이 戚夫人이 낳은 趙王 如意가 자신을 닮았다 하여 태자 유영을 폐하고 여의를 태자로 삼으려 하자, 留侯(張良)의 모책에 따라 상산사호를 불러들여 태자의 지위를 유지하였다가 제위에 오름. 그러나 나약하여 주로 어머니 여후가 집정하였으며 蕭何와 曹參을 재상으로 삼아 나라를 이끌었음.

- 說感: 부열(傅說)이 은나라 임금 高宗(武丁)의 꿈에 나타나 감응함.《尙書》 說命(上)에 실려 있으며, 부열은 원래 성벽에 붙어 성을 쌓던 노예로서 무정이 꿈에 그를 보고 찾아내어 나라일을 맡겨 은나라 중흥을 이루었음.《史記》殷本紀에 "帝小乙崩, 子帝武丁立. 帝武丁卽位, 思復興 殷, 而未得其佐. 三年不言, 政事決 定於冢宰, 以觀國風. 武丁夜夢得 聖人, 名曰說. 以夢所見視群臣百 吏, 皆非也. 於是迺使百工營求之

부열(傅說)《三才圖會》

野, 得說於傅險中. 是時說爲胥靡, 築於傅險. 見於武丁, 武丁曰是也. 得而與之語, 果聖人, 擧以爲相, 殷國大治. 故遂以傅險姓之, 號曰傅說" 이라 함.

- 武丁: 은나라의 임금으로 小乙의 아들이며 盤庚의 아우. 민간에서 자라 뒤에 제위에 오른 다음 傅說, 甘盤 등을 임명하여 은나라를 중흥시켰으며 사후에 高宗이라 부름. 59년간 재위. 이상의 내용은《史記》殷本紀를 참조할 것.

- 俊乂: 재덕이 출중한 인재. 영걸.《尙書》皐陶謨에 "翕受敷施, 九德 咸事, 俊乂在官"이라 함.

- 密勿: 빽빽이 많은 인재들이 열심히 노력하는 모습을 표현한 雙聲連 綿語. 글자의 뜻보다는 /m-m/의 聲母가 같은 글자를 연결하여 새로운 하나의 뜻을 나타내는 어휘임.《詩經》小雅 十月之交 "黽勉從事, 不敢 告勞"의 구절을《漢書》劉向傳에는 "君子獨處守正, 不橈衆枉, 勉彊 以從王事則反見憎毒讒愬, 故其詩曰: 『密勿從事, 不敢告勞, 無罪無辜, 讒口嗸嗸!』"라 하여 '黽勉'을 '密勿'로 바꾸어 인용하였음.

- 寔寧: 이것이 바로 태평과 안녕을 가져온 이유임. ‘寔’은 ‘是’와 같음. 이는 《詩經》大雅 文王篇의 "濟濟多士, 文王以寧"을 표현한 것임.

【策功茂實】 그들의 모책과 공적은 풍성함.

【勒碑刻銘】 그 공적을 비석에 새기고 금석에 파서 길이 전함.

【磻溪伊尹】 바로 반계에서 낚시하던 강태공과 탕임금을 도운 이윤과 같은 경우임.

【佐時阿衡】 이윤이 은나라를 도울 때 벼슬은 아형이었음.

【奄宅曲阜】 주나라를 도운 주공은 곡부를 봉지의 노나라 도읍으로 삼았음.

【微(未)旦孰營】 주공 단이 아니면 누가 이를 건설하겠는가?

【桓公匡合】 제환공은 일광천하하고 구합제후하였음.

【濟弱扶傾】 약한 나라를 구제해 주고 엎어질 나라는 일으켜 세워 줌.

【綺回漢惠】 상산사호는 돌아와 한나라 혜제를 도와 주었음.

【說感武丁】 부열은 무정의 꿈에 나타나 감응하여 은나라의 중흥을 이룸.

【俊乂密勿】 뛰어난 인재들이 힘써 노력함.

【多士寔寧】 많은 선비들로 인해 나라가 그렇게 평안했던 것임.

❀ 釋文

此下四節, 亦承上群英而雜舉其人以實之. 策, 謀畫也. 《說文》云: 「以勞定國」曰功. 茂, 盛也. 實者, 對名而言, 謂實有其功也. 勒, 卽刻也. 碑, 《說文》云: 「竪石」, 以紀功德也. 銘, 紀也. 《釋名》云: 「紀名其功也.」 此所謂銘, 卽碑銘也. 蓋叙述其功, 而爲文以刻於碑; 於文之末, 又爲韻語以贊美之, 是謂之銘. 言此群英, 不但祿位尊富, 其所謀畫, 實有定國之功, 勒於碑而刻於銘, 如下文諸人是也. 磻溪, 太公望所釣之處, 在今鳳翔府寶鷄縣東南, 旁有太公石室存焉. 伊, 姓; 尹, 字也; 成湯之相. 佐, 輔也. 時, 世也. 阿衡, 商之官名, 伊尹爲之. 阿, 倚也; 衡, 平也. 言天下倚賴以平治者也. 《詩》商頌云: 「實惟阿衡, 實左右商王.」 奄, 取也. 宅, 居也. 曲阜, 地名, 周公之所封, 卽魯國也, 今兗州府曲阜縣. 微, 無也. 旦, 周公名. 孰, 誰也. 營, 造也. 言取曲阜而居之, 非周公旦之功, 誰能造此魯國之封也. 桓公, 齊君, 名小白. 《諡法》: 「闢土服遠曰桓.」 匡, 正也, 正天下之亂也. 合, 會諸侯也. 《論語》云: 「桓公九合諸侯」, 「一匡天下」. 濟, 救也. 弱, 兵力少也. 扶, 持也. 傾, 危也. 諸侯之弱者救之, 危者持之也. 綺, 四皓之一. 回, 還也.

秦時有四皓, 避亂於商山, 漢高祖招之, 不至. 後高祖欲易太子, 張良乃聘四皓
與太子游. 高祖見之曰:「羽翼已成, 難以動矣.」由是得不易. 及高祖崩, 太子立,
是爲漢惠帝.《諡法》:「柔質慈民曰惠.」四皓者, 綺里季‧東園公‧夏黃公‧角里
先生, 舉一以該其三也. 言漢惠將廢, 以四皓而得還太子之位也. 說, 傅說也.
感, 格也. 武丁, 商之賢君, 夢上帝予以良弼, 覺而圖其形, 以旁求天下, 於傅岩之
野得說, 貌與夢符, 乃舉爲相, 商道中興. 言傅說之賢, 感武丁於夢中也. 千人之英
曰俊, 百人之英曰乂.《書》臯陶謨云:「俊乂在官.」密勿, 黽勉之意.《詩》小雅云:
「黽勉從事.」《漢書》劉向傳引之云:「密勿從事.」多, 衆也.《漢志》云「學以居位
曰士」. 寔,《韻會》云:「是也.」與實不同. 寧, 安也.《詩》大雅云:「濟濟多士,
文王以寧.」言群英之策功者, 亦如太公‧伊尹, 有輔世平治之功, 周公有佐周肇
封之功, 齊桓有濟弱扶傾之功, 四皓有定儲之功, 傅說有中興之功, 此皆千人之俊,
百人之乂, 黽勉輔治, 而君賴是多士以寧也.

太公(姜尙)〈磻溪垂釣〉馬駘(그림)

046

진초경패晉楚更霸

晉楚更霸, 趙魏困橫.
假途滅虢, 踐土會盟.

"뒤를 이어 진나라와 초나라가 번갈아 패자가 되었고,
전국시대에는 조나라와 위나라 등은
합종연횡에 고통을 당하였네.
진나라는 괵나라를 치고 오는 길에
길을 빌려 준 우나라도 멸하였고,
진 문공의 천토에서 제후를 불러 회맹을 맺었다네."

읽기

"晉진楚초更경霸패하며, 趙조魏위困곤橫횡이라.
假가途도滅멸虢괵하고, 踐천土토會회盟맹이라."

글 자

① 晉: 나라 이름 진(晋은 이체자) ② 楚: 나라 이름 초 ③ 更: 바꿀 갱 (다시 경) ④ 霸: 으뜸 패(覇는 이체자) ⑤ 趙: 나라 이름 조 ⑥ 魏: 나라 이름 위 ⑦ 困: 곤할 곤 ⑧ 橫: 가로 횡 ⑨ 假: 빌릴 가 ⑩ 途: 길 도 ⑪ 滅: 멸할 멸 ⑫ 虢: 나라 이름 괵 ⑬ 踐: 밟을 천 ⑭ 土: 흙 토 ⑮ 會: 모일 회 ⑯ 盟: 맹세할 맹

- 晉楚: 춘추시대 나라 이름으로 晉나라는 周初에 봉을 받은 제후국으로 지금의 山西省 일대에 있었음. 처음 翼(산서 翼城縣)에 도읍하였다가 獻公 때 絳으로 옮겼으며, 文公 때 城濮 싸움에서 楚나라를 대패시킨 다음 踐土에서 제후를 모아 회맹을 거쳐 霸者가 됨. 춘추 말기에는 六卿의 발호로 나라가 찢어져 三晉(韓, 魏, 趙)으로 나뉘어 전국시대를 맞이하였음.(《史記》晉世家 참조) 한편 楚나라는 원래 商나라의 후예로서 장강 일대에서 세력을 키워 도읍을 郢(지금의 湖北省 江陵)으로 정하였으며, 莊王 때 이르러 남방의 대국으로 자리잡음.(《史記》楚世家 참조)
- 更霸: 춘추오패가 서로 바꾸어 가며 패권을 차지하였음을 말함. 즉 齊 桓公(B.C.685~B.C.643), 宋襄公(B.C.650~B.C.637), 晉文公(B.C.636~ B.C.628), 秦穆公(B.C.659~B.C.621), 楚莊王(B.C.613~B.C.591). 한편 패도란 왕도에 상대되는 말로 당시 종주국 주나라가 미약하여 제후들이 '尊王 攘夷'의 기치를 내걸고 세력으로 천하를 휘어잡던 시기를 말함.
- 趙魏: 원래 춘추시대 晉나라 말 韓, 魏, 趙, 知, 范, 中行 등 六卿이 다투다가 최후로 삼진(한, 위, 조)이 남아 진나라를 三分하여 전국시대를 맞이하였으며, 모두 세력을 키워 戰國七雄에 들었음. 趙나라는 造父의 후손으로 晉陽(지금의 山西 太原)에 도읍하였다가 뒤에 邯鄲으로 옮김. 무령왕 때 개혁을 실시하여 세력을 떨쳤으나, 秦나라와 長平 전투에 대패하여 쇠약해졌다가 결국 B.C. 222년 진시황의 통일전쟁에 망하고 말았음.(《史記》趙世家 참조) 한편 魏나라는 역시 삼진의 하나이며 전국칠웅의 하나로 安邑(지금의 산서 夏縣)에 도읍을 두었다가 惠王 때 大梁(지금의 하남 開封)으로 옮김. 초기 文侯 때 李克 등을 등용하여 세력을 키웠으나

馬陵 전투에 패한 다음 일어서지 못하다가 결국 B.C. 225년 진나라에게 망하고 말았음.(《史記》魏世家 참조)

- 困橫: 연횡책에 곤액을 당함. 전국시대 칠웅 가운데 서쪽 秦나라가 강해져 끊임없이 동진정책을 펴자 당시 육국(齊楚燕韓魏趙)이 세로 로 연합하여 대응한 정책을 合從說이라 하며 蘇秦이 대표인물이었음. 이에 맞서 張儀가 육국이 개별적으로 진나라와 우호관계를 맺어 각개 대응을 하도록 정책을 편 것을 連橫說(連衡說)이라 하며, 이로 인해 각 나라들이 진나라에게 고통을 당하다가 결국 모두 망하여 진나라가 천하통일을 이룩하였음.《戰國策》 및 《史記》 蘇秦列傳, 張儀列傳 등 참조.

- 滅虢: 춘추시대 晉 獻公이 虞나라에게 虢나라를 칠 것이니 길을 빌려 달라 하여 허락을 얻자 괵을 멸한 후 오는 길에 우나라도 멸망시켜 버린 일. '脣亡齒寒'의 고사를 낳은 사건임. 虢은 周나라 초기 봉을 받은 제후국으로 東虢과 西虢이 있었으며 동괵은 지금의 하남 滎陽 지역으로 B.C. 767년에 鄭나라에게 망하였고, 서괵은 지금의 섬서 寶鷄, 陝縣 일대에 있었으며 B.C. 655년 晉나라에게 망함.《左傳》僖公 5년에 "晉侯復假道於虞以伐虢. 宮之奇諫曰:「虢, 虞之表也; 虢亡, 虞必從之. 晉不可啓, 寇不可翫. 一之謂甚, 其可再乎? 諺所謂'輔車相依, 脣亡齒寒'者, 其虞, 虢之謂也.」公曰:「晉, 吾宗也, 豈害我哉?」對曰: 「大伯·虞仲, 大王之昭也; 大伯不從, 是以不嗣. 虢仲·虢叔, 王季之穆也, 爲文王卿士, 勳在王室, 藏於盟府. 將虢是滅, 何愛於虞? 且虞能親於桓·莊乎? 其愛之也, 桓·莊之族何罪? 而以爲戮, 不唯偪乎? 親以寵偪, 猶尚害之, 況以國乎?」公曰:「吾享祀豐絜, 神必據我.」對曰:「臣聞之, 鬼神非人實親, 惟德是依. 故周書曰:'皇天無親, 惟德是輔.' 又曰:'黍稷非馨, 明德惟馨.' 又曰:'民不易物, 惟德緊物.' 如是, 則非德, 民不和, 神不享矣. 神所馮依, 將在德矣. 若晉取虞, 而明德以薦馨香, 神其吐之乎?」弗聽, 許晉使. 宮之奇以其族行, 曰:「虞不臘矣. 在此行也, 晉不更擧矣.」八月甲午, 晉侯圍上陽. 問於卜偃曰: 「吾其濟乎?」對曰:「克之.」公曰:「何時?」對曰:「童謠云, '丙之晨, 龍尾伏辰; 均服振振, 取虢之旂. 鶉之賁賁, 天策焞焞, 火中成軍, 虢公其奔.' 其九月·十月之交乎! 丙子旦, 日在尾, 月在策, 鶉火中, 必是時也.」冬十二月丙子, 朔, 晉滅虢. 虢公醜奔京師. 師還, 館于虞, 遂襲虞, 滅之.

執虞公及其大夫井伯, 以媵秦穆姬, 而修虞祀, 且歸其職貢於王. 故書
曰:「晉人執虞公」, 罪虞, 且言易也」라 함.

* 踐土: 지명. 춘추시대 鄭나라에 속하였으며 지금의 河南 原陽현. B.C.
  632년 晉文公이 이곳에서 齊侯, 宋公, 蔡侯, 鄭伯, 衛子, 莒子 등 제후
  를 불러 회맹을 맺음.
* 會盟: 제수들 사이에 서로 협조하며 약속을 지키기로 모여 맹약을 맺는
  회합. 《左傳》昭公 3년에 "子大叔曰:「將得已乎! 昔文・襄之霸也, 其務
  不煩諸侯, 令諸侯三歲而聘, 五歲而朝, 有事而會, 不協而盟」"이라 함.

【晉楚更霸】 춘추시대 진나라와 초나라가 돌아가며 패자가 되었음.
【趙魏困橫】 전국시대 조나라와 위나라는 진나라의 연횡책에 곤액을 당하였음.
【假途滅虢】 晉 獻公이 虢을 치고 돌아오는 길에 虞나라도 함께 쳐서 멸함.
【踐土會盟】 晉 文公이 踐土에서 회맹을 맺음. 踐土는 지명.

🌸 釋文

此亦承上群英而言. 五霸不獨齊桓, 又有晉文與楚莊焉. 晉・楚皆國名. 晉, 今
山西; 楚, 今湖廣, 皆其地. 更, 代也. 霸者, 諸侯之長. 言晉・楚繼齊桓之後, 相代
而爲諸侯之長也. 五霸有齊桓・晉文・秦穆・宋襄・楚莊. 言晉・楚而不言秦・宋,
省文也. 趙・魏, 皆國名. 趙都邯鄲, 今趙州; 魏都大梁, 今開封府. 困, 病甚也.
橫, 連橫也. 戰國時, 蘇秦說六國諸侯合縱以拒秦. 後張儀又說六國諸侯連橫
以事秦. 言六國諸侯, 爲合縱連橫所困也. 言橫而不言縱, 省文也. 六國有趙・
魏・韓・齊・楚・燕, 擧二以該其餘也. 假, 借也. 途, 路也. 滅, 亡也. 虢, 國名, 今
陝州. 晉獻公欲伐虢, 道經於虞, 用謀臣荀息計, 以垂棘之璧・屈産之馬遺虞君,
假道於虞以滅虢. 師還, 幷襲虞, 滅之. 踐土, 地名, 在今開封府榮澤縣西北,
有踐土臺. 會者, 合諸侯也. 盟, 誓約也, 歃血以結信也. 《曲禮》云:「諸侯相見於
郤地曰會, 莅牲曰盟」《僖公》二十八年:「晉文公會諸侯, 盟於踐土.」此擧晉事
以該五霸六國. 言皆用詐謀以勝人也. 此節言五霸有謀臣, 七雄有策士, 亦群
英之可槪見者也.

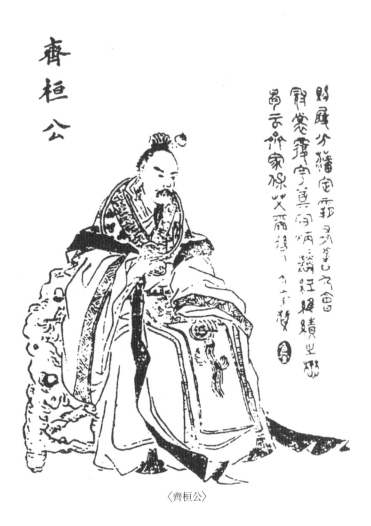

〈齊桓公〉

047

하준약법何遵約法

何遵約法, 韓弊煩刑.

"한나라 소하는 고조의 약법을 준수하여 율령을 정하였고,
한비자는 법치만을 고집하다가 그 법에 죽음을 당하였네."

읽기

"何^하遵^준約^약法^법이요, 韓^한弊^폐煩^번刑^형이라."

글자

① 何: 어찌 하 ② 遵: 지킬 준 ③ 約: 줄일(묶을) 약 ④ 法: 법 법
⑤ 韓: 나라 이름 한 ⑥ 弊: 피폐할 폐 ⑦ 煩: 번거로울 번 ⑧ 刑: 형벌 형

• 何: 한나라 초기의 승상 蕭何(?~B.C.193)를 가리킴. 유방이 咸陽으로
들어갔을 때 秦나라 도서를 모두 거두어 확보하였으며, 유방이 한왕이
되자 재상으로 이를 도와 천하를 차지하도록 큰 공을 세움. 뒤에 고조가
그에게 법령을 제정하도록 하여〈九章律〉을 만들었다 함.《史記》蕭相
國世家 참조.

- 約法: 한 고조 유방이 처음 함양에 입성하였을 때 진나라의 가혹한 법에 시달리던 백성들에게 법을 줄여 오직 3조항으로 하겠다고 하였음.《史記》高祖本紀에 "遂西入咸陽. 欲止宮休舍, 樊噲·張良諫, 乃封秦重寶財物府庫, 還軍霸上. 召諸縣父老豪桀曰:「父老苦秦苛法久矣, 誹謗者族, 偶語者棄市. 吾與諸侯約, 先入關者王之, 吾當王關中. 與父老約, 法三章耳: 殺人者死, 傷人及盜抵罪. 餘悉除去秦法. 諸吏人皆案堵如故. 凡吾所以來, 爲父老除害, 非有所侵暴, 無恐! 且吾所以還軍霸上, 待諸侯至而定約束耳.」"라 함. 그 외 蕭何가 한나라 초기 법을 잘 제정하였음을 말함.
- 韓: 전국 말기 법가 사상의 대표 인물인 韓非(약B.C.280~B.C.233)를 가리킴. 원래 韓나라의 귀족으로 李斯와 함께 荀卿을 스승으로 모셔 배웠으며, 商鞅의 法治와 申不害의 術治, 愼到의 勢治를 정리하여 法術勢를 이론화하였음.《韓非子》는 그의 대표 저술임. 그러나 뒤에 이사와 姚賈 등의 모함을 입어 옥중에서 자살함.《史記》老莊申韓列傳 참조. '韓弊'는 '정죄를 당함. 심판을 받음'의 뜻.
- 煩刑: 가혹하고 세밀한 형벌을 뜻함.

【何遵約法】소하는 한 고조 유방이 선포한 약법삼장을 준수하여 한나라를 다스릴 법을 제정함.
【韓弊煩刑】한비자는 형법으로 다스릴 것을 주장하다가 그 법에 걸려 옥중에서 죽음을 당함.

❀ 釋文

此言群英之任名法者. 何, 蕭何也. 遵, 奉也. 約, 要約也. 法, 卽刑也. 漢高祖初入關, 定秦, 與父老約法三章, 曰:「殺人者死, 傷人及盜抵罪」餘悉除秦苛法. 後以爲不足禦姦, 又令蕭何撰秦法, 作律九章. 言蕭何之制漢律, 奉高祖之約法而爲之也. 韓, 姓, 名非. 弊, 困也. 煩, 苛也. 韓非爲刑名之學, 李斯譖之, 死於秦獄. 言以煩刑而自困也.

韓非(韓非子) 法家 학설의 대성자. 夢谷 姚谷良(그림) "國無常彊無常弱, 擧法者強則國彊, 擧法者弱則國弱."

048

기전파목起翦頗牧

起翦頗牧, 用軍最精.
宣威沙漠, 馳譽丹青.

"백기와 왕전, 그리고 염파와 이목은,
용병에 뛰어나 가장 정예로운 장수였네.
그러한 장수들의 위엄은 멀리 사막까지 뻗쳐,
명예가 내달아 단청에까지 그려졌네."

읽기

"起^기翦^전頗^파牧^목은 用^용軍^군最^최精^정이요.
宣^선威^위沙^사漠^막하고, 馳^치譽^예丹^단青^청이라."

글자

①起: 일어날 기 ②翦: 자를 전(剪과 같음) ③頗: 자못 파 ④牧: 칠 목
⑤用: 쓸 용 ⑥軍: 군사 군 ⑦最: 가장 최 ⑧精: 알맹이 정 ⑨宣:

베풀 선 ⑩ 威: 위엄 위 ⑪ 沙: 모래 사 ⑫ 漠: 아득할 막 ⑬ 馳: 달릴 치
⑭ 譽: 기릴 예 ⑮ 丹: 붉을 단 ⑯ 靑: 푸를 청

- 起: 전국 말 秦나라 장수 白起(?~B.C.228)를 가리킴. 公孫起라고도 하며
  韓, 魏, 趙, 楚를 격패시키고 70여 개 성을 탈취하여 武安君에 봉해졌음.
  특히 조나라와 長平 전투에서 항복한 조나라 군사 40만을 생매장한 무자비
  한 인물이기도 함. 공이 높아지자 范雎의 시기와 모함에 빠져 결국 파면
  되었고, 뒤에 秦 昭王이 칼을 내려 자살토록 함.《史記》白起王翦
  列傳 및《戰國策》참조.
- 翦: 역시 전국 말 진나라 장수 王翦을 가리킴. 진시황의 上將軍이 되어
  조, 연, 초 등을 격파함으로써 진시황의 천하통일에 가장 큰 공을 세운
  인물. 뒤에 武成侯에 봉해짐.《史記》白起王翦列傳 및《戰國策》참조.
- 頗: 전국시대 趙나라 명장 廉頗. 齊나라를 크게 깨뜨려 惠文王 때 上卿
  이 되었으나, 秦나라의 反間計에 걸려 孝成王이 염파 대신 趙括을
  세워 長平에서 대패함. 그 틈을 타고 燕나라가 침입하자, 염파가 다시
  나서서 이를 깨뜨려 信平君에 봉해졌음. 특히 염파는 藺相如와의 사이
  에 '完璧歸趙', '刎頸之交' 등의 고사를 낳기도 하였음.《史記》廉頗藺
  相如列傳 및《戰國策》참조.
- 牧: 전국시대 趙나라 최후의 장수 李牧(?~B.C.228). 북쪽 이민족을 차례
  로 정벌하여 큰 공을 세워 무안군에 봉해졌으나, 역시 秦나라의 반간계
  에 걸려 모함에 빠져 피살됨.《史記》趙世家 및《戰國策》趙策 참조.
- 馳譽: 그 명예가 널리 내달아 퍼져 나감.
- 丹靑: 건물에 칠하거나 그림을 그릴 때 쓰는 천연색 물감 재료. 고대 공을
  세운 이들의 초상을 그려 찬양하여 흔히 역사에 길이 남는 인물이라는
  뜻으로 쓰임. 이를테면 漢나라 때는 麒麟閣과 雲臺 등에, 그리고 唐나라
  때는 凌煙閣에 공신의 초상을 그려 붙이거나 걸도록 한 예가 있음.

【起翦頗牧】백기, 왕전, 염파, 이목과 같은 장수들.
【用軍最精】용병에 가장 정밀하였음.

【宣威沙漠】 사막 멀리까지 그 위세를 선양함. 여기서 사막까지 뻗친 것은 한나라 때 霍去病, 衛靑 등의 武功도 함께 거론한 것으로 볼 수 있음.
【馳譽丹靑】 그 명예는 건물에 초상을 그려 붙여 길이 내달려 전해짐.

🌸 釋文

此言群英之建武功者. 起, 白起也. 翦, 王翦也. 皆秦良將. 頗, 廉頗也. 牧, 李牧也. 皆趙良將. 軍, 兵也, 萬二千五百人爲軍. 最, 極也. 精, 善也. 宣, 布也. 威, 兵威也. 沙, 《說文》云:「水散石也.」漠, 廣大也. 北方之地皆沙, 不生草木, 一望廣大, 故謂之沙漠. 馳, 馬疾行也. 《左傳》杜注云:「車馬曰馳, 步曰走.」譽, 聲名也. 丹·靑, 皆彩色, 圖畫之所用也. 言其聲名馳於圖畫之間, 如漢宣畫功臣於麒麟閣, 漢明畫功臣於雲臺之類. 言此四人, 極善用兵, 而布威於北方沙漠之地, 其名譽之遠馳, 至於圖畫其像而不忘也.

以上四節, 皆言群英之盛, 如殷之有伊·傅, 周之有旦·望, 漢之有四皓; 而又廣而言之, 如五霸·七雄之有謀臣策士, 任名法者, 如蕭何·韓非; 建武功者, 如起·翦·頗·牧, 亦不可勝數也.

霍去病

李牧〈雁門縱牧〉馬駙(그림)

049

구주우적 九州禹迹

九州禹迹, 百郡秦幷.
嶽宗泰岱, 禪主雲亭.
雁門紫塞, 鷄田赤城.
昆池碣石, 鉅野洞庭.
曠遠綿邈, 巖岫杳冥.

"구주에는 우임금의 발자취 닿지 않은 곳이 없었으나,
진시황이 통일하면서 군현제도가 되었고 한나라 때는 백군을
두었네.
오악 중의 으뜸은 동악 태산이요,
봉선의 제사는 운운산과 정정산이 그 주된 터였지.
안문관과 만리장성에다가,
계전과 적성,
그리고 곤명지와 갈석산,

거야택과 동정호,

이렇게 멀고 아득히 이어져,

국토는 바위와 산 굴이 가물가물 뻗어 있다네."

"九^구州^주禹^우迹^적이요, 百^백郡^군秦^진幷^병이라.

嶽^악宗^종泰^태岱^대요, 禪^선主^주雲^운亭^정이라.

雁^안門^문紫^자塞^새와 鷄^계田^전赤^적城^성이요,

昆^곤池^지碣^갈石^석과 鉅^거野^야洞^동庭^정이라.

曠^광遠^원綿^면邈^막하여 巖^암岫^수杳^묘冥^명이라."

글 자

① 九: 아홉 구 ② 州: 고을 주 ③ 禹: 우임금 우 ④ 迹: 자취 적(跡으로 된 판본도 있음) ⑤ 百: 일백 백 ⑥ 郡: 고을 군 ⑦ 秦: 나라 이름 진 ⑧ 幷: 아우를 병(並, 倂 등으로 된 판본도 있으며 모두 이체자) ⑨ 嶽: 멧부리 악(岳은 이체자) ⑩ 宗: 마루 종 ⑪ 泰: 클 태(太는 이체자) ⑫ 岱: 태산 대 ⑬ 禪: 터 닦을(제사) 선 ⑭ 主: 주인 주 ⑮ 雲: 구름 운 ⑯ 亭: 정자 정 ⑰ 雁: 기러기 안(鴈은 이체자) ⑱ 門: 문 문 ⑲ 紫: 붉을 자 ⑳ 塞: 변방(요새) 새. 막힐 색 ㉑ 鷄: 닭 계(雞는 이체자) ㉒ 田: 밭 전 ㉓ 赤: 붉을 적 ㉔ 城: 재 성 ㉕ 昆: 맏이 곤 ㉖ 池: 못 지 ㉗ 碣: 선돌 갈 ㉘ 石: 돌 석 ㉙ 鉅: 클 거 ㉚ 野: 들 야 ㉛ 洞: 구멍(고을, 동네) 동 ㉜ 庭: 뜰 정 ㉝ 曠: 빌 광 ㉞ 遠: 멀 원 ㉟ 綿: 솜 면 ㊱ 邈: 멀 막 ㊲ 巖: 바위 암(岩은 이체자) ㊳ 岫: 산굴 수(峀는 이체자) ㊴ 杳: 아득할 묘(渺는 통가로 쓸 수 있음) ㊵ 冥: 어두울 명

- 九州: 고대 우임금이 천하를 구주로 나누어 행정구역을 삼았음.《尙書》 禹貢에 冀州, 兗州, 靑州, 徐州, 揚州, 荊州, 豫州, 梁州, 雍州를 들고 있으나,《爾雅》釋地에는 幽州와 營州가 있으며 靑州와 梁州는 없음. 그런가 하면《周禮》夏官 職方에는 幽州와 幷州는 있으나 徐州와 梁州 가 없음.

- 禹迹: 禹의 발자취가 널리 퍼져 실제 답사를 하였던 지역임을 말함. 禹는 大禹, 夏禹라고도 하며 夏王朝를 건립한 임금. 姒성이며 이름은 文命. 舜임금 때 司空으로 아버지 鯀 이 홍수를 다스리면서 물을 막는 방법을 택하여 실패하자, 그 아들 우가 물을 소통시키는 방법으로 성공을 거두어 순임금이 제위를 물려주었음. 그러나 자신이 즉위 하자 처음으로 왕조를 이룩하여

〈禹王治水圖〉

家天下, 世襲制度를 택함. 남쪽을 순행하다가 會稽(지금의 紹興)에서 죽어 지금 그곳에 大禹陵이 있음.《史記》夏本紀 참조.

- 百郡: 秦始皇은 천하를 통일한 뒤 봉건제도를 폐지하고 군현제도를 실시 하여 천하를 36군으로 나누었으며, 西漢 때에는 다시 이들을 재조정하여 전국을 103개 군으로, 東漢 때는 105개 군, 三國시대에는 167개 군, 隋나라 때는 241州 680군으로 나누었음.

- 秦幷: 진나라가 구주를 병합하여 군현제도로 바꾸었음을 말함.

- 嶽宗: 모든 산의 祖宗이 됨을 말함. 중국은 고대로 四嶽(동-岱山, 남- 衡山, 서-華山, 북-恒山)으로 나누었다가 뒤에 다시 五嶽으로 나누어 封禪을 실시하였음. 五嶽은 漢 宣帝 때에는 泰山을 東嶽, 華山(陝西 省)을 西嶽, 天柱山(霍山, 安徽省)을 南嶽, 恒山(河北省)을 北嶽, 嵩山 (河南省)을 中嶽으로 삼았으나 隋代에는 衡山(湖南省)을 南嶽으로 고쳤 으며 明代에는 恒山(山西省)을 北嶽으로 하였음.《幼學瓊林》에 "東嶽 泰山, 西嶽華山, 南嶽衡山, 北嶽恒山, 中嶽嵩山, 此爲天下之五嶽"이 라 함. '嶽'은 '岳'과 같음.

- 泰岱: 泰山. 太山으로도 표기하며 약칭으로는 '岱'. 지금의 山東 泰安市 에 있음. 東嶽으로 변함이 없이 지정되었으며, 오악 중에 가장 널리 숭앙을

받았음. 한편 일부 판본에는 '恒岱'로 되어 있어 恒山(恆山)과 泰山을 함께 거론하기도 하였음.

- 禪主: 봉선을 하는 주된 산임을 말함. 고대 제왕이 태산 꼭대기에 祭壇을 마련하고 하늘에 제사지내는 것을 '封'이라 하며, 태산 아래 양보산 (梁父山)에 제지를 마련하여 땅의 고마움을 위하여 지내는 제사를 '禪' 이라 함.

- 雲亭: 雲雲山과 亭亭山. 둘 모두 태산 곁에 있는 작은 산. 운운산은 태산 의 동남쪽이며, 정정산은 남쪽에 있음. 고대 이곳에서 봉선의 대제를 지낼 때 이 두 산에서 禪을 행하였음.《史記》封禪書에 "昔無懷氏封太山, 禪雲雲. 伏羲氏封太山, 禪雲雲. 神農氏封太山, 禪雲雲. 炎帝封太山, 禪雲雲. 黃帝封太山, 禪亭亭. 顓頊封太山, 禪雲雲. 帝嚳封太山, 禪 雲雲. 堯封太山, 禪雲雲. 舜封太山, 禪雲雲. 湯封太山, 禪雲雲"이라 함.

- 雁門: 원래는 산 이름이며 지금의 山西省 代縣 서북에 있음. 두 산봉 우리가 마주하고 있어 기러기가 그 사이를 넘어가는 것을 보고 이름이 지어졌다 함. 唐나라 때 그곳에 雁門關을 설치하여 突厥에 대비하였고 宋나라 때는 契丹을 방위하는 중요한 요새였음.

- 紫塞: 만리장성을 말함. 晉나라 崔豹의《古今注》都邑篇에 "秦築長城, 土色皆紫, 漢塞亦然, 故稱紫塞焉"이라 함.

- 鷄田: 고대 역참 이름. '雞田'으로도 표기함. 지금의 寧夏 靈武 일대. 혹은 하북성에 있었다고도 함.

- 赤城: 산 이름이며 군 이름. 절강성 천태산 북쪽에 있으며 천태산의 남문 으로 여김. 산의 흙색이 모두 붉은색으로 雲霞와 같다고 함. 南朝 梁 나라 때 이곳에 赤城郡을 두었음. 그러나 다른 한편으로는 四川省 灌縣

〈黃帝蚩尤戰鬪圖〉

서남의 靑城山을 가리킨다고도 함. 宋 陸游의〈將之榮州取道靑城〉 의 시에 "倚天山作海濤傾, 看遍 人間兩赤城"이라 함. 그러나 河北 (冀)의 지명으로 고대 蚩尤의 근거 지를 가리키는 것으로 봄.

- 昆池: 昆明湖. 滇池라고도 하며 지금의 雲南省 昆明市 서남쪽에 있는 호수. 그러나 漢 武帝 원수 3년(B.C.120) 곤명이를 토벌하기 위한 훈련

못을 장안에 파서 이름을 곤명호라 하였으며, 송나라 이후 메워져 평지가 된 곳을 말하기도 함. 《西京雜記》(1)에 "武帝作昆明池, 欲伐昆明夷, 敎習水戰. 因而於上游戱養魚, 魚給諸陵廟祭祀, 餘付長安市賣之. 池周迴四丨里"라 함.

- 碣石: 산 이름. 지금의 河北省 昌黎縣에 있음. 《尙書》禹貢에 "夾右 碣石入於河. ……太行, 恒山, 至於碣石, 入於海"라 함. 秦始皇과 漢 武帝 등이 모두 동쪽을 순수할 때 이곳에 들러 비를 세웠음. 그리고 漢末 曹操가 烏桓을 정벌하러 이곳을 지나면서 〈碣石篇〉을 지었음.
- 鉅野: 鉅野澤. 못 이름. '巨野澤, 大野澤'이라고도 하며 지금의 山東 巨野縣에 있던 큰 못. 옛 濟水의 중류가 이곳을 지났으며 五代 이후 점차 말라 지금은 평지가 되어 그 북쪽이 梁山泊의 일부로 남아 있음.
- 洞庭: 洞庭湖. 지금의 湖南省 북부 長江 남쪽에 펼쳐진 큰 호수로 중국 二大 淡水湖 중의 하나.
- 曠遠: 아득히 넓고 멀리 펼쳐져 있음.
- 綿邈: 가물가물할 정도로 멀리 뻗어 있음. 雙聲連綿語임.
- 巖岫: 바위의 모습과 솟아난 바위 사이의 동굴들.
- 杳冥: 아득함. 역시 雙聲連綿語임. '渺冥'과 같음.

【九州禹迹】구주는 모두 우임금의 발자취가 남아 있음. 우임금이 실제 답사 하였던 땅임을 말함.
【百郡秦幷】진시황의 천하통일로 모든 지역이 군현으로 바뀜.
【嶽宗泰岱】높은 산으로는 태산의 대악(岱嶽)이 가장 중요한 으뜸이 됨.
【禪主雲亭】봉선 중의 선(禪)은 운운산과 정정산이 가장 중요한 으뜸이 됨을 말함.
【雁門紫塞】안문산과 자새는 중요한 국방의 요새.
【雞田赤城】계전과 적성이 있어 나라의 중요한 방위가 됨.
【昆池碣石】남쪽으로는 곤명호가 있으며 동북쪽에는 갈석산이 있음.
【鉅野洞庭】산동의 거야택과 호북의 동정호와 같은 큰 호수도 있음.
【曠遠綿邈】멀고 아득하며 가물가물 펼쳐진 국토.
【巖岫杳冥】바위와 산굴도 있는 아름다운 강토.

釋文

此節言王者土地之廣. 九州: 冀, 兗, 青, 徐, 揚, 荊, 豫, 梁, 雍也. 禹, 夏王. 迹, 足迹也.《書》立政云:「以陟禹之迹」自黃帝始分天下爲九州, 至虞舜又分爲十二州, 及禹平水土, 復爲九州, 而三代因之. 言九州爲夏禹所立, 皆其足迹之所至也. 百郡: 京兆, 左馮翊, 右扶風, 弘農, 河東, 河內, 河南, 潁川, 汝南, 沛, 梁, 魯, 魏, 巨鹿, 常山, 淸河, 趙, 廣平, 眞定, 中山, 信都, 河間, 東, 陳留, 山陽, 濟陰, 泰山, 城陽, 淮陽, 東平, 瑯琊, 東海, 臨淮, 楚, 泗水, 廣陵, 六安, 平原, 千乘, 濟南, 齊, 北海, 東萊, 淄州, 膠東, 高密, 南陽, 南, 江夏, 桂陽, 武陵, 零陵, 長沙, 廬江, 九江, 會稽, 丹陽, 豫章, 漢中, 廣漢, 蜀, 犍爲, 越巂, 益州, 牂牁, 巴, 武都, 隴西, 金城, 天水, 武威, 張掖, 酒泉, 敦煌, 安定, 北地, 太原, 上黨, 上, 西河, 五原, 雲中, 定襄, 雁門, 朔方, 涿, 渤海, 代, 上谷, 漁陽, 右北平, 遼西, 遼東, 玄菟, 樂浪, 廣陽, 南海, 鬱林, 蒼梧, 交趾, 合浦, 九眞, 日南, 凡百有三. 言百郡者, 舉大數也. 秦, 國名, 今陝西皆其地. 并者, 合爲一也. 上古至三代, 皆封建諸侯, 以分治天下. 至秦始皇時, 滅六國, 并天下爲一, 於是罷封建, 分天下三十六郡. 至漢時, 又分爲百郡. 言漢之百郡, 乃秦所并也. 岳, 五岳, 東岳泰山, 西岳華山, 南岳衡山, 北岳桓(恒)山, 中岳嵩山也. 宗, 尊也. 泰岱, 卽泰山, 在今泰安州北. 五岳泰山爲尊.《書》舜典云:「至於岱宗」禪, 封禪也. 於泰山上, 築土爲壇以祭天, 謂之封. 又於泰山之下小山上, 除地爲墠以祭地, 謂之禪. 主, 依也. 雲·亭, 皆山名. 雲雲山, 在今泰安州東南, 亭亭山, 在今泰安州南. 皆泰山之下小山也. 言封泰山者, 其禪則依於雲·亭兩山也.《史記》封禪書云:「昔無懷氏封泰山, 禪雲雲; 伏羲氏封泰山, 禪雲雲; 神農氏封泰山, 禪雲雲; 炎帝封泰山, 禪雲雲; 黃帝封泰山, 禪亭亭; 顓頊封泰山, 禪雲雲; 帝嚳封泰山, 禪雲雲; 堯封泰山, 禪雲雲; 舜封泰山, 禪雲雲; 湯封泰山, 禪雲雲.」雁門, 關名, 在今大同府馬邑縣東南. 紫色, 卽長城也. 秦始皇築長城, 西起臨洮, 東至朝鮮, 其長萬里, 土色皆紫, 故稱紫塞. 鷄田, 驛名, 在今冀州. 赤城, 古蚩尤所居之處, 在今宣府. 昆池, 卽滇池, 在今雲南府城南, 一名昆明池. 碣石, 山名, 在今永平府昌黎縣西北. 巨野, 澤名, 在今兗州府巨野縣東, 今已涸. 洞庭, 湖名, 在今岳州府西南. 曠, 闊也. 綿邈, 遠貌. 石窟曰巖, 山穴曰岫. 杳, 深也. 冥, 昏暗也. 言王者土地廣大, 九州百郡, 皆其所有, 而於其中, 又舉土地之顯著者以言其盛. 如封禪之有泰山·雲·亭, 關有雁門, 城有紫塞·赤城, 驛有鷄田, 池有昆明, 山有碣石, 澤有巨野, 湖有洞庭, 皆廣闊遙遠, 綿邈而無窮極, 其山之巖岫, 亦深杳昏冥而不可測也.

此章言王天下者, 其京都之大, 宮闕之壯, 典籍之盛, 英才之衆, 土地之廣如此.

050

치본어농治本於農

治本於農, 務茲稼穡.
俶載南畝, 我藝黍稷.
稅熟貢新, 勸賞黜陟.

"정치의 근본은 농사에 있으니.
이에 씨 뿌리고 거두기에 온 힘을 다할지어다.
한 해가 시작되는 저 남쪽 이랑에,
나의 기장과 피를 가꾸어,
새 곡식 세금으로 바치고 새롭게 공물을 올리니,
그 공적에 따라 상도 받고 출척도 결정되네."

읽기

"治치本본於어農농이니 務무茲자稼가穡색하라.
俶숙載재南남畝무하여 我아藝예黍서稷직이라.
稅세熟숙貢공新신하면 勸권賞상黜출陟척이리라."

① 治: 다스릴 치 ② 本: 근본 본 ③ 於: 어조사 어(于로 된 판본도 있음)
④ 農: 농사 농 ⑤ 務: 힘쓸 무 ⑥ 玆: 이 자 ⑦ 稼: 심을 가 ⑧ 穡: 거둘
색 ⑨ 俶: 비로소 숙 ⑩ 載: 실을(해) 재 ⑪ 南: 남녘 남 ⑫ 畝: 이랑
무(묘) ⑬ 我: 나 아 ⑭ 藝: 심을 예 ⑮ 黍: 기장 서 ⑯ 稷: 피 직
⑰ 稅: 구실 세 ⑱ 熟: 익을 숙 ⑲ 貢: 바칠 공 ⑳ 新: 새 신 ㉑ 勸:
권할 권 ㉒ 賞: 상줄 상 ㉓ 黜: 내칠 출 ㉔ 陟: 오를 척

- 稼穡: 씨뿌리기와 가을걷이. 파종과 수확. 농사일을 뜻함. 《詩經》衛風
  伐檀에 "不稼不穡, 胡取禾三百廛兮. 不狩不獵, 胡瞻爾庭有縣貆兮.
  彼君子兮, 不素餐兮"라 함.
- 俶載: '俶'은 처음 시작함의 뜻이
  며 '載'는 사업, 즉 농사를 말함.
  《詩經》小雅 大田에 "俶載南
  畝, 播厥百穀"이라 함.
- 黍稷: 곡식의 총칭. 《詩經》小雅
  楚茨에 "我藝黍稷, 我黍與與,
  我稷翼翼. 我倉旣盈, 我庾維億"
  이라 함.

〈播種〉(畵像磚) 漢 1955 四川 德陽縣 출토

- 熟稅: 곡식이 익어 수확한 뒤에 관청에 바치는 稅穀.
- 貢新: 새로 익은 곡식을 바침.
- 黜陟: '黜'은 퇴출시키는 것이며 '陟'은 승진시키는 것. 考課에 따라 우대
  하고 퇴출함을 말함. 《尙書》舜典에 "三載考績, 三考黜陟幽名, 庶績
  咸熙"라 함.

【治本於農】 정치는 농업을 근본으로 함.
【務玆稼穡】 이러한 농사일에 힘씀.
【俶載南畝】 남쪽 이랑에 농사일을 처음 시작함.

【我藝黍稷】 나의 서직(곡식)을 가꿈.

【稅熟貢新】 곡식이 익어 새로운 곡물을 나라에 바침.

【勸賞黜陟】 상 받을 일을 권하고 성적에 따라 승진과 퇴출을 결정함.

✿ 釋文

此以下, 言君子治家處身之道. 此節言治家以本富爲重也. 治, 治生也. 本, 根本也. 於, 言辭. 農, 治田也. 《漢志》云: 「闢土殖穀曰農」務, 致力也. 茲, 此也. 種五穀曰稼, 斂五穀曰穡. 俶, 始也. 載, 事也. 南, 方名. 《司馬法》云: 「六尺爲步, 步百爲畝.」秦制以二百四十步爲畝; 今因之. 我, 自己也. 藝, 種植也. 黍·稷, 皆穀名. 穀有五: 稻, 黍, 稷, 麥, 菽也. 此二句皆《詩》詞, 而作者引之也. 自上取下曰稅, 自下獻上曰貢, 熟者, 穀之成也. 《孟子》云: 「五穀熟而民人食」初成曰新. 《論語》云: 「新穀既升.」勸, 勉也, 蓋勸農也. 賞, 褒而賜之也. 黜, 退之也. 陟, 進之也. 言治生者, 必以力田爲根本, 而專務於稼穡. 其始也, 有事南畝, 而種植黍稷; 及其成熟, 以之輸納貢稅. 勸農而賞勞之, 因以計其歲功; 而退其惰者, 進其勤者, 使之各勉於農事也. 「俶載」二句, 主稼而言; 「稅俶」二句, 主穡而言.

※ 이 구절의 '색(穡)'자부터 아래로 '직(稷), 척(陟), 직(直), 칙(敕), 색(色), 식(植), 극(極), 즉(卽)'까지 9 구절은 같은 入聲韻(-ɔk/ɛk/-ik: ㅏㄱ, ㅓㄱ, ㅣㄱ, ㅠㄱ)으로 압운(押韻)을 이루고 있음.

〈牛耕〉 畫像石(부분) 1952 江蘇 睢寧縣 東漢墓 출토

畫像磚(漢)〈收穫射弋圖〉

051
맹가돈소孟軻敦素

孟軻敦素, 史魚秉直.
庶幾中庸, 勞謙謹勅.
聆音察理, 鑒貌辨色.
貽厥嘉猷, 勉其祗植.

"맹자는 돈독한 본바탕을 가졌고,
사어는 올곧음을 붙잡고 있었네.
거의 중용에 맞추어 행동하며,
부지런히 힘쓰고 겸손과 근신을 다하여,
남의 말을 들으면 이치로써 살피고,
남의 모습을 보면 표정으로 변별하라.
자손에게 물려줄 아름다운 법칙을 세워,
그것을 받들어 심어놓기에 힘쓸지어다."

"孟^맹軻^가는 敦^돈素^소하고, 史^사魚^어는 秉^병直^직이라.
庶^서幾^기中^중庸^용하여, 勞^로謙^겸謹^근勅^칙하라.
聆^령音^음察^찰理^리하고, 鑒^감貌^모辨^변色^색하라.
貽^이厥^궐嘉^가猷^유하여 勉^면其^기祗^지植^식하라."

① 孟: 맏 맹 ② 軻: 수레 가 ③ 敦: 도타울 돈 ④ 素: 흴(바탕) 소
⑤ 史: 역사 사 ⑥ 魚: 물고기 어 ⑦ 秉: 잡을 병 ⑧ 直: 곧을 직
⑨ 庶: 무리 서 ⑩ 幾: 거의 기 ⑪ 中: 가운데 중 ⑫ 庸: 떳떳할 용
⑬ 勞: 수고로울 로 ⑭ 謙: 겸손할 겸 ⑮ 謹: 삼갈 근 ⑯ 勅: 조서 칙
(敕은 이체자) ⑰ 聆: 들을 령 ⑱ 音: 소리 음 ⑲ 察: 살필 찰 ⑳ 理: 이치
리 ㉑ 鑒: 거울 감(鑑은 이체자) ㉒ 貌: 모습 모 ㉓ 辨: 분별할 변
㉔ 色: 빛 색 ㉕ 貽: 끼칠(줄) 이 ㉖ 厥: 그 궐 ㉗ 嘉: 아름다울 가
㉘ 猷: 꾀할 유 ㉙ 勉: 힘쓸 면 ㉚ 其: 그 기 ㉛ 祗: 공경할 지 ㉜ 植:
심을 식

• 孟軻: 전국시대 사상가인 孟子(약 B.C. 372~B.C. 289). 이름은 軻, 자는
子輿. 鄒(山東 鄒縣) 땅 사람으로 공자의 손자
인 子思의 문인이었으며 性善說과 王道 정치
를 주장하였고 浩然之氣를 내세움. 공자
학설을 계승한 인물로 '亞聖'이라 불림. '孟母
三遷之敎, 孟母斷機' 등의 고사를 남김.
《孟子》7편이 전함.《史記》孟荀列傳 참조.
• 史魚: 춘추시대 衛나라 대부 史鰌(史鰍).
자는 子魚. 衛 靈公이 彌子瑕를 가까이하며
현인을 멀리하자, 죽으면서 '尸諫'한 고사가

〈孟子〉 (기원전 372~전 298)

널리 알려져 있음.《論語》衛靈公篇에 "子曰:「直哉史魚! 邦有道, 如矢;
邦無道, 如矢. 君子哉蘧伯玉! 邦有道, 則仕; 邦無道, 則可卷而懷之.」"
라 하였으며,《韓詩外傳》(7)에 "昔者, 衛大夫史魚病且死, 謂其子曰:
「我數言蘧伯玉之賢, 而不能進; 彌子瑕不肖, 而不能退. 爲人臣, 生不
能進賢而退不肖, 死不堂治喪正堂, 殯我於室, 足矣.」衛君問其故,
子以父言聞. 君造然召蘧伯玉而貴之, 而退彌子瑕, 徒殯於正堂, 成禮
而後去. 生以身諫, 死以尸諫, 可謂直矣. 詩曰:『靖共爾位, 好是正直.』"
이라 하였고,《新序》雜事(一),《孔子家語》困誓篇 등에도 실려 있음.

- 中庸: 치우치거나 過不及이 없는 상태. 원래《禮記》의 편명이었으며
  四書의 하나이기도 함. 한편《論語》雍也篇에는 "子曰:「中庸之爲德也,
  其至矣乎! 民鮮久矣.」"라 하였고,《中庸》제8장에는 "子曰:「回之爲
  人也, 擇乎中庸, 得一善則拳拳服膺而弗失之矣!」"라 함.
- 庶幾: 거의 그와 같아짐. 흔히 희망 사항을 말할 때 사용함.
- 勞謙: 노고로움을 다하면서 겸손하게 행동함.《周易》謙卦에 "勞謙,
  君子有終, 吉"이라 함.
- 聆音: 소리를 들음. 남의 말에 귀담아 들어 줌.
- 貽厥: 자손을 위해 훌륭한 모범을 남김. 자손을 위해 모책을 세움.《尙書》
  五子之歌에 "明明我祖, 萬邦之君. 有典有則, 貽厥子孫"이라 함.
- 嘉猷: 아름다운 도나 법칙. '猷'는 '도, 법칙'이라는 뜻.
- 祗植: 공경함과 정직함. '祗'는 '恭敬, 敬愼'의 뜻이며, '植'은 '直'과 같음.

【孟軻敦素】 맹자와 같은 돈독한 성격과 아름다운 본바탕.
【史魚秉直】 사어처럼 정직함을 꼭 붙잡고 있음.
【庶幾中庸】 거의 중용에 가까울 것임.
【勞謙謹勅(敕)】 힘쓰고 겸손히 하여 자신을 신중히 닦음.
【聆音察理】 남의 말을 들을 때는 이치를 잘 살핌.
【鑑貌辨色】 남의 모습과 표정을 잘 살피고 변별함.
【貽厥嘉猷】 자손에게 아름다운 도를 모범으로 내려줌.
【勉其祗植】 그 공경함과 정직함을 이루기에 힘을 씀.

釋文

此節言處身者以敬愼爲要也. 孟子名軻. 敦, 尙也. 素, 精純也. 史, 官名. 魚,
衞大夫, 名鰌, 字子魚. 秉, 執也.《論語》云:「直哉史魚!」庶幾, 近辭.「不偏之
謂中, 不易之爲庸」勞, 勤也. 謙, 恭遜也.《易》曰:「勞謙, 君子有終, 吉.」謹,
愼也. 敕, 戒也. 聆, 聽也. 音者, 人聲, 謂言也. 察, 審之也. 鑑, 觀也. 貌, 容貌也.
辨, 別也. 色, 顏色也. 貽, 遺也. 嘉, 善也. 猷, 謀也. 祗, 敬也. 植, 立也. 言處
身者當如孟子之精純・史魚之正直, 庶幾近乎中庸, 而勤勞謙遜, 勤愼戒敕; 聆言
則審其是非, 觀人則辨其邪正, 皆以致其愼也. 如是則可以無過, 而所遺者皆
善謀, 勉於敬畏, 而此身植立於不傾矣. 此與上節爲一章之主. 以下十七節, 或言
處身, 或言治家, 皆推廣此意.

052

성궁기계省躬譏誡

省躬譏誡, 寵增抗極.
殆辱近恥, 林皐幸卽.
兩疏見機, 解組誰逼?

"자신을 기롱하거나 경계하는 말을 살펴라.
총애가 증가하여 그 끝에 이르면,
거의 모욕인 셈이요 치욕에 가까운 것이 되나니,
그 때는 수풀에 은거하기를 다행으로 여겨야 하리라.
소광과 소수 두 사람은 미리 기미를 알아채고,
관직의 도장 끈을 풀어 버렸으니
누가 그를 그러한 치욕으로 몰아갈 수 있겠는가?"

읽기

"省성躬궁譏기誡계하라. 寵총增증抗항極극이니라.
殆태辱욕近근恥치하니 林림皐고幸행卽즉이라.
兩량疏소見견機기하니 解해組조誰수逼핍이리오?"

① 省: 살필 성. 덜 생 ② 躬: 몸 궁 ③ 譏: 기롱할 기 ④ 誡: 경계할
계 ⑤ 寵: 괼 총 ⑥ 增: 더할 증 ⑦ 抗: 겨룰 항 ⑧ 極: 다할 극 ⑨ 殆:
위태할 태 ⑩ 辱: 욕될 욕 ⑪ 近: 가까울 근 ⑫ 恥: 부끄러울 치(恥는
이체자) ⑬ 林: 수풀 림 ⑭ 皐: 언덕 고 ⑮ 幸: 다행 행 ⑯ 卽: 곧 즉
⑰ 兩: 두 량 ⑱ 疏: 성길 소(疎는 이체자) ⑲ 見: 볼 견(드러날 현, 뵈일 현)
⑳ 機: 기틀 기 ㉑ 解: 풀 해 ㉒ 組: 짤(끈) 조 ㉓ 誰: 누구 수 ㉔ 逼:
핍박할 핍

- 省躬: 자기 자신을 돌아보아 살핌. 반성함.
- 譏誡: 남이 자신에게 기롱하면 이를 경계의 말로 여겨 조심함.
- 寵增: 사랑이 증가할수록 위험이 따름. 《老子》58장에 "禍兮福之所倚,
福兮禍之所伏"이라 함.
- 抗極: 끝까지 이르게 됨. 그 끝은 화가 닥쳐옴을 뜻함. '抗'은 '亢'과 같음.
《周易》乾卦 九五 爻辭에 "亢龍有悔"라 함.
- 林皐: 산림. 은거를 뜻함. 《莊子》知北遊에 "山林與! 皐壤與! 使我欣
欣然而樂與! 樂未畢也, 哀又繼之. 哀樂之來, 吾不能禦, 其去弗能止.
悲夫, 世人直爲物逆旅耳!"라 함.
- 兩疏: 漢나라 때의 疎廣(疏廣)과 疎受(疏受) 두 사람을 가리킴. 소광은
자가 仲翁이며 東海 蘭陵人. 少傅·太傅를 지냈음. 그의 조카 疏受는
자는 公子이며 太子家令·少傅 등의 역임함. 당시 소광이 태부이며 소수
가 소부로써 태자가 조정에 이르면 태부가 앞서고 소부가 뒤따라 조정
에서는 이 모습을 두고 영예스러운 일이라 하였음. 그들은 직책에 있은 지
5년이 되자 소광은 공과 명예를 모두 누렸으니 병을 핑계로 사직함이
마땅하다고 여겨 이를 청하자 선제가 허락하며 황금 20근을 하사하였고,
태자 역시 50근을 내려줌. 모든 사람들이 도성문에 모여 성대하게 전별식
을 해 주었다 하며, 그들은 고향으로 돌아온 뒤 금을 모두 고향 사람들
에게 풀어 큰 잔치를 열어 모두 써 버렸다 함. 《漢書》(71) 疏廣傳에 "疏廣
字仲翁, 東海蘭陵人也. 少好學, 明《春秋》, 家居敎授, 學者自遠方至.

徵爲博士太中大夫. 地節三年, 立皇太子, 選丙吉爲太傅, 廣爲少傅. 數月, 吉遷御史大夫, 廣徙爲太傅, 廣兄子受字公子, 亦以賢良擧爲太子家令. 受好禮恭謹, 敏而有辭. 宣帝幸太子宮, 受迎謁應對, 及置酒宴, 奉觴上壽, 辭禮閑雅, 上甚讙說. 頃之, 拜受爲少傅. 太子外祖父特進平恩侯許伯以爲太子少, 白使其弟中郞將舜監護太子家. 上以問廣, 廣對曰:「太子國儲副君, 師友必於天下英俊, 不宜獨親外家許氏. 且太子自有太傅少傅, 官屬已備, 今復使舜護太子家, 視陋, 非所以廣太子德於天下也.」上善其言, 以語丞相魏相, 相免冠謝曰:「此非臣等所能及.」廣繇是見器重, 數受賞賜. 太子每朝, 因進見, 太傅在前, 少傅在後. 父子並爲師傅, 朝廷以爲榮. 在位五歲, 皇太子年十二, 通《論語》·《孝經》. 廣謂受曰:「吾聞『知足不辱, 知止不殆』,『功遂身退, 天之道』也. 今仕(宦)[官]至二千石, 宦成名立, 如此不去, 懼有後悔, 豈如父子相隨出關, 歸老故鄕, 以壽命終, 不亦善乎?」受叩頭曰:「從大人議.」卽日父子俱移病. 滿三月賜告, 廣遂稱篤, 上疏乞骸骨. 上以其年篤老, 皆許之, 加賜黃金二十斤, 皇太子贈以五十斤. 公卿大夫故人邑子設祖道, 供張東都門外, 送者車數百兩, 辭決而去. 及道路觀者皆曰:「賢哉二大夫!」或歎息爲之下泣. 廣旣歸鄕里, 日令家共具設酒食, 請族人故舊賓客, 與相娛樂. 數問其家金餘尙有幾所, 趣賣以共具. 居歲餘, 廣子孫竊謂其昆弟老人廣所愛信者曰:「子孫幾及君時頗立産業基阯, 今日飮食(廢)[費]且盡. 宜從丈人所, 勸說君買田宅」老人卽以閒暇時爲廣言此計, 廣曰:「吾豈老誖不念子孫哉? 顧自有舊田廬, 令子孫勤力其中, 足以共衣食, 與凡人齊. 今復增益之以爲贏餘, 但敎子孫怠惰耳. 賢而多財, 則損其志; 愚而多財, 則益其過. 且夫富者, 衆人之怨也; 吾旣亡以敎化子孫, 不欲益其過而生怨. 又此金者, 聖主所以惠養老臣也, 故樂與鄕黨宗族共饗其賜, 以盡吾餘日, 不亦可乎!」於是族人說服. 皆以壽終"이라 하였으며, 《幼學瓊林》에는 "榮啓期能擴襟懷, 行歌樂土; 疏太傅乞歸骸骨, 飮餞都門"이라 함.

- 見機: 기미를 보고 일을 판단함. '機'는 '幾'와 같음. 《周易》繫辭傳(下)에 "幾者, 動之微, 吉凶之先見者也. 君子見幾而作, 不俟終日"이라 함.
- 解組: 관직을 사직함. '組'는 관직 도장의 끈. 印綬. 이를 풀어놓고 사직함을 말함. '解帶, 解綬'라고도 표현함.

【省躬譏誡】남이 자신을 놀리면 이를 경계로 삼아 자신을 반성함.

【寵增抗極】사랑이 증가하면 그 끝에 이르게 됨을 말함.

【殆辱近恥】거의 모욕을 당하게 되고 수치에 가까이하는 것이 됨.

【林皐幸卽】산림으로 숨어 그곳으로 가기를 희망함. 은거하기를 바람.

【兩疏見機】소광과 소수는 기미를 미리 판단할 줄 아는 사람이었음.

【解組誰逼?】벼슬을 그만둔다고 누가 그를 핍박하겠는가?

✿ 釋文

此節言見幾之哲, 易處身之道也. 省, 卽察也. 躬, 身也. 譏, 訕誚也. 誡, 儆戒也. 寵, 尊榮也. 增, 益也. 抗者, 并於上也. 極, 至也. 殆, 卽近也. 辱, 卽恥也. 皆羞愧之意.《爾雅》云:「野外謂之林」皐,《漢書》賈山傳注云:「水邊淤地也.」幸, 僥倖也. 卽, 就也. 疏, 姓也. 兩疏, 疏廣·疏受也. 漢太子太傅疏廣, 太子少傅疏受, 以年老辭位而歸, 人皆高之. 目有所睹曰見. 機·幾, 古通用, 微也.《易》繫辭云:「幾者動之微. 君子見機而作, 不俟終日.」解, 脫之也. 組, 綬類, 印綬也. 誰, 何也. 逼, 迫之也. 言人當以訕誚儆戒之事, 以自省察其身; 而可誚可戒者, 莫甚於尊榮之過, 以上抗於至極. 蓋位高者身危, 必至貶斥削逐, 而恥辱之事將及矣. 及此時而退就林皐, 則可以幸免於禍. 如漢之兩疏, 見幾而作, 解脫組綬, 辭位而去, 何人迫之而使然哉? 良由其自甘恬退故耳. 則君子當鑑於止足之分, 以遠恥辱也. 此亦無道則隱之意.

※ 맨 끝 구절 '解組誰逼'의 '핍(逼)'자는 홀로 入聲韻 —P의 韻字로 되어 있음.

〈山徑春行圖〉(宋) 馬遠 臺北故宮博物館 소장

053

삭거한처索居閑處

索居閑處, 沈默寂寥.
求古尋論, 散慮逍遙.
欣奏累遣, 感謝歡招.

"쓸쓸히 살면서 한가하게 처하니,
침묵과 적료함으로 살아가고 있도다.
옛 성인들의 옳은 행동과 이론을 찾아보며,
염려를 흩어버리고 이리저리 노닐도다.
즐거운 일은 아뢰고 힘든 일은 멀리 보내니,
슬픈 일은 사그라지고 기쁨이 찾아오네."

읽기

"索^삭居^거閑^한處^처하며, 沈^침默^묵寂^적寥^료로다.
求^구古^고尋^심論^론하며, 散^산慮^려逍^소遙^요로다.
欣^흔奏^주累^루遣^견하니, 感^척謝^사歡^환招^초니라."

① 索: 쓸쓸할 삭. 줄 삭. 찾을 색 ② 居: 살 거 ③ 閑: 한가할 한(閒은
이체자) ④ 處: 곳 처 ⑤ 沈: 잠길 침(沉은 이체자. 성씨의 경우 '심'으로 읽음)
⑥ 黙: 잠잠할 묵 ⑦ 寂: 고요할 적 ⑧ 寥: 쓸쓸할 료 ⑨ 求: 구할
(찾을) 구 ⑩ 古: 옛 고 ⑪ 尋: 찾을 심 ⑫ 論: 의론할 론 ⑬ 散: 흩을
산 ⑭ 慮: 생각 려 ⑮ 逍: 노닐 소 ⑯ 遙: 노닐 요 ⑰ 欣: 기쁠 흔
⑱ 奏: 아뢸 주 ⑲ 累: 쌓을(얽매일, 자주, 피로할) 루 ⑳ 遣: 보낼 견
㉑ 慼: 슬플 척 ㉒ 謝: 고마울(사그러질, 물러날) 사 ㉓ 歡: 기쁠 환
㉔ 招: 부를 초

- 索居: 혼자 살고 있음. 索은 '삭'으로 읽으며 '고독하다, 삭막하다'의 뜻.
- 散慮: 자신의 고통이나 염려, 憂愁 등을 흩어 버림.
- 逍遙: 한가하고 즐겁게 이리저리 돌아다님. 疊韻連綿語.

【索居閑處】 홀로 고독하고 한가롭게 살아감. 《禮記》 檀弓(上)에 "子夏喪其子
而喪其明. 曾子弔之曰:「吾聞之也: 朋友喪明則哭之.」曾子哭, 子夏亦哭, 曰:
「天乎! 予之無罪也.」曾子怒曰:「商, 女何無罪也? 吾與汝事夫子於洙泗之間,
退而老於西河之上, 使西河之民, 疑女於夫子, 爾罪一也; 喪爾親, 使民未有
聞焉, 爾罪二也; 喪爾子, 喪爾明, 爾罪三也. 而曰女何無罪與!」子夏投其杖
而拜曰:「吾過矣! 吾過矣! 吾離羣而索居, 亦已久矣.」라 함.
【沈黙寂寥】 침묵을 지키며 淡泊하고 恬靜하게 살아감.
【求古尋論】 옛사람들이 살아간 방법과 그들의 주장을 찾아 자신의 인생관
으로 삼음.
【散慮逍遙】 근심을 흩어 버리고 소요함.
【欣奏累遣】 기쁜 마음으로 나아가면 번뇌가 멀리 사라지게 됨.
【慼謝歡招】 걱정이 사그라지고 즐거움이 나를 불러 찾아옴.

索, 蕭索, 獨處也. 居, 卽處也.《禮記》檀弓云:「離群而索居」閑, 有餘暇也.
沉, 晦也. 黙, 靜也. 寂寥, 空虛之貌. 皆所以形容其閑索也. 求, 覓也. 古, 往世也.
尋, 卽求也. 論, 辨議也. 散, 解也. 慮, 思也. 逍遙, 游息也.《詩》小雅云:「于焉
逍遙」欣, 喜也. 奏, 進也. 累, 挂繫也. 遣, 驅之使去也. 戚, 憂也. 謝, 絶之也.
歡, 亦喜也. 招, 召之使來也. 承上節而言. 甘恬退而卽林皐者, 處於蕭索閑散
之地, 沉靜晦黙, 虛空無人, 蓋遠於朝市之喧雜也. 乃以其暇日, 考求往世典籍,
搜尋辨論, 以解散其思慮, 而逍遙自適. 其心則日進於欣喜, 而凡可歡者, 皆召
之而使來; 至於可憂之事, 一無挂繫於中, 皆驅之使去而謝絶之. 蓋辭位, 則無
憂國憂民之衷, 而但有林皐可悅之趣也. 此一節, 又爲下二節之綱領.

※ 본 장의 '료(蓼)'자부터 아래로 '요(遙), 초(招), 조(條), 조(凋), 요(飆), 소(霄)'
까지 7 구는 같은 운(-yo: ㅛ, ㅗ)으로 압운(押韻)을 이루고 있음.

〈雪岸雙鴻〉 明, 呂紀(畫)

054

거하적력渠荷的歷

渠荷的歷, 園莽抽條.
枇杷晚翠, 梧桐早凋.
陳根委翳, 落葉飄飀.
遊鵾獨運, 凌摩絳霄.

"도랑의 연꽃은 또렷한 모습이요,
 정원의 얽힌 풀은 가지를 솟구쳐 올리도다.
 비파는 늦은 겨울에도 푸른빛을 띠고 있고,
 오동은 이른 가을에 일찍 잎이 지고 마는구나.
 묵은 뿌리에는 잎들이 위축되어 그늘지고,
 낙엽은 바람에 이리저리 나부낀다.
 곤새만이 홀로 멀리 날아가,
 붉은 하늘 문지르며 먼 길을 넘지른다."

"渠^거荷^하的^적歷^력하며, 園^원莽^망抽^추條^조로다.
枇^비杷^파晚^만翠^취하고, 梧^오桐^동早^조凋^조로다.
陳^진根^근委^위翳^예하며, 落^락葉^엽飄^표颻^요로다.
遊^유鵾^곤獨^독運^운하여, 凌^릉摩^마絳^강霄^소로다."

① 渠: 도랑 거 ② 荷: 연꽃(짐) 하 ③ 的: 과녁 적 ④ 歷: 지날 력
⑤ 園: 동산 원 ⑥ 莽: 풀 망 ⑦ 抽: 뽑을 추 ⑧ 條: 가지 조 ⑨ 枇:
비파나무 비 ⑩ 杷: 비파나무 파 ⑪ 晚: 늦을 만 ⑫ 翠: 푸를 취. 새
이름 취 ⑬ 梧: 오동 오 ⑭ 桐: 오동 동 ⑮ 早: 이를 조(蚤는 '벼룩 조'이나
'이를 조'로도 빌려 씀) ⑯ 凋: 시들 조(통가자 蚤로 된 판본도 있음) ⑰ 陳:
묵을 진. 펼칠 진. 나라 이름 진 ⑱ 根: 뿌리 근 ⑲ 委: 맡길 위 ⑳ 翳:
가릴 예 ㉑ 落: 떨어질 락 ㉒ 葉: 잎 엽. 성씨 섭 ㉓ 飄: 나부낄 표
㉔ 颻: 나부낄 요(搖로 된 판본도 있음) ㉕ 遊: 노닐 유(游: '헤엄칠 유'로 된
판본도 있음) ㉖ 鵾: 큰 고기 곤 ㉗ 獨: 홀로 독 ㉘ 運: 옮길 운 ㉙ 凌:
넘지를 릉 ㉚ 摩: 문지를 마 ㉛ 絳: 붉은 비단 강 ㉜ 霄: 하늘 소

- 渠荷: 도랑이나 못의 연꽃.
- 的歷: 글자의 의미보다는 음운 결합에 의해 조성된 疊韻連綿語임. 그
  때문에 '滴歷', '滴瀝' 등으로도 표기함. 꽃의 아름답고 예쁜 모습을 표현한
  것. 흔히 연꽃을 형용할 때 사용하는 말로 王勃의 〈越州秋日宴山亭序〉에
  "參差夕樹, 煙侵橘柚之園; 的歷秋荷, 月照芙蓉之水"라 하였고, 歐陽修
  의 〈眞州東園記〉에는 "芙蕖芰荷之的歷, 幽蘭白芷之芬芳"이라 하였음.
- 抽條: 꽃대의 줄기를 스스로 뽑아 올림. 꽃대가 솟아오름.
- 枇杷: 과일나무 이름. 겨울에도 잎이 푸른 사철나무임. 雙聲連綿語의
  물명.

- 梧桐: 오동나무는 일찍 잎이 짐을 말함.
- 委翳: 위축되어 시듦. 나무가 고사함을 뜻함.
- 飄颻: 바람에 흩날리거나 흔들리는 모습을 표현한 疊韻連綿語. 따라서 '飄搖'로 표기하기도 함.
- 鵾: '鯤'과 같음. 鯤鵬을 말함. 원래 북쪽 바다의 큰 새이므로 편방을 '魚'에서 '鳥'로 바꾼 것. 《莊子》逍遙遊에 "北冥有魚, 其名爲鯤. 鯤之大, 不知其幾千里也. 化而爲鳥, 其名爲鵬. 鵬之背, 不知其幾千里也; 怒而飛, 其翼若垂天之雲. 是鳥也, 海運則將徙於南冥. 南冥者, 天池也. ……鵬之徙於南冥也, 水擊三千里, 搏扶搖而上者九萬里. 去以六月息者也"라 함.
- 凌摩: 높이 올라 하늘에 닿음. 하늘을 만져볼 수 있을 정도임.
- 絳霄: 붉은 하늘. '赤霄', '丹霄'라고도 하며, 五行으로 따져 남방의 하늘을 뜻함. 《莊子》의 '南冥'에 맞추어 표현한 것임.

【渠荷的歷】도랑의 연꽃이 的歷함. 색깔이 아주 또렷함. 다른 색과 구분됨.
【園莽抽條】정원의 풀들이 서로 그 줄기를 솟구쳐 올림.
【枇杷晚翠】비파나무는 겨울에도 늦도록 그 푸른빛을 띠고 있음.
【梧桐早凋】오동나무는 이른 가을 일찍 잎을 떨구기 시작함.
【陳根委翳】묵은 뿌리의 나무는 저절로 그 잎이 위축되고 색깔도 바래어 그늘진 모습이 되어감.
【落葉飄颻】낙엽은 바람에 이리저리 나부낌.
【遊鵾獨運】장자가 말한 곤이라는 새가 멀리 날아가듯 홀로 움직임.
【凌摩絳霄】붉은 하늘을 넘질러 하늘을 문지를 정도로 높이 날아오름.

✿ 釋文

　　此承上索居閑處而言, 乃林皐之景物也. 渠, 溝也. 荷, 芙蕖也. 《爾雅》云; 「其莖茄, 其葉蕸, 其本蔤, 其華菡萏, 其實蓮, 其根藕, 其中的, 的中薏.」的歷, 光彩爛灼之貌. 吳蘇彦《芙蕖賦》云:「映的歷於朱霞」《說文》云;「樹果曰園.」莽, 茂草也. 抽, 拔也. 條, 枝也. 枇杷, 果名, 其葉四時不凋. 晚, 歲暮也. 翠, 鳥名,其羽青, 故以青色爲翠. 梧桐, 木名, 凋, 葉落也. 梧桐應秋之候, 立秋節至, 一葉先墜, 故云早凋. 陳, 故也. 根, 草木之本也. 委, 棄也. 翳, 自斃者也.《詩》大雅云;「其菑其翳」落, 衰謝也. 飄搖(颻), 風動物也.《爾雅》云:「回風爲飄」鵾, 鳥名. 運, 轉動也. 凌, 出其上也. 摩, 迫也. 絳, 赤色, 霄,《爾雅》云:「近天氣也.」言林皐之中, 渠有的歷之荷, 園有抽條之莽, 枇杷則歲暮而猶茂, 梧桐則當秋而先零, 根之陳腐者, 委棄而自斃, 葉之衰謝者, 隨風而飄搖(颻). 至於鵾鳥之游, 獨運轉於天際, 凌虛摩空, 而在絳霄之上. 其草木禽鳥之美如此, 見索居閑處之樂也.

〈觀荷圖〉(淸) 金農 미 샌프란시스코 아시아 미술관 소장

耽讀翫市, 寓目囊箱.

"후한의 왕충은 시끄러운 시장에서도 책읽기를 즐기면서,
눈은 책 상자에서 떠날 줄을 몰랐네."

읽기

"耽^탐讀^독翫^완市^시하고, 寓^우目^목囊^낭箱^상이라."

글자

① 耽: 즐길 탐 ② 讀: 읽을 독 ③ 翫: 놀 완(玩은 이체자) ④ 市: 저자 시
⑤ 寓: 붙일 우 ⑥ 目: 눈 목 ⑦ 囊: 주머니 낭 ⑧ 箱: 상자 상

- 翫市: 시장의 시끄러운 책방에서도 책읽기를 즐김.
- 寓目: 눈길이 머물러 있음.
- 囊箱: 책을 담은 보따리나 상자.

【耽讀翫市】 독서에 탐닉하지만 가난하여 시장의 책가게에서 이를 읽고 외움.
《後漢書》王充傳에 "王充字仲任, 會稽上虞人也, 其先自魏郡元城徙焉. 充少孤,

鄕里稱孝. 後到京師, 受業太學, 師事扶風班彪. 好博覽而不守章句. 家貧無書, 常游洛陽市肆, 閱所賣書, 一見輒能誦憶, 遂博通衆流百家之言. 後歸鄕里, 屛居教授. 仕郡爲功曹, 以數諫爭不合去. 充好論說. 始若詭異, 終有理實. 以爲俗儒守文, 多失其眞, 乃閉門潛思, 絶慶弔之禮, 戶牖牆壁各置刀筆. 著《論衡》八十五篇, 二十餘萬言, 釋物類同異, 正時俗嫌疑"라 함.

【寓目囊箱】 눈은 항상 책 상자나 책을 담은 자루에 붙여두고 떠나지 않음.

✿ 釋文

此承上求古尋論而言. 耽, 溺也. 讀, 習其文也. 玩者, 熟觀之也. 市,《說文》云:「買賣之所也.」 漢王充家貧無書, 嘗游洛陽書肆, 閱所賣書, 一見輒能記憶. 寓, 寄托也. 囊,《說文》云:「橐也.」有底曰囊, 無底曰橐. 箱, 竹器. 皆所以貯書者也. 言求古尋論者, 其志之所好, 如王充之耽於讀書, 至适市以玩其文, 而目所寄托, 惟囊箱中所貯之書籍也.

※ 이 구절의 '상(箱)'자부터 아래로 뒤의 구절 '장(牆), 장(腸), 강(糠), 량(糧), 방(房), 황(煌), 상(牀), 상(觴), 강(康), 상(嘗), 황(惶), 상(詳), 량(凉), 양(驤), 망(亡)'까지 16 구절이 같은 운(-ang: ㅑ, ㅕ, ㅛ)으로 압운(押韻)을 이루고 있음.

〈杏壇禮樂〉 민간판화 조선시대

이유유외易輶攸畏

易輶攸畏, 屬耳垣牆.

"쉽고 가벼운 것이라면 이는 두렵게 여겨야 할 바요,
남이 담장에 귀를 붙여 놓고 있으니 말하기 조심하라."

읽기

"易^이輶^유攸^유畏^외하라. 屬^속耳^이垣^원牆^장이니라."

글자

① 易: 쉬울 이. 바꿀 역 ② 輶: 가벼울 유 ③ 攸: 바 유(所자와 같은
용법으로 쓰이는 어조사) ④ 畏: 두려울 외. ⑤ 屬: 이을 속(접속함. 갖다
댐). '촉'으로 읽을 경우도 있으며 이는 囑(위촉함, 부탁함)의 뜻임.
⑥ 耳: 귀 이('~할 따름이다'의 종결사로도 쓰이며 이 경우 '而已'의 合音字임)
⑦ 垣: 담 원 ⑧ 牆: 담 장. '墻'과 같은 글자이며 부수에 따라 장(爿)
은 나무판자로 만든 담이며 토(土)는 흙으로 만든 담을 뜻함.

- 易輶: 경솔하고 가볍게 여김. 말을 마구 함을 뜻함.
- 垣牆: 담.

【易輶攸畏】 경솔하고 가벼운 말은 두려워할 바가 있음.

【屬耳垣牆】 누군가가 귀를 울타리나 담장에 붙이고 듣고 있다고 여김. 이상
두 구절은 《詩經》 小雅 小弁에 "君子無易由言, 耳屬于垣"이라는 말을 표현한
것이며, 《增廣賢文》 467에 "壁有縫, 墻有耳"라 하였음. 한편 明 阮大鋮의
《春燈謎記》에는 「墙有縫, 壁有耳; 防口舌, 有哄傳」이라 함. 흔히 "隔牆有耳"
라는 민간 성어로도 널리 쓰임.

🌸 釋文

此言言語之謹, 亦處身之道也. 易, 忽也. 輶, 輕也. 《詩》大雅云: 「德輶如毛.」
攸, 所也. 畏, 懼也. 屬, 進也. 垣, 卽墙也. 《詩》小雅云: 「君子無易由言, 耳屬
於垣.」言勿以言語爲輕忽, 此正所當畏者, 雖隔垣墻, 而聽者連屬其間矣. 出我
之口, 卽入人之耳, 可不畏哉!

乾隆〈霽靑金彩海宴河淸尊〉(부분)

057
구선손반具膳飡飯

具膳飡飯, 適口充腸.
飽厭烹宰, 飢飫糟糠.
親戚故舊, 老少異糧.

"음식을 갖추니 반찬과 밥이라.
입에 맞아 배를 채우면 그것으로 충분한 것.
배부르면 삶은 고기, 잡은 고기도 물리는 법이요,
배고프면 술지게미나 겨로 만든 거친 밥도
실컷 먹었으면 하게 마련이니,
친척과 옛 친구들 모두 부르고,
노인과 어린이는 그 음식을 달리 하는 법이라네."

읽기

"具구膳선飡손飯반하니, 適적口구充충腸장이라.
飽포飫어烹팽宰재요, 飢기厭염糟조糠강이라.
親친戚척故고舊구에, 老로少소가 異이糧량이라."

① 具: 갖출 구 ② 膳: 찬 선 ③ 飱: 찬밥 손(그러나 餐과 같은 글자로 여겨 '찬'으로 읽는 경우도 있음) ④ 飯: 밥 반 ⑤ 適: 맞을 적 ⑥ 口: 입 구 ⑦ 充: 채울 충 ⑧ 腸: 창자 장 ⑨ 飽: 배부를 포 ⑩ 厭: 싫을 염(飫: '물릴 어'로 된 판본도 있음) ⑪ 烹: 삶을 팽 ⑫ 宰: 재상 재. (고기)자를 재 ⑬ 飢: 주릴 기(饑는 이체자) ⑭ 飫: 물릴 어 ⑮ 糟: 술지게미 조 ⑯ 糠: 겨 강 ⑰ 親: 친할 친 ⑱ 戚: 친척 척 ⑲ 故: 연고 고 ⑳ 舊: 옛 구 ㉑ 老: 늙을 로 ㉒ 少: 젊을(적을) 소 ㉓ 異: 다를 이 ㉔ 糧: 양식 량

- 具膳: 먹을 음식을 장만하여 갖춤.
- 飽厭(飫): 배가 부를 때는 아무리 좋은 음식도 싫증이 나게 마련임. 판본에 따라 '厭'과 '飫'가 뒤섞인 것이 있음.
- 烹宰: 삶은 고기와 베어 낸 살점들.
- 飢飫(厭): 배고플 때는 어떤 거친 음식도 맛이 있음.
- 糟糠: 술지게미와 등겨. 糠은 낟알 곡식의 껍질 안 부분. 아주 조악한 음식을 말함.
- 故舊: 예로부터 연고가 있는 사람. 친구의 다른 말.
- 異糧: 각기 그 음식을 달리함. 이를테면 노인에게는 연하고 더운 음식을 제공하고 아이들에게는 딱딱하고 찬 것을 줌.

【具膳飱飯】 집안에서 음식을 마련함.
【適口充腸】 음식은 입에 맞고 배를 채울 정도면 됨.
【飽飫烹宰】 배부를 때는 삶고 잡은 고기도 싫증이 나는 법임.
【飢厭糟糠】 배고플 때는 조강과 같은 거친 것도 요기가 됨.
【親戚故舊】 친척과 친구들을 불러 음식을 대접할 때.
【老少異糧】 늙은이와 어린이에 따라 각기 그 음식을 달리함.

釋文

此下十節, 皆言之家之道, 蓋推其類而廣言之. 此言飲食之節也. 具, 辦也. 膳, 食也. 餐, 吞也. 熟穀而薦之爲飯. 適, 便也. 充, 滿也. 飽, 食多也. 飫, 即厭也. 烹, 煮也, 以物調和食味也. 宰, 屠殺也. 饑, 餓也. 厭, 足也. 糟者, 酒之滓; 糠者, 米之皮.《漢書》食貨志云:「貧者食糟糠」親戚, 姻眷也. 故舊, 昔所知識之人也. 老, 年長者. 少, 年幼者. 異, 分別之也. 糧, 食也. 言辦膳以爲食者, 惟欲適於口, 以滿其腹而已. 故飽則雖有肥甘, 亦厭飫而不能食; 饑則雖糟糠之粗, 亦自以爲足. 然則親戚故舊之老者·少者, 當分別其食. 蓋老者非肉不飽, 少者粗糲可充, 不可無節也.

좌:〈婦女滌器〉(宋) 雕磚. 우:〈婦女剖魚〉雕磚

058
첩어적방妾御績紡

妾御績紡, 侍巾帷房.
紈扇圓潔, 銀燭煒煌.
晝眠夕寐, 藍筍象牀.

"첩은 실 잣고 길쌈하는 일을 담당하고,
장막 친 안방에서 수건을 들고 시중한다.
흰 비단으로 만든 부채는 둥글고 깨끗하며,
은빛 촛불은 그 빛이 밝도다.
낮잠이나 저녁 잠자리,
쪽빛 대나무 돗자리나 상아 장식 침대가 제격일세."

읽기

"妾첩御어績적紡방하며, 侍시巾건帷유房방이라.
紈환扇선은 圓원潔결하고, 銀은燭촉은 煒위煌황이라.
晝주眠면夕석寐매에, 藍람筍순象상牀상이라."

① 妾: 첩 첩 ② 御: 다스릴(모실, 어거할) 어 ③ 績: 길쌈(짤) 적 ④ 紡: 길쌈(짤) 방 ⑤ 侍: 모실 시 ⑥ 巾: 수건 건 ⑦ 帷: 장막 유 ⑧ 房: 방 방 ⑨ 紈: 흰 깁 환 ⑩ 扇: 부채 선 ⑪ 圓: 둥글 원 ⑫ 潔: 깨끗할 결 ⑬ 銀: 은 은 ⑭ 燭: 촛불 촉 ⑮ 煒: 빛날 위 ⑯ 煌: 빛날 황 ⑰ 晝: 낮 주 ⑱ 眠: 졸(잠잘) 면 ⑲ 夕: 저녁 석 ⑳ 寐: 잠잘 매 ㉑ 藍: 쪽 람 ㉒ 筍: 죽순 순(笋은 이체자) ㉓ 象: 코끼리 상 ㉔ 牀: 평상(침대) 상(床은 이체자)

- 績紡: 길쌈하고 옷감을 짜는 일. 여인들의 일로 여겼음. 《詩經》 陳風 東門之枌에 "不績其麻, 市也婆娑"라 함.
- 侍巾: 수건을 들어 남편을 모심.
- 帷房: 내실, 안방. 帷는 천으로 칸막이를 한 공간을 말함.
- 紈扇: 흰 비단으로 만든 부채. 紈은 齊나라에서 생산되는 얇은 비단. 漢나라 班姬(班婕妤)의 〈紈扇詩〉에 "新裂齊紈素, 皎潔如霜雪. 裁爲合歡扇, 團團似明月. 出入君懷袖, 動搖微風發. 常恐秋節至, 涼風奪炎熱. 棄捐篋笥中, 恩情中道絶"이라 함.(《文選》 권27의 〈怨歌行〉)

〈紡織〉畫像石(부분) 1956 江蘇 徐州 출토

- 銀燭: 은처럼 하얀색의 초.
- 煒煌: 輝煌과 같음.
- 藍筍: 파란색의 대나무로 짠 돗자리. 《尙書》 顧命에 "西夾南嚮, 敷重筍席"이라 함.
- 象牀: '象床'으로도 표기하며 상아로 장식한 침상. 침대

千字文 253

【妾御績紡】 아내로서 길쌈하고 옷감 짜는 일을 다스림.

【侍巾帷房】 내실에서의 일을 처리함.

【紈扇圓潔】 흰 비단으로 만든 부채가 둥글고 깨끗함. 〈釋義本〉에는 潔자가 「女慕貞潔」에서 겹침으로 인해 '絜'로 글자를 바꾸고 "絜, 與潔同, 又約束之義"라 하여 깨끗하다는 뜻 외에 "부채를 둥글게 묶어 만들다"라는 뜻도 있음을 밝혔다.

【銀燭煒煌】 흰색의 아름다운 촛불은 휘황함.

【晝眠夕寐】 낮잠과 저녁 잠자리. 아래 구절과 연결되어 풀이하여야 함.

【藍筍象牀】 푸른색 대나무 돗자리와 상아 장식을 한 아름다운 침상.

釋文

此言寢處之安. 妾, 次於妻者.《禮記》內則篇云:「聘則爲妻, 奔則爲妾」《六書正訛》云:「從立從女, 侍側之義」御, 卽侍也. 績, 緝麻也. 紡,《說文》云:「網絲也」巾者, 蒙首之衣.《釋名》云:「二十成人: 士冠; 庶人巾」《春秋左傳》: 嬴氏對晉太子曰:「寡君使婢子侍執巾櫛」帷,《釋名》云:「圍也, 所以自障圍也.」《說文》云:「在旁曰帷」,「在上曰幕」房, 室也. 齊地之娟曰紈. 扇者, 招風之物.《方言》曰:「自關而東謂之箑, 自關而西謂之扇」紈扇, 以紈爲扇也. 圓, 言其形. 絜, 與潔同, 又約束之義.《爾雅》云:「白金, 謂之銀」燭, 蠟炬也.《穆天子傳》云:「天子之寶, 璇珠·燭銀.」郭璞云:「銀有精光如燭也.」煒煌, 火光炫耀之貌. 晝, 日中也. 眠, 臥也. 夕, 暮也. 寐, 昧也, 目閉而神藏也.《莊子》云:「其寐也魂交.」藍, 染靑之草. 筍, 竹萌也.《書》顧命云:「敷重笋席」蓋以蒻竹爲席也. 象, 獸名, 其牙可以飾器. 牀,《說文》云:「安身之坐者」《釋名》云:「人所坐臥曰牀」言妾御之職, 以績麻紡絲爲事, 而執侍巾櫛於帷暮房室之內, 以紈爲扇, 而團圓約束. 有燭如銀, 而光焰煒煌. 晝之所臥, 夕之所寢, 有藍色之笋席與象牙所飾之牀. 其美如此.

〈美人紈扇圖〉明 작자 미상

059

현가주연絃歌酒讌

絃歌酒讌, 接杯擧觴.
矯手頓足, 悅豫且康.

"풍악소리 울리며 술잔치를 벌이니,
연이은 술잔에 잔을 높이 들도다.
손과 발은 나도 모르게 들썩들썩,
즐겁고도 또한 안락하도다."

읽기

"絃^현歌^가酒^주讌^연에 接^접杯^배擧^거觴^상이라.
矯^교手^수頓^돈足^족하니, 悅^열豫^예且^차康^강이라."

글자

① 絃: 활줄 현(弦과 혼용하여 쓰고 있음) ② 歌: 노래 가 ③ 酒: 술 주
④ 讌: 잔치 연(宴과 혼용하여 쓰고 있음) ⑤ 接: 접할 접 ⑥ 杯: 술잔
(盃는 이체자) ⑦ 擧: 들 거 ⑧ 觴: 술잔 상 ⑨ 矯: 바로잡을 교 ⑩ 手:

손 수 ⑪ 頓: 정돈할(조아릴) 돈 ⑫ 足: 발(풍족할) 족 ⑬ 悅: 기쁠 열
⑭ 豫: 미리 예 ⑮ 且: 또 차 ⑯ 康: 편안 강

- 絃歌: 弦歌로도 쓰며 음악과 노래를 대표하는 표현.
- 接杯: 연속하여 술잔을 돌림.
- 矯手: 손을 높이 들어 춤을 춤.
- 頓足: 발을 구르며 즐거워 춤을 춤.
- 悅豫: 聲이 같은 雙聲連綿語. '悅悆'로도
  표기하며 즐거워하는 모습을 표현하는 말.

【絃歌酒讌】노래 소리, 음악에 곁들인 술잔치를
  말함.
【接杯擧觴】연속하여 술잔을 들어 즐겁게 마심.
【矯手頓足】손을 들고 발을 구르며 춤을 춤.
【悅豫且康】즐겁고도 또한 행복함.

〈擊鼓說唱陶俑〉(東漢) 明器
1957 四川 成都 天回山 출토

🕮 **釋文**

  此言宴會之樂. 弦, 絲樂也, 琴瑟之屬. 歌, 唱也.《論語》云:「聞弦歌之聲.」
《戰國策》云:「帝女令儀狄作酒.」燕, 置酒以會客也. 接, 受也. 杯·觴, 皆酒器.
擧, 動也. 矯, 高擧之貌. 以足著地曰頓. 悅·豫, 皆喜也. 且, 語辭. 康, 安樂也.
言作樂置酒, 以宴賓客, 而捧杯觴者, 則高擧其手, 聞弦歌者, 則以足頓地而爲
之節, 其心喜樂而安康也.

060

적후사속嫡後嗣續

嫡後嗣續, 祭祀蒸嘗.
稽顙再拜, 悚懼恐惶.

"맏아들 적손은 집안의 뒤를 이어,
조상을 위하여 증제와 상제를 올리니,
이마를 조아려 재배하오며,
송구하고 황송함을 표하옵니다."

읽기

"嫡^적後^후는 嗣^사續^속하고, 祭^제祀^사는 蒸^증嘗^상이라.
稽^계顙^상再^재拜^배하니, 悚^송懼^구恐^공惶^황이로다."

글자

① 嫡: 정실 적 ② 後: 뒤 후 ③ 嗣: 이을 사 ④ 續: 이을 속 ⑤ 祭: 제사
제 ⑥ 祀: 제사 사 ⑦ 蒸: 찔 증. 제사 이름 증(원래 '烝'자 이어야 하나 혼용

하여 쓰고 있음) ⑧ 嘗: 일찍이 상. 맛볼 상. 제사 이름 상 ⑨ 稽: 조아릴 계
⑩ 顙: 이마 상 ⑪ 再: 다시 재 ⑫ 拜: 절 배 ⑬ 悚: 두려울 송 ⑭ 懼:
겁낼 구 ⑮ 恐: 두려울 공 ⑯ 惶: 두려울 황

- 嗣續: 계속 뒤를 이음. 《國語》 晉語에 "嗣續其祖, 如穀之滋"라 하였고
  韋昭 注에 "言子孫將繼續其先祖, 如穀之蕃滋"라 함.
- 蒸嘗: 둘 모두 제사 이름. '蒸'은 '烝'으로도 쓰며 고대 천자와 제후의
  四時 제사에 봄은 약(祤), 여름은 체(禘), 가을은 상(嘗), 겨울은 증(烝)
  이라 하였음. 《禮記》 王制에 "天子諸侯宗廟之祭: 春曰祤, 夏曰禘,
  秋曰嘗, 冬曰烝. 天子犆祤, 祫禘, 祫嘗, 祫烝. 諸侯祤則不禘, 禘則不嘗,
  嘗則不烝, 烝則不祤. 諸侯祤, 犆; 禘, 一犆一祫; 嘗, 祫; 烝, 祫"라
  하여 이는 夏商 때의 제사 이름이며 周나라 때는 봄을 祠, 여름을 祤
  이라 함. 董仲舒의 《春秋繁露》 四祭에는 "古者歲四祭, 四祭者, 因四時
  之生孰而祭其先祖父母也. 故春曰祠, 夏曰祤, 秋曰賞, 冬曰蒸. 此言
  不失其時以奉祭先祖也, 過時不祭, 則失爲人子之道也. 祠者, 以正
  月始食韭也, 祤者, 以四月食麥也, 嘗者, 以七月嘗黍稷也, 蒸者, 以
  十月進初稻也, 此天之經也, 地之義也, 孝子孝婦緣天之時, 因地之利,
  地之菜茹瓜果, 藝之稻麥黍稷, 菜生穀熟, 永思吉日, 供具祭物, 齋戒
  沐浴, 潔淸致敬, 祀其先祖父母, 孝子孝婦不使時過已, 處之以愛敬,
  行之以恭讓, 亦殆免於罪矣"라 함.
- 稽顙: 稽首와 같음. 고대 跪拜의 일종으로 무릎을 꿇고 머리가 땅에
  닿도록 하여 절하는 것.

【嫡後嗣續】 자자손손이 대대로 뒤를 이어감.
【祭祀蒸(烝)嘗】 제사에는 가을 제사 烝과 겨울 제사 嘗이 있음.
【稽顙再拜】 머리를 조아리고 두 번 절함.
【悚懼恐惶】 조상의 은혜가 송구하고 황송함.

✿ 釋文

此言祭祀之禮. 嫡, 妻所生之子也. 後, 承祖父之宗者也. 嗣, 繼也. 續, 接也.
《詩》小雅云:「似續妣祖」以飲食享其先人曰祭祀. 烝·嘗, 皆祭祀之名.《禮記》
王制云:「春曰礿, 夏曰禘, 秋曰嘗, 冬曰烝」言烝嘗而不言礿禘, 省文以就韻也.
顙, 額也. 稽顙, 以額至地也. 再, 重也. 拜, 以手伏地也.《禮記》檀弓云:「稽顙
而後拜, 頎乎其至也.」悚懼·恐惶, 皆畏怖之意, 甚言其敬之至也. 言嫡子而爲
後者, 以繼續其祖父, 以修四時祭祀之禮. 其祭必敬, 以首叩地, 重之以拜, 所以
深致其敬畏也.

〈桂序昇平〉(淸) 年畫

061
전첩간요牋牒簡要

牋牒簡要, 顧答審詳.

"편지글은 간단하면서도 요점이 있어야 하며,
그에 대한 답신은 잘 살펴 자상하여야 한다."

(읽기)

"牋^전牒^첩은 簡^간要^요하고, 顧^고答^답은 審^심詳^상이라."

(글자)

① 牋: 간책 전(箋으로 표기된 판본도 있음) ② 牒: 편지 첩 ③ 簡: 대쪽 간.
간편할 간 ④ 要: 긴요할 요 ⑤ 顧: 돌아볼 고 ⑥ 答: 답할 답 ⑦ 審:
살필 심 ⑧ 詳: 자세할 상

• 牋: 〈纂輯本〉에는 '箋'으로 되어 있으며 두 글자는 통용자임. 그러나
글자 형태상 다음의 牒과 조화를 위하여 牋으로 쓴 것임. 牋은 나무 조각
을 깎아 글씨를 쓸 수 있도록 한 목간이며, 箋은 대나무를 깎아 만든 죽간
임. 옛날 종이가 없을 때 이를 사용하여 흔히 '기록, 편지' 등의 뜻으로
널리 쓰임.

- 簡要: 간결하면서 요점을 모두 갖춤.
- 顧: 돌아보고 대응하여 관심을 보임을 말함. '顧答'은 회답, 답신 등의 뜻.

【牋牒簡要】 서신이나 공문은 간단하면서 요점을 갖추어야 함.
【顧答審詳.】 그에 대한 답변은 자세하고 자상하여야 함.

❀ 釋文

此言應酬之方. 箋,《說文》云:「表識書也.」書版曰牒.《說文》云:「札也.」
簡, 略也. 要, 約也. 顧, 回視也. 答, 對也. 審, 熟察也. 詳, 備也. 言與人酬接者,
以筆札對人, 則撮其要略, 使覽者不煩; 以言語對人, 則熟察其理而備言之, 使聽
者周知也. 雖詳略不同, 而各有其方如此.

〈人物交談圖〉(彩畫磚) 漢

062

해구상욕骸垢想浴

骸垢想浴, 執熱願凉.

"몸에 때가 있으면 누구나 목욕하여 이를 씻어내고 싶어하고,
뜨거운 물건을 들었으면 누구나 시원하게 식히기를 원한다."

읽기

"骸해垢구想상浴욕이요, 執집熱열願원凉량이라."

글자

① 骸: 뼈 해. 해골 해 ② 垢: 때 구 ③ 想: 생각할 상 ④ 浴: 몸 씻을 욕
⑤ 執: 잡을 집 ⑥ 熱: 더울 열 ⑦ 願: 바랄 원 ⑧ 凉: 서늘할 량(涼으
로도 표기함)

- 想: '생각하다' 외에 본동사가 있을 경우 '~하고 싶다'는 뜻의 보조동사로
  쓰임.
- 執熱: 뜨거운 물건을 잡고 있음.
- 凉: 涼의 속자이며 〈삼민본〉에는 '涼'으로 되어 있음.

【骸垢想浴】 몸에 때가 있으면 누구나 목욕을 하고 싶어함.
【執熱願凉】 뜨거운 물건을 들고 있으면 누구나 빨리 시원하게 손을 식히고
싶어함. 사람의 본성은 모두 같음을 말함. 이상 구절은 《詩經》 大雅 桑柔의
"誰能執熱, 逝不以濯?"의 의미를 표현한 것임.

❀ 釋文

此言人情之宜. 骸, 身體也. 《莊子》云:「百骸九竅六藏, 骸而存焉」垢, 汙穢
也. 想, 思也. 浴, 澡身也. 執, 持也. 熱, 《釋名》云:「爇也, 如火所燒爇也」願,
欲也. 凉, 寒氣也. 《詩》大雅云:「誰能執熱, 逝不以濯?」言身之汚穢者, 則思
澡洗以潔之, 執持熱物者, 則欲寒氣以解之, 皆人情之所同然者也.

〈野菊飛鳥七寶琺瑯瓶〉(清) 부분

063

려라독특驢騾犢特

驢騾犢特, 駭躍超驤.

"당나귀, 노새, 송아지, 수소는,
놀란 듯이 뛰어 앞지르고 내닫고 하는구나."

읽기

"驢려騾라犢독特특이, 駭해躍약超초驤양이로다."

글자

① 驢: 나귀 려 ② 騾: 노새 라 ③ 犢: 송아지 독 ④ 特: 수소 특. 특별
할 특 ⑤ 駭: 놀랄 해 ⑥ 躍: 뛸 약 ⑦ 超: 넘을 초 ⑧ 驤: 말뛸 양

- 犢特: 송아지와 수소. 特은 소 중에 큰 수소를 가리킴. 이 의미가 확대
  되어 '특별히'라는 뜻으로 쓰임.
- 超驤: 내닫고 뛰고 하며 즐겁게 커 가는 모습을 뜻함.
- 駭躍: 서로 놀란 듯이 뛰어오르는 모습.

【驢騾犢特】당나귀, 노새, 송아지, 큰 수소를 말함.

【駭躍超驤】이러한 가축들이 서로 놀란 듯 뛰고 앞지르고 내닫고 하는 모습을 표현한 것. 사람들이 풍족하게 살아 가축도 번성하여 신나게 커가고 있음을 말함. 《禮記》曲禮에 "問庶人之富, 數畜以對"라 하였고, 漢나라 張衡의 〈思玄賦〉에는 "僕夫儼其正策兮, 八乘騰而超驤"이라는 표현이 있음.

❀ 釋文

此言畜産之蕃. 《曲禮》云:「問庶人之富, 數畜以對.」卽此薏也. 驢, 《說文》云:「似馬長耳.」騾, 《說文》云:「驢父馬母也.」犢, 《說文》云:「牛子也.」特, 牛父也. 駭, 驚也. 躍, 跳也. 超, 躍而過也. 驤, 騰躍也. 言此四畜, 驚駭跳躍, 其材村可用, 居家者所不可無也.

〈八駿圖〉(淸) 郎世寧 臺北故宮博物館 소장

064

주참적도誅斬賊盜

誅斬賊盜, 捕獲叛亡.

"고을이 태평하고 안전하려면 도적의 무리는 잡아 처단하고,
반란을 일으키고 도망하는 자는 모두 잡아들여야 한다."

읽기

"誅주斬참賊적盜도하고, 捕포獲획叛반亡망이라."

글자

① 誅: 벨 주 ② 斬: 자를 참. 벨 참 ③ 賊: 도적 적 ④ 盜: 도적 도
⑤ 捕: 잡을 포 ⑥ 獲: 얻을 획 ⑦ 叛: 배반할 반 ⑧ 亡: 없을 망. 도망
할 망. 죽을 망

- 誅斬: '誅'는 원래 말로 벌을 내리는 것이며, '斬'은 목을 베는 형벌.
- 叛亡: 반란을 일으킨 자와 죄를 짓고 도망 다니는 자.

【誅斬賊盜】 난을 일으킨 자나 도적을 주벌하여 참수함.
【捕獲叛亡】 반란을 일으키고 도망한 자를 잡아들임.

❀ 釋文

此言御患之術. 誅, 戮也. 斬, 殺也.《春秋左傳》云:「殺人不忌曰賊.」又云:
「竊賄爲盜.」捕, 擒也. 獲, 得也. 叛, 背也. 亡, 逃也. 言御患者, 於攻劫竊盜, 則必
誅戮斬殺之; 有背叛而逃亡者, 則必追擒而得之, 然後可無患也.

畫像石(漢)〈龍戲圖〉山東 沂南 출토

065
포사료환布射僚丸

布射僚丸, 嵇琴阮嘯.
恬筆倫紙, 鈞巧任釣.
釋紛利俗, 竝皆佳妙.

"여포의 활 솜씨와 시남료의 구슬 기예,
혜강의 거문고 연주 솜씨와 완적의 휘파람 재주,
몽념이 만든 붓과 채륜이 만든 종이,
마균의 뛰어난 발명품과 임공자의 낚시 기술.
힘든 일을 쉽게 하도록 하고 백성에게 이익을 베풀었으니,
모두가 아울러 훌륭하고 묘한 재능이로다."

읽기

"布포射사僚료丸환이요, 嵇혜琴금阮완嘯소이며,
恬념筆필倫륜紙지요, 鈞균巧교任임釣조로다.
釋석紛분利리俗속하니, 竝병皆개佳가妙묘로다."

① 布: 베(펼) 포 ② 射: 쏠 사(석) ③ 僚: 벗 료(〈三民本〉에는 '遼'로 되어 있음) ④ 丸: 알(구슬) 환 ⑤ 嵇: 성씨 혜(嵆는 이체자) ⑥ 琴: 거문고 금 ⑦ 阮: 성씨 완 ⑧ 嘯: 휘파람 소 ⑨ 恬: 편안할 념 ⑩ 筆: 붓 필 ⑪ 倫: 인륜 륜 ⑫ 紙: 종이 지 ⑬ 鈞: 무게 균 ⑭ 巧: 교묘할 교 ⑮ 任: 맡길 임 ⑯ 釣: 낚시 조 ⑰ 釋: 풀 석 ⑱ 紛: 얽힐 분 ⑲ 利: 이로울 리. 날카로울 리 ⑳ 俗: 세속 속 ㉑ 竝: 아우를 병(幷, 並, 倂 등은 모두 이체자) ㉒ 皆: 다 개 ㉓ 佳: 아름다울 가 ㉔ 妙: 묘할 묘

- 布射: 呂布의 활쏘기 솜씨라는 뜻. 여포(?~198)는 동한 말 五原 사람으로 자는 奉先. 활쏘기와 말타기에 뛰어나 '飛將'으로 불렸음. 처음 幷州刺史 丁原을 따랐으나, 그를 죽이고 董卓에게 빌붙었다가, 다시 王允과 모의하여 동탁을 죽이고 奮威將軍에 올라 溫侯에 봉해짐. 뒤에 徐州를 점거하였다가 建安 3년(198) 下邳에서 曹操의 군사에게 패하여 죽음. 《三國志》魏志 呂布傳 참조. 동한 말 유비와 원술이 서로 맞섰을 때 여포가 이를 조정하기 위하여 그 싸움터에 나가 군영 앞에 작은 창을 세워놓고 "이를 내가 단번에 활로 맞추면 싸움을 그치고 흩어져야 하며, 만약 내가 맞추지 못하면 남아서 서로 싸워 보시오"라고 하면서 활을 쏘아 맞추자 모두 흩어졌다 함.
- 僚丸: 熊宜僚(熊宜遼)를 말함. 春秋시대 楚나라 사람으로 市의 남쪽에 살아 市南子, 市南宜僚라고도 불렸음. 여러 개의 구슬을 공중에서 차례로 받으면서 땅에 떨어뜨리지 않는 재주를 잘 부리던 인물. 《莊子》徐无鬼篇에 "市南宜僚弄丸, 而兩家之難解"라 하였고, 成玄英의 疏에 의하면 초나라 백공 승이 난을 일으키고자 하면서 웅의료가 5백 명을 대적할 수 있는 재주가 있다는 말을 듣고 그를 불러오도록 사람을 보내자, 마침 그는 구슬 재주를 부리면서 거들떠보지도 않았다. 그래서 사자가 칼을 뽑아 치려하였으나 조금도 두려워하는 기색이 없어 결국 포기하였다 함.
- 嵇琴: 嵇康의 거문고 연주 솜씨를 말함. 嵇康은 자는 叔夜(223~262). 삼국시대 위나라 문학가. 어릴 때 고아였으며 奇才가 있었음. 老莊에

심취하였으며 시문에 능하였고 '竹林七賢'의 하나임. 뒤에 鍾會의 모함에 빠져 司馬昭에게 죽음을 당함. 本姓은 奚氏였으나 뒤에 銍縣 稽山 곁에 옮겨 살아 성을 嵇氏로 바꾸었다 함.〈廣陵散曲〉,〈琴賦〉,〈養生論〉,〈聲無哀樂論〉,〈與山巨源絶交書〉등이 유명함.《世說新語》雅量篇에 "嵇中散臨刑東市, 神氣不變; 索琴彈之, 奏〈廣陵散〉. 曲終曰:「袁孝尼嘗請學此散, 吾靳, 固未與, '廣陵散'於今絶矣!」太學生三千人上書請以爲師, 不許. 文王亦尋悔焉"이라 함.《晉書》(49)에 전이 있음.

西善橋宮山墓嵇康畫像

- 阮嘯: 阮籍의 휘파람 솜씨. 阮籍(210~263)은 자는 嗣宗. 陳留의 尉氏人. 阮瑀의 아들. 老莊에 밝았으며 거문고, 바둑, 시문 등에 능하였으며 휘파람을 잘 부는 것으로도 이름이 남. 步兵校尉를 역임하여 흔히 阮步兵이라 불림. '竹林七賢' 중의 하나.〈豪傑詩〉,〈詠懷詩〉,〈達莊論〉,〈大人先生傳〉등이 있으며《三國志》(21),《晉書》(49)에 전이 있음.《世說新語》棲逸篇에 "阮步兵嘯, 聞數百步. 蘇門山中, 忽有眞人, 樵伐者咸共傳說. 阮籍往觀, 見其人擁膝巖側. 籍登嶺就之, 箕踞相對. 籍商略終古, 上陳黃·農玄寂之道, 下考三代盛德之美, 以問之; 仡然不

西善橋宮山墓阮籍畫像

應. 復敍有爲之敎, 棲神導氣之術, 以觀之; 彼猶如前, 凝矚不轉. 籍因對之長嘯. 良久, 乃笑曰:「可更作?」籍復嘯. 意盡, 退, 還半嶺許, 聞上啾然有聲, 如數部鼓吹, 林谷傳響. 顧看, 迺向人嘯也"라 하였으며, 한편 그는 손등을 만난 고사로도 유명함. 晉나라 隱士 孫登이 선도를 터득했다는 소문을 듣고 阮籍이 찾아가 세상일을 나누고자 하였지만 그가 응하지 않음. 완적이 산을 반쯤 내려왔을 때 鸞鳳이 우는 것과 같은 소리가 바위를 휘돌아 들렸는데 바로 손등의 휘파람 소리였다 함. 그 뒤 3년을 따라다녀도 결국 말이 없어 헤어질 때야 비로소 "재주만 많고 아는 것이 적으니 이 세상을 면하기 어렵도다"(才多識寡, 難乎免於今世矣)라 하였음. 과연 안적은 사형을 당할 때 자신이 재능이 있음을 매우 후회하였다 함.(《太平廣記》권9 孫登 및 《神仙傳》참조)

- 恬筆: 몽념(蒙恬)이 처음 붓을 만들었음을 말함. 몽념(?~B.C.210)은 秦나라 때 장군으로 원래 제나라 사람이었으나 아버지 蒙驁 때부터 이름을 날려 진나라 장수가 됨. 진나라 천하통일에 큰 공을 세웠으며 그 뒤에는 흉노를 물리치고 장성을 쌓기도 하였음. 그러나 이세 호해가 들어서자 미움을 받아 자결함. 張華의 《博物志》 '蒙恬造筆'이라 하였으며 葛立方의 《韻語陽秋》(17)에는 이 《博物志》를 인용하여 "蒙恬造筆, 以狐狸毛爲心, 兔毛爲副, 心極遒勁, 鋒鋩調和, 故難發而易使"라 함. 한편 唐나라 韓愈는 〈毛穎傳〉을 지어 붓을 의인화하여 "蒙恬伐中山, 圍毛氏族, 拔其毫, 載穎而歸"라 함. 그러나 전국시대 이미 붓이 있었으며 몽념이 이를 개선한 것으로 봄.

〈靑花蒙恬將軍玉壺春甁〉(元)

- 倫紙: 채륜(蔡倫)이 종이를 제작함. 채륜(?~121)은 東漢 桂陽 사람으로 자는 敬仲. 환관이었으며 和帝 때 中常侍. 궁실용 종이를 만드는 尙方令이었으며 龍亭侯에 봉해짐. 그는 당시까지 조악하게 만들던 製紙法을 개선하여 나무껍질, 삼베 껍질, 낡은 헝겊을 함께 찧어 이를 원료로 종이를 만들었음. 드디어 元興 元年(105) 임금에게 바쳐 당시 이를 '蔡侯紙'라 불렀음. 《後漢書》宦者, 蔡倫傳에 "自古書契多編以竹簡, 其用縑帛者謂之爲紙. 縑貴而簡重, 並不便於人. 倫乃造意, 用樹膚·麻頭及敝布·魚網以爲紙. 元興元年奏上之, 帝善其能, 自是莫不從用焉, 故天下咸稱「蔡侯紙」"라 함.

- 鈞巧: 馬鈞의 공교한 제작 기술. '馬均'으로도 쓰며, 삼국시대 扶風 사람으로 자는 德衡. 魏나라 박사를 지내었으며 많은 기계를 발명한 인물.

비단 직조기를 발명하였으며, 魏 明帝의 명을 받아 指南車를 제작하였고, 水車를 발명하여 관개를 쉽게 할 수 있도록 하였으며, 連弩를 발명하여 무기를 개선하고, 심지어 나무 인형을 만들어 연극을 할 수 있도록 하기도 하였다 함. 그리하여 당시 그를 '巧思絶世'라 칭하였음.(《中國歷代人名大辭典》(上海古籍)에 正史에 傳이 있다 하였으나 없음.)

〈指南車〉 모형 三國 馬鈞 제작

- 任釣: 任公子의 낚시 솜씨.《莊子》外物篇에 "임(任)나라 공자(公子)가 큰 낚시와 굵고 검은 줄을 준비해 오십 마리의 소를 미끼로 해서 회계산(會稽山)에 앉아 동해에 낚싯대를 드리웠다. 매일 낚시질을 계속하였으되 일년이 넘도록 고기를 잡지 못하였다. 이윽고 큰 고기가 미끼를 물어 낚시 바늘을 끌고 물 속으로 들어갔다가 솟구쳐 올라 등지느러미를 떨치자 흰 파도가 산더미처럼 일어나고 바닷물이 출렁였다. 그 소리는 귀신들의 울음과 같아 천리 사방의 사람들이 두려움에 떨었다. 임 공자는 이 고기를 잡아 포를 떠서 말렸다. 제강(制江)의 동쪽으로부터 창오(蒼梧)의 북쪽에 이르는 고장의 사람들이 이 고기를 실컷 먹지 못한 자가 없었다"(任公子 爲大鈞巨緇, 五十犧以爲餌, 蹲乎會稽, 投竿東海, 旦旦而釣, 期年不得魚. 已而 大魚食之, 牽巨鈞, 錎沒而下, 鶩揚而奮鬐, 白波若山, 海水震蕩, 聲侔鬼神, 憚赫 千里. 任公子得若魚, 離而腊之, 自制河以東, 蒼梧已北, 莫不厭若魚者.)라 함.
- 釋紛: 일을 하기에 분란하고 힘든 것을 해결해 줌.
- 利俗: 세속의 백성들에게 이로움을 줌.

【布射僚丸】여포의 활솜씨와 웅의료의 구슬놀이 재주.
【嵇琴阮嘯】혜강의 거문고 연주 솜씨와 완적의 휘파람 부는 재주.
【恬筆倫紙】몽념의 붓과 채륜의 종이.
【鈞巧任釣】마균의 기계 제작 기술과 임공자의 낚시 솜씨.
【釋紛利俗】힘든 노동을 풀어주고 세속의 백성을 이롭게 함.
【竝皆佳妙】모두가 아름다운 재주이며 교묘한 능력임.

此言器用之利, 技藝之精, 處家者皆不可不備也. 布, 呂布也. 射, 發矢也. 劉備
與袁術相攻. 呂布曰:「布不喜合鬪, 但喜解鬪耳.」令樹戟於營門, 言:「諸君觀
布射戟小支, 一發中者, 諸君當解去.」卽擧弓射戟, 正中小支. 僚, 熊宜僚也. 丸,
彈也. 宜僚善弄丸, 八者常在空中, 一者在手. 嵇, 姓, 名康, 本姓奚, 以避怨移家
於譙國銍縣嵇山之側, 因以爲姓. 琴, 樂器. 嵇康善彈琴, 嘗游洛西, 遇異人授以
《廣陵散》, 聲調絶倫. 阮, 姓, 名籍. 嘯, 蹙口出聲也. 阮籍善嘯, 陳留有阮公嘯臺.
恬, 蒙恬也. 筆,《釋名》云:「述也, 述事而書之也.」《博物志》云:「蒙恬造筆.」倫,
蔡倫也. 紙,《釋名》云:「砥也, 謂平滑如砥石也.」漢和帝時, 常侍蔡倫作紙. 鈞,
馬鈞也. 扶風馬鈞, 性巧, 造指南車; 又作木人, 能跳舞, 與人無異. 任, 姓. 以餌
取魚曰釣.《莊子》曰:「任公子爲大鈎巨緇, 五十犗爲餌, 投於東海, 得大魚而
臘之. 自淛河而東, 莫不厭若魚者.」釋, 解也. 紛, 煩亂也. 利, 便也. 俗, 世俗也.
竝, 幷也. 皆, 俱也. 佳, 善也. 妙, 好也. 言此數者, 皆可以解煩理亂, 而便於世用,
佳善而好妙也.

※ 이 구절의 '소(嘯)'자부터 아래로 '조(釣), 묘(妙), 소(笑), 요(曜), 조(照), 소(劭),
묘(廟), 조(眺), 초(誚)'까지 10 구절이 같은 운(-ao/-yo: ㅗ, ㅛ)으로 압운(押韻)
을 이루고 있음.

斬漂竹塘　　　　　煮楻足火　　　　　蕩料入簾

覆簾壓紙　　　　透火焙乾

고대 製紙 모습

066

모시숙자 毛施淑姿

毛施淑姿, 工嚬妍笑.

"모장과 서시의 아름다운 자태는
공교한 찡그림도 고운 웃음인 줄 여겼도다."

읽기

"毛^모施^시淑^숙姿^자는 工^공嚬^빈妍^연笑^소로다."

글자

① 毛: 터럭 모 ② 施: 베풀 시 ③ 淑: 맑을 숙 ④ 姿: 맵시 자 ⑤ 工:
장인 공 ⑥ 嚬: 찡그릴 빈(顰으로도 쓰며 이체자임.《莊子》에는 '矉'으로 표기
되어 있음) ⑦ 妍: 고울 연 ⑧ 笑: 웃을 소

- 毛施: 고대 미인으로 널리 알려진 모장(毛嬙)과 서시(西施)라는 여자.
  《莊子》齊物論에 "毛嬙·西施, 人之所美也"라 함.
- 工嚬: 서시는 배가 아파 눈을 찡그리며 고통스러워하는 모습조차도 아름
  답게 보일 정도로 교묘함. '工'은 '工巧'하다의 뜻.《莊子》天運篇에

"西施病心而矉其里, 其里之醜人見之而美之, 歸亦捧心而矉其里. 其里之富人見之, 堅閉門而不出, 貧人見之, 挈妻子而去走. 彼知矉美, 而不知矉之所以美. 惜乎, 而夫子其窮哉!"라 함.

- 妍笑: 아름다운 미소.

【毛施淑姿】 모장과 서시의 맑고 아름다운 자태.
【工顰(矉)妍笑】 교묘하기가 눈살을 찌푸려도 아름다운 웃음으로 보임.

✿ 釋文

此言美色之宜遠, 亦處身之道也. 毛, 毛嬙也. 施, 西施也. 皆古之美人.《愼子》云:「毛嬙·西施, 天下之至姣也.」淑, 美也. 姿, 容也. 工, 善也. 矉, 蹙眉也.《莊子》云:「西施病心而矉」,「人見而美之」. 妍, 好也. 笑, 喜而解顏也.《詩》衛風云:「巧笑倩兮」言婦容之美, 如古毛嬙·西施, 而又善自修飾, 工於矉而巧於笑, 足以迷惑人也.

〈西施〉

067

년시매최^{年矢每催}

年矢每催, 曦暉朗曜.
璇璣懸斡, 晦魄環照.
指薪修祜, 永綏吉劭.

"물시계의 시계 바늘은 매번 재촉하고,
고운 햇빛은 밝고 빛나도다.
선기는 공중에 매달려 돌아가고 있고,
초하루 그믐달 여린 빛은 둘레만 비치도다.
끊임없이 장작을 대어 타도록 하는 불처럼 복을 닦으면,
길이 편안함을 누려 길하고도 높으리라."

읽기

"年^년矢^시每^매催^최하니, 曦^희暉^휘朗^랑曜^요로다.
璇^선璣^기懸^현斡^알하여, 晦^회魄^백環^환照^조로다.
指^지薪^신修^수祜^호하니, 永^영綏^수吉^길劭^소이리라."

① 年: 해 년 ② 矢: 화살 시 ③ 每: 매양 매 ④ 催: 재촉할 최 ⑤ 曦:
빛날 희(羲로 된 판본도 있음) ⑥ 暉: 빛날 휘 ⑦ 朗: 밝을 랑 ⑧ 曜: 빛날
요 ⑨ 璇: 옥 선 ⑩ 璣: 선기 기 ⑪ 懸: 매달 현 ⑫ 斡: 돌릴 알 ⑬ 晦:
그믐 회 ⑭ 魄: 넋 백. 달빛 백 ⑮ 環: 고리 환 ⑯ 照: 비칠 조 ⑰ 指:
손가락(가리킬) 지 ⑱ 薪: 섶 신 ⑲ 修: 닦을 수(脩는 이체자) ⑳ 祜: 복 호
(祐: '복 우'로 된 판본도 있음) ㉑ 永: 길 영 ㉒ 綏: 편안할 수 ㉓ 吉: 길할
길 ㉔ 劭: 아름다울 소

- 年矢: 누시(漏矢)를 가리키는 것으로 봄. '누시'란 고대 물시계 항아리에
  넣어두는 화살 형태의 표지물로, 물이 흘러 빠진 양의 정도에 따라 시간을
  가리키도록 한 것임. 지금의 시침이나 분침, 초침과 같은 것. 혹은 일년
  단위의 화살. 즉 화살이 날아가듯 급히 흐르는 시간. 《後漢書》律曆志(下)
  에 "孔壺爲漏, 浮箭爲刻"이라 함.
- 曦(羲)暉: '羲暉'로 표기된 판본도 있으며 曦는 태양의 광선. 빛. '暉'는
  '輝', '暈'과도 같으며 역시 빛을 뜻함. 한편 이 '曦暉'는 雙聲連綿語로서
  모두 빛을 뜻하는 것으로 보는 것이 타당함.
- 朗曜: 밝고 빛이 남. '朗耀'와 같음.
- 璇璣: 고대 천문과 사시를 관측하는 儀器. '琁璣, 璿璣'로도 표기함.
  《尙書》舜典 "在璿璣玉衡, 以齊七政"의 孔穎達의 疏에 馬融의 말을
  인용하여 "渾天儀, 可旋轉, 故曰璣; 衡, 其橫簫, 所以視星宿也. 以璿
  爲璣, 以玉爲衡, 蓋貴天象也"라 함.
- 懸斡: 공중에 설치하여 이를 회전시킴. 斡은 '알선, 돌리다, 회전시키다'
  의 뜻.
- 晦魄: '晦'는 음력으로 그 달의 그믐. 魄은 달이 뜰 때나 질 때 희미하고
  약한 빛. 그러나 여기서 '회백'은 달을 뜻함.
- 指薪: 학문이나 사업을 뜻하는 말. 불이 계속 타오르려면 끊어지지 않도
  록 장작을 이어 주어야 하듯이 학문과 사업은 자신의 몸을 태워 영속성이
  있도록 해야 함을 말함. 불은 계속 장작을 대어 주기만 하면 타기가 끝나는

것을 알지 못함.《莊子》養生主에 "指窮於爲薪, 火傳也. 不知其盡也"
라 한 말에서 유래됨.

- 修祜: 덕을 잘 닦아 복을 불러옴. '祜'는 '祐'로 된 판본도 있음.
- 永綏: 영원히 평안함을 얻음.
- 吉劭: 길하며 아름다움. '劭'는 '아름답고 훌륭하다'의 뜻.

【年矢每催】해마다 세월의 화살은 재촉함.
【曦(羲)暉朗曜】태양의 빛은 밝고 빛남.
【璇璣懸斡】천문 관측의 선기를 공중에 설치하여 회전시킴.
【晦魄環照】달은 계속 차고 기욺을 반복하며 순환함.
【指薪修祜(祐)】학문이나 사업을 계속 이어 덕을 닦아 복을 받음.
【永綏吉劭】길이 평안함을 누리며 길하고 아름다운 복을 누림.

釋文

此言爲善之宣勤, 亦處身之道也. 年, 歲也. 矢, 漏矢也.《後漢書》云:「孔壺
爲漏, 浮箭爲刻.」每, 頻也. 催, 促也. 曦·暉, 皆日之光. 朗, 明也. 曜, 卽照也.
璇, 美珠也. 璣, 機也.《書》舜典云:「在璇璣玉衡.」懸, 繫於空處也. 斡, 轉也.
蓋以美珠綴於璣上, 以象列宿次舍, 而懸空轉動, 以應天之運行. 晦, 月盡也.
魄, 月體之黑者. 環, 還也. 言月至晦則天光, 而但有體魄, 至於來月, 有復生明,
循環相照也. 於年矢, 則言日暉; 於璇璣, 則言月魄, 亦互文也. 指, 示也. 薪,
柴也.《莊子》云:「指窮於爲薪, 火傳也, 不知其盡也.」修, 治也, 自治其身也.
祜, 福也. 永, 長也. 綏, 安也. 吉, 祥也. 劭, 勤勉也. 言人當力於爲善, 惟日不足.
年歲之去, 有漏矢以頻催, 璇璣之運動者, 晝夜相迫, 晝則日光朗照, 夜則月魄
循環, 日月逝而老將至, 不可以不修也. 因擧《莊子》指薪之喩, 言薪雖盡而火
則傳, 惟勤修以獲福, 則其身長安, 不與年而俱盡, 其以吉祥之事, 自爲勤勉可也.

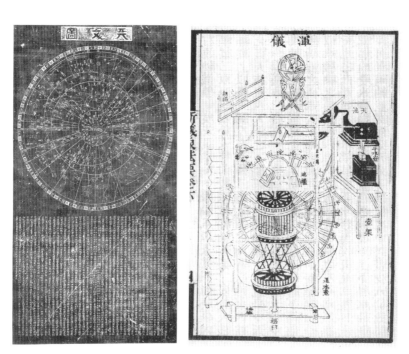

좌: 〈天文圖〉(碑) 우: 〈水動儀象臺圖〉(渾儀)《新儀象法要》

068

구보인령矩步引領

矩步引領, 俯仰廊廟.
束帶矜莊, 徘徊瞻眺.

"걸음도 법도에 맞도록 걸으며 옷깃도 잘 여미며,
위아래 훑어보아 조정 일을 처리하며,
조복의 정장을 장엄하게 바로잡고,
이리저리 다니면서 살필 일 바로 본다."

읽기

"矩^구步^보引^인領^령하고, 俯^부仰^앙廊^랑廟^묘하여,
束^속帶^대矜^긍莊^장하며, 徘^배徊^회瞻^첨眺^조로다."

글자

① 矩: 법 구. 곱자 구 ② 步: 걸음 보 ③ 引: 끌 인 ④ 領: 옷깃 령
⑤ 俯: 구부릴 부 ⑥ 仰: 우러를 앙 ⑦ 廊: 행랑 랑 ⑧ 廟: 사당 묘
⑨ 束: 묶을 속 ⑩ 帶: 띠 대 ⑪ 矜: 자랑할 긍 ⑫ 莊: 장엄할 장

⑬ 徘: 어슬렁거릴 배 ⑭ 徊: 어정거릴 회 ⑮ 瞻: 볼 첨 ⑯ 眺: 바라
볼 조

- 矩步: 단정하여 법도에 맞는 걸음걸이.
- 引領: 목을 바르게 세워 바른 자세를 취함. 그러나 원래는 목을 빼고
  어떤 일을 기다리거나 우러러봄을 뜻함. 《孟子》梁惠王(上)에 "孟子見
  梁襄王. 出, 語人曰: 「望之不似人君, 就之而不見所畏焉. 卒然問曰:
  『天下惡乎定?』吾對曰: 『定於一.』『孰能一之?』對曰: 『不嗜殺人者,
  能一之.』『孰能與之?』對曰: 『天下莫不與也. 王知夫苗乎? 七八月
  之閒旱, 則苗槁矣. 天油然作雲, 沛然下雨, 則苗浡然興之矣. 其如是,
  孰能禦之? 今夫天下之人牧, 未有不嗜殺人者也. 如有不嗜殺人者,
  則天下之民, 皆引領而望之矣. 誠如是也, 民歸之, 由水之就下, 沛然,
  誰能禦之?」"라 함.
- 俯仰: 내려다보고 쳐다봄. 잘 살펴봄을 말함. 《孟子》盡心(上)에 "孟子
  曰: 「君子有三樂, 而王天下不與存焉. 父母俱存, 兄弟無故, 一樂也.
  仰不愧於天, 俯不怍於人, 二樂也. 得天下英才而敎育之, 三樂也. 君子
  有三樂, 而王天下不與存焉.」"이라 함.
- 廊廟: 조정의 회랑과 종묘. 중요한 정책을 결정하는 조정을 뜻함.
- 束帶: 허리띠를 바르게 맴. 복장을 단정히 함을 뜻함. 《論語》公冶長篇
  에 "子曰: 「赤也, 束帶立於朝, 可使與賓客言也.」"라 함.
- 矜莊: 엄숙하고 장엄함. 표정과 태도가 정확함을 말함.
- 徘徊: 안정된 걸음으로 천천히 움직임을 뜻함. 원래 疊韻連綿語임.
- 瞻眺: 쳐다보아야 할 것과 멀리 보아야 할 것을 바르게 살핌. 조정의 일을
  빈틈없이 잘 처리함을 말함.

【矩步引領】걸음걸이가 법도에 맞으며 목을 바르게 세워 단정함.
【俯仰廊廟】조정에서 굽어볼 일과 우러러보아야 할 일들.
【束帶矜莊】복장을 단정히 하고 엄숙한 의표를 가짐.
【徘徊瞻眺】안정된 걸음과 시선을 바르게 가짐.

釋文

此言威儀之宜愼, 亦處身之道也. 矩, 爲方之器. 步, 足蹈也.《禮記》玉藻篇
云:「折旋中矩.」引, 延也. 領, 頸也.《孟子》云:「引領而望.」垂首爲俯, 擧首
爲仰. 廊, 廡也. 廟者, 棲神之處. 束, 繫也. 帶,《說文》云:「紳也.」矜者, 持守
之嚴. 莊者, 容貌之端. 徘徊, 徬徨不進之貌. 瞻, 仰視也. 眺, 望也. 言愼其威
儀者, 其行步必合於矩; 而擧道延頸, 一俯一仰之間, 如在廊廟之中, 有束帶端
嚴之象; 而徘徊瞻眺, 無不中禮也. 蓋入廟則思敬, 而束帶乃盛服, 擧此以見
動容之恭, 猶《論語》「如承大祭」·「如見大兵」之意. 俯, 承上矩步而言; 仰, 承上
引領而言; 徘徊, 亦承上矩步; 瞻眺, 亦承上引領也.

〈鎏金嵌玉鑲琉璃銀帶鉤〉(戰國 魏) 1951 河南 輝縣 출토

069

고루과문孤陋寡聞

孤陋寡聞, 愚蒙等誚.

"고루하여 견문이 적으면,
 그 어리석고 몽매함은 꾸짖음을 듣는 것과 같은 것이로다."

읽기

"孤^고陋^루寡^과聞^문하면, 愚^우蒙^몽等^등誚^초니라."

글자

① 孤: 외로울 고. (固: '고집스러울 고'로 된 판본도 많음) ② 陋: 더러울 루
③ 寡: 적을 과. 과부 과 ④ 聞: 들을 문 ⑤ 愚: 어리석을 우 ⑥ 蒙: 덮어
씌울 몽. 몽매할 몽 ⑦ 等: 같을 등. 등급 등 ⑧ 誚: 꾸짖을 초

* 孤陋: 固陋로도 표기하며, 매우 비루함을 뜻함.
* 等誚: 천박하고 무식하다고 남에게 손가락질당하고 책망당하는 정도와
 같음.

【孤(固)陋寡聞】시골에 처하였으면 견문이 많은 자와 사귀어야 하며, 그렇게 하지 않고 견문이 적게 되었을 때를 말함.

【愚蒙等誚】어리석고 몽매하기가 남에게 비웃음을 사는 정도와 같아짐. 《禮記》學記에 "發然後禁, 則扞格而不勝; 時過然後學, 則勤苦而難成; 雜施而不孫, 則壞亂而不脩; 獨學而無友, 則孤陋而寡聞; 燕朋逆其師; 燕辟廢其學. 此六者, 敎之所由廢也"라 함.

釋文

此節總承上上文而結言之, 以致其儆戒之意. 孤, 獨也. 陋, 鄙也. 寡, 《說文》云:「少也.」聞, 知識也. 愚者, 無知之人. 蒙, 昧也. 等, 類也. 誚, 譏也. 言處身治家, 其道多端, 所當博考而詳識之; 若孤獨鄙陋, 少所聞識, 則與愚昧無知之人同類, 而共譏矣. 不可戒哉!

以上爲第四章.

此章言君子窮而在下, 惟盡其處身治家之道. 蓋與上章對待言之. 處身者, 以小心爲要, 因推其類, 而言見幾之哲, 美色之遠, 爲善之勤, 以及語言之謹, 威儀之愼, 無一可忽; 治家者, 以本富爲重, 因推其類, 以及飲食之節, 寢處之安, 宴會之樂, 祭祀之禮, 應酬之方, 人情之宜, 御患之術, 畜産之蕃, 器用之利, 技藝之精, 亦無一可忽也. 末則總言以深戒之.

〈裸體雙性浮彫彩陶壺〉 1974 青海 樂都縣 출토

070

위어조자謂語助者

謂語助者, 焉哉乎也.

"어조사로 쓰이는 글자들이란,
언·재·호·야 등이 있다."

[읽기]

"謂^위語^어助^조者^자는 焉^언哉^재乎^호也^야니라."

[글자]

① 謂: 이를 위 ② 語: 말씀 어 ③ 助: 도울 조 ④ 者: 놈 자 ⑤ 焉:
어조사 언. 어찌 언 ⑥ 哉: 어조사 재. 감탄사 재 ⑦ 乎: 어조사 호
⑧ 也: 잇기 야. 어조사 야

• 語助: 어조사. 한자에는 實辭와 虛辭가 있으며, 실사는 실제 의미를
갖는 글자를 뜻하며 허사는 문법적으로 기능하는 글자로서 이를 어조사
라 함. 본문에서는 주로 종결어사를 들고 있으며 이 외에 夫, 矣, 與
(歟), 耶(邪), 已 등이 있음.

【謂語助者】 어조사로 쓰이는 것(글자)들.
【焉哉乎也】 焉, 哉, 乎, 也의 글자들이 있음.

釋文

謂, 稱也. 語, 言也. 助, 輔益之也. 凡語意已全, 而辭未足, 則以通用之字益之, 謂之語助. 哉·乎, 疑辭; 焉·也, 決辭. 言「焉哉乎也」四字, 乃助語之辭也. 此與通篇文不相蒙, 蓋作者爲文旣終, 而猶存數字, 乃復爲韻語以終.

※ 韻字에 관계없이 문장의 맨 끝을 표시하는 '也'자로 마무리하고 있음.

宋 徽宗(趙佶)《御書千字文》末尾 부분

부록

I. 朝鮮時代 각종 《千字文》 訓音一覽表
　1.《石峰千字文》훈음
　2.《光州千字文》훈음
　3.《註解千字文》훈음

II. 중국 각종 《千字文》
　1.《次韻王羲之書千文》(周興嗣)
　2.《續千字文》
　3.《再續千字文》
　4.《別本千字文》
　5.《叙古千文》

III. 《千字文》 관련 자료
　1.《梁書》(49) 文學傳 周興嗣傳
　2.《南史》(72) 文學傳 周興嗣傳
　3.《太平廣記》(207) 僧智永(又)
　4.《太平廣記》(252) 千字文語乞社

IV. 각종 《천자문》 판본 및 書藝 작품 影印 자료
　1.《石峰千字文》
　2.《光州千字文》
　3.《註解千字文》
　4. 智永《眞草千字文》
　5. 趙孟頫《眞草千字文》
　6. 趙孟頫《行書千字文卷》
　7. 通俗本《五體千字文》
　8. 通俗本 習字用《四體千字文》

I. 朝鮮時代 각종 《千字文》 訓音一覽表

1. 《석봉천자문石峰千字文》
(원책: 1쪽~42쪽)

⟨1前⟩

天: 하늘 텬.　地: 짜 디.　玄: 가믈 현.　黃: 누를 황.
宇: 집 우.　宙: 집 듀.　洪: 너블 홍.　荒: 거츨 황.

⟨1後⟩

日: 날 일.　月: 들 월.　盈: 출 영.　仄: 기울 칙.
辰: 별 신.　宿: 잘 슉.　列: 벌 렬.　張: 베플 댱.
寒: 출 한.　來: 올 릭.　暑: 더울 셔.　往: 갈 왕.

⟨2前⟩

秋: ᄀᆞ을 츄.　收: 거둘 슈.　冬: 겨ᄋᆞ 동.　藏: 갈물 장.
閏: 부를 윤.　餘: 나믈 여.　成: 이룰 셩.　歲: 힛 셰.
律: 법측 뉼.　呂: 법측 녀.　調: 고룰 됴.　陽: 볃 양.

⟨2後⟩

雲: 구룸 운.　騰: 늘 등.　致: 닐윌 티.　雨: 비 우.
露: 이슬 로.　結: 밀 결.　爲: 홀 위.　霜: 서리 상.
金: 쇠 금.　生: 날 싱.　麗: 빗날 려.　水: 믈 슈.

〈3前〉

玉: 구슬 옥.　出: 날 츌.　崑: 뫼 곤.　岡: 묏부리 강.
劒: 갈 검.　號: 일홈 호.　巨: 클 거.　闕: 집 궐.
珠: 구슬 쥬.　稱: 일ᄏᆞᄅᆞᆯ 칭.　夜: 밤 야.　光: 빗 광.

〈3後〉

果: 여름 과.　珍: 보ᄇᆡ 딘.　李: 외얏 니.　奈: 벗 내.
菜: ᄂᆞ믈 ᄎᆡ.　重: 므거울 듕.　芥: 계ᄌᆞ 개.　薑: ᄉᆡᇰ강 강.
海: 바라 ᄒᆡ.　鹹: ᄧᆞᆯ 함.　河: ᄀᆞᄅᆞᆷ 하.　淡: ᄆᆞᆯᄀᆞᆯ 담.

〈4前〉

鱗: 비ᄂᆞᆯ 린.　潛: ᄌᆞᆷ길 ᄌᆞᆷ.　羽: 짓 우.　翔: ᄂᆞᆯ 샹.
龍: 미르 룡.　師: 스승 ᄉᆞ.　火: 블 화.　帝: 님금 뎨.
鳥: 새 됴.　官: 구의 관.　人: 사ᄅᆞᆷ 인.　皇: 님금 황.

〈4後〉

始: 비르슬 시.　制: 지을 졔.　文: 글월 문.　字: 글월 ᄌᆞ.
乃: 사 내.　服: 니블 복.　衣: 옷 의.　裳: 치마 샹.
推: 밀 츄.　位: 벼슬 위.　讓: ᄉᆞ양 양.　國: 나라 국.

〈5前〉

有: 이실 유.　虞: 혜아릴 우.　陶: 딜것 도.　唐: 대당 당.
弔: 됴문 됴.　民: ᄇᆡᆨ셩 민.　伐: 베힐 벌.　罪: 허믈 죄.
周: 두루 쥬.　發: 베플 발.　殷: 만ᄒᆞᆯ 은.　湯: ᄭᅳᆯ흘 탕.

〈5後〉

坐: 안ᄌᆞᆯ 좌.　朝: 아ᄎᆞᆷ 됴.　問: 무ᄅᆞᆯ 문.　道: 길 도.
垂: 드리울 슈.　拱: 고ᄌᆞᆯ 공.　平: 평ᄒᆞᆯ 평.　章: 글월 쟝.
愛: ᄉᆞ랑 ᄋᆡ.　育: 칠 육.　黎: 가ᄆᆞᆯ 려.　首: 머리 슈.

<6前>

臣: 신하 신.　伏: 굿쓸 복.　戎: 되 융.　羌: 되 강.

遐: 멀 하.　邇: 갓까올 이.　壹: 흔 일.　體: 몸 톄.

率: ᄃ릴 솔.　賓: 손 빈.　歸: 도라갈 귀.　王: 님금 왕.

<6後>

鳴: 울 명.　鳳: 봉황 봉.　在: 이실 직.　樹: 나모 슈.

白: 흰 빅.　駒: 미야지 구.　食: 머글 식.　場: 맏 댱.

化: 될 화.　被: 니블 피.　草: 플 초.　木: 나모 목.

<7前>

賴: 힘니블 뢰.　及: 미츨 급.　萬: 일만 만.　方: 모 방.

蓋: 두플 개.　此: 이 ᄎ.　身: 몸 신.　髮: 터럭 발.

四: 넉 ᄉ.　大: 큰 대.　五: 다ᄉ 오.　常: 샹녯 샹.

<7後>

恭: 온공 공.　惟: 오직 유.　鞠: 칠 국.　養: 칠 양.

豈: 엇쪄 긔.　敢: 구틜 감.　毁: 헐 훼.　傷: 헐 샹.

女: 겨집 녀.　慕: ᄉ모 모.　貞: 고들 뎡.　烈: 믹올 렬.

<8前>

男: 아들 남.　效: 본볼 효.　才: 직조 지.　良: 어딜 냥.

知: 알 디.　過: 디날 과.　必: 반득 필.　改: 고틸 기.

得: 어들 득.　能: 잘훌 능.　莫: 말 막.　忘: 니즐 망.

<8後>

罔: 업슬 망.　談: 말슴 담.　彼: 뎌 피.　短: 뎌롤 단.

靡: 아닐 미.　恃: 미들 시.　己: 몸 긔.　長: 긴 댱.

信: 미들 신.　使: 브릴 ᄉ.　可: 올흘 가.　覆: 다시 복.

〈9前〉

器: 그릇 긔.　　欲: ᄒᆞ고져흘 욕.　　難: 어려울 란.　　量: 혀아릴 량.

墨: 먹 믁.　　悲: 슬흘 비.　　絲: 실 ᄉᆞ.　　染: 믈들 염.

詩: 글 시.　　讚: 기릴 찬.　　羔: 염 고.　　羊: 양 양.

〈9後〉

景: 볃 경.　　行: 녈 ᄒᆡᆼ.　　維: 얼글 유.　　賢: 어딜 현.

剋: 이긜 극.　　念: 념흘 념.　　作: 지을 작.　　聖: 셩인 셩.

德: 큰 덕.　　建: 셸 건.　　名: 일홈 명.　　立: 셜 닙.

〈10前〉

形: 얼굴 형.　　端: 귿 단.　　表: 받 표.　　正: 졍흘 졍.

空: 뷜 공.　　谷: 골 곡.　　傳: 옴길 뎐.　　聲: 소릭 셩.

虛: 뷜 허.　　堂: 집 당.　　習: 니길 습.　　聽: 드를 텽.

〈10後〉

禍: 지화 화.　　因: 지즐 인.　　惡: 모딜 악.　　積: 사홀 젹.

福: 복 복.　　緣: 말믹 연.　　善: 어딜 션.　　慶: 경하 경.

尺: 자 쳑.　　璧: 구슬 벽.　　非: 아닐 비.　　寶: 보빅 보.

〈11前〉

寸: ᄆᆞ딕 촌.　　陰: 그늘 음.　　是: 잇 시.　　競: ᄃᆞ톨 경.

資: ᄌᆞ뢰 ᄌᆞ.　　父: 아비 부.　　事: 셤길 ᄉᆞ.　　君: 님금 군.

曰: 글 왈.　　嚴: 싁싁흘 엄.　　與: 더블 여.　　敬: 공경 경.

〈11後〉

孝: 효도 효.　　當: 맛쌍 당.　　竭: 다울 갈.　　力: 힘 녁.

忠: 튱셩 튱.　　則: 법측 측.　　盡: 다울 진.　　命: 목숨 명.

臨: 디늘 림.　　深: 기플 심.　　履: 불올 리.　　薄: 열울 박.

夙: 이늘 슉.　　興: 닐 흥.　　溫: 드슬 온.　　淸: 시글 경.
似: ᄀ틀 ᄉ.　　蘭: 난초 난.　　斯: 이 ᄉ.　　馨: 곳ᄯ아올 형.
如: ᄀ틀 여.　　松: 솔 숑.　　之: 갈 지.　　盛: 셩ᄒᆞᆯ 셩.

川: 내 쳔.　　流: 흐를 류.　　不: 아닐 블.　　息: 쉴 식.
淵: 못 연.　　澄: 믈글 딩.　　取: 아올 ᄎᆔ.　　映: 비췰 영.
容: 즛 용.　　止: 그칠 지.　　若: ᄀ틀 약.　　思: 싱각 ᄉ.

言: 말ᄉᆞᆷ 언.　　辭: 말ᄉᆞᆷ ᄉ.　　安: 편안 안.　　定: 일뎡 뎡.
篤: 도타올 독.　　初: 처엄 초.　　誠: 졍셩 셩.　　美: 아름다올 미.
愼: 삼갈 신.　　終: ᄆᆞ춤 죵.　　宜: 맛ᄶᅡᆼ 의.　　令: 어딜 령.

榮: 영화 영.　　業: 업 업.　　所: 바 소.　　基: 터 긔.
籍: 글월 젹.　　甚: 심ᄒᆞᆯ 심.　　無: 업슬 무.　　竟: ᄆᆞ춤 경.
學: 비홀 흑.　　優: 나을 우.　　登: 오를 등.　　仕: 벼슬 ᄉ.

攝: 자블 셥.　　職: 벼슬 직.　　從: 조출 죵.　　政: 졍ᄉ 졍.
存: 이실 존.　　以: 뻐 이.　　甘: 들 감.　　棠: 아가외 당.
去: 갈 거.　　而: 말리을 이.　　益: 더을 익.　　詠: 으플 영.

樂: 풍뉴 악.　　殊: 다늘 슈.　　貴: 귀ᄒᆞᆯ 귀.　　賤: 쳔ᄒᆞᆯ 쳔.
禮: 녜도 녜.　　別: 다늘 별.　　尊: 노폴 존.　　卑: ᄂᆞ줄 비.
上: 웃 샹.　　和: 고롤 화.　　下: 아래 하.　　睦: 화목 목.

〈15前〉

夫: 짓아비 부. 唱: 브를 챵. 婦: 며ᄂᆞ리 부. 隨: 조촐 슈.
外: 밧 외. 受: 바ᄃᆞᆯ 슈. 傳: 스승 부. 訓: ᄀᆞᄅᆞ칠 훈.
入: 들 입. 奉: 받들 봉. 母: 어미 모. 儀: 거동 의.

〈15後〉

諸: 모ᄃᆞᆯ 졔. 姑: 할미 고. 伯: ᄆᆞᆮ ᄇᆡᆨ. 叔: 아자비 슉.
猶: ᄀᆞᄐᆞᆯ 유. 子: 아ᄃᆞᆯ ᄌᆞ. 比: 견줄 비. 兒: 아ᄒᆡ ᄋᆞ.
孔: 구무 공. 懷: 푸믈 회. 兄: ᄆᆞᆮ 형. 弟: 아ᄋᆞ 뎨.

〈16前〉

同: 오힌 동. 氣: 긔운 긔. 連: 니을 련. 枝: 가지 지.
交: 사괼 교. 友: 번 우. 投: 더딜 투. 分: ᄂᆞᆫ홀 분.
切: 그츨 졀. 磨: ᄀᆞᆯ 마. 箴: 경계 즘. 規: 법식 규.

〈16後〉

仁: 클 인. 慈: ᄌᆞ빈 ᄌᆞ. 隱: 수믈 은. 惻: 슬홀 측.
造: 지을 조. 次: ᄀᆞᄋᆞᆷ ᄎᆞ. 弗: 말 블. 離: 여흴 리.
節: ᄆᆞᄃᆡ 졀. 義: 올ᄒᆞᆯ 의. 廉: 쳥렴 렴. 退: 므를 퇴.

〈17前〉

顚: 업더딜 뎐. 沛: 졋ᄡᅡ딜 패. 匪: 아닐 비. 虧: 이즐 휴.
性: 셩 셩. 靜: 고요ᄒᆞᆯ 졍. 情: ᄠᅳᆮ 졍. 逸: 편안ᄒᆞᆯ 일.
心: ᄆᆞᄋᆞᆷ 심. 動: 뮐 동. 神: 신령 신. 疲: ᄀᆞᆺᄇᆞᆯ 피.

〈17後〉

守: 디킐 슈. 眞: ᄎᆞᆷ 진. 志: ᄠᅳᆮ 지. 滿: ᄎᆞᆯ 만.
逐: ᄧᅩᄎᆞᆯ 튝. 物: 것 믈. 意: ᄠᅳᆮ 의. 移: 옴길 이.
堅: 구들 견. 持: 가질 디. 雅: ᄆᆞᆯᄀᆞᆯ 아. 操: 자ᄇᆞᆯ 조.

〈18前〉

好: 됴흘 호.　爵: 벼슬 쟉.　自: 스스리 즈.　麋: 얼글 미.

都: 모돌 도.　邑: 고올 읍.　華: 빈날 화.　夏: 녀름 하.

東: 동녁 동.　西: 션녁 셔.　二: 두 이.　京: 셔울 경.

〈18後〉

背: 등 비.　邙: 터 망.　面: 늧 면.　洛: 낙슈 낙.

浮: 뜰 부.　渭: 위슈 위.　據: 루를 거.　涇: 경슈 경.

宮: 집 궁.　殿: 집 뎐.　盤: 서릴 반.　鬱: 덥께츨 울.

〈19前〉

樓: 다락 누.　觀: 볼 관.　飛: 늘 비.　驚: 놀날 경.

圖: 그림 도.　寫: 슬 샤.　禽: 새 금.　獸: 즘승 슈.

畵: 그림 화.　綵: 치싁 치.　仙: 션인 션.　靈: 녕흘 녕.

〈19後〉

丙: 남녁 병.　舍: 집 샤.　傍: 견 방.　啓: 열 계.

甲: 갑 갑.　帳: 댱 댱.　對: 딕답 딕.　楹: 기동 영.

肆: 베플 ᄉ.　筵: 디의 연.　設: 베플 셜.　席: 돗 셕.

〈20前〉

鼓: 갓붑 고.　瑟: 비화 슬.　吹: 불 츄.　笙: 더 싱.

陞: 오를 승.　階: 드리 계.　納: 드릴 랍.　陛: 셤 폐.

弁: 곳갈 변.　轉: 구을 뎐.　疑: 의심 의.　星: 별 셩.

〈20後〉

右: 올흘 우.　通: ᄉ무츨 통.　廣: 너블 광.　內: 안 닉.

左: 월 자.　達: ᄉ무츨 달.　丞: 니을 승.　明: 불골 명.

旣: 이믜 긔.　集: 모돌 집.　墳: 무덤 분.　典: 법 뎐.

〈21前〉

亦: 또 역.　　聚: 모들 취.　　群: 물 군.　　英: 곳썈리 영.
杜: 마글 두.　　藁: 딥 고.　　鍾: 죵ᄌ 죵.　　隷: 글시 예.
漆: 옷 칠.　　書: 글월 셔.　　壁: ᄇ름 벽.　　經: 글월 경.

〈21後〉

府: 마을 부.　　羅: 벌 라.　　將: 쟝슈 쟝.　　相: 서르 샹.
路: 길 로.　　俠: 씰 협.　　槐: 괴화 괴.　　卿: 벼슬 경.
戶: 지게 호.　　封: 봉홀 봉.　　八: 여듧 팔.　　縣: 고을 현.

〈22前〉

家: 집 가.　　給: 줄 급.　　千: 일쳔 쳔.　　兵: 병마 병.
高: 노플 고.　　冠: 곳갈 관.　　陪: 뫼실 비.　　輦: 년 년.
驅: 몰 구.　　轂: 술위통 곡.　　振: 뻘 진.　　纓: 긴 영.

〈22後〉

世: 인간 세.　　祿: 녹 녹.　　侈: 샤치 치.　　富: 가ᄋ멸 부.
車: 술위 거.　　駕: 멍에 가.　　肥: 솔질 비.　　輕: 가비야올 경.
策: 막대 칙.　　功: 공 공.　　茂: 거츨 무.　　實: 염글 실.

〈23前〉

勒: 굴에 륵.　　碑: 빗 비.　　刻: 사길 극.　　銘: 조을 명.
磻: 돌 반.　　溪: 시내 계.　　伊: 저 이.　　尹: ᄆᆫ 윤.
佐: 도을 자.　　時: 시졀 시.　　阿: 두던 아.　　衡: 저울대 형.

〈23後〉

奄: 믄득 엄.　　宅: 집 틱.　　曲: 고블 곡.　　阜: 두던 부.
微: 쟈글 미.　　旦: 아춤 됴.　　孰: 누구 슉.　　營: 지을 영.
桓: 세와들 환.　　公: 구의 공.　　匡: 고틸 광.　　合: 모들 합.

〈24前〉

濟: 건널 제.　　弱: 약홀 약.　　扶: 븓들 부.　　傾: 기울 경.

綺: 깁 긔.　　廻: 도라올 회.　　漢: 한슈 한.　　惠: 은혜 혜.

說: 니놀 셜.　　感: 늣길 감.　　武: 믹올 무.　　丁: 징뎡 뎡.

〈24後〉

俊: 믹을 쥰.　　乂: 어딜 예.　　密: 빅빅홀 밀.　勿: 말 믈.

多: 할 다.　　　士: 션비 〈.　　寔: 잇 식.　　　寧: 편홀 령.

晉: 진국 진.　　楚: 초국 초.　　更: 고틸 깅.　　霸: 웃듬 패.

〈25前〉

趙: 됴국 됴.　　魏: 위국 위.　　困: 잇블 곤.　　橫: 빗씰 횡.

假: 빌 가.　　　途: 길 도.　　　滅: 쁠 멸.　　　虢: 괵국 괵.

踐: 불을 쳔.　　土: 흙 토.　　　會: 모들 회.　　盟: 밍셔 밍.

〈25後〉

何: 엇디 하.　　遵: 조츨 쥰.　　約: 언약 약.　　法: 법 법.

韓: 한국 한.　　弊: 히여딜 폐.　煩: 어즈러울 번.刑: 형벌 형.

起: 닐 긔.　　　翦: 굴길 젼.　　頗: 즈모 파.　　牧: 칠 목.

〈26前〉

用: 뻐 용.　　　軍: 군 군.　　　最: ᄀ장 최.　　精: 졍홀 졍.

宣: 베플 션.　　威: 위엄 위.　　沙: 몰애 사.　　漠: 아득홀 막.

馳: 둘일 티.　　譽: 기릴 예.　　丹: 블글 단.　　靑: 프를 쳥.

〈26後〉

九: 아홉 구.　　州: 고을 쥬.　　禹: 님군 우.　　跡: 자최 젹.

百: 온 빅.　　　郡: 고을 군.　　秦: 진국 진.　　竝: 아올 병.

嶽: 묏부리 악.　宗: 므른 종.　　恒: 샹녜 흥.　　岱: 뫼 딕.

〈27前〉

禪: 터닷글 션.   主: 님 쥬.   云: 니를 운.   亭: 뎡ᄌ 뎡.

雁: 그려기 안.   門: 오래 문.   紫: 블글 ᄌ.   塞: 마글 식.

鷄: 둙 계.   田: 받 뎐.   赤: 블글 젹.   城: 잣 셩.

〈27後〉

昆: 믇 곤.   池: 못 디.   碣: 돌 갈.   石: 돌 셕.

鉅: 톱 거.   野: 드ᄅ 야.   洞: 골 동.   庭: 뜰 뎡.

曠: 너를 광.   遠: 멀 원.   綿: 소음 면.   邈: 멀 막.

〈28前〉

巖: 바회 암.   岫: 묏쑤리 슈.   杳: 아득홀 묘.   冥: 아득홀 명.

治: 다ᄉ릴 티.   本: 밑 본.   於: 늘 어.   農: 녀름지을 롱.

務: 힘쓸 무.   玆: 이 ᄌ.   稼: 곡식시믈 가.   穡: 곡식거둘 식.

〈28後〉

俶: 비릭슬 슉.   載: 시를 지.   南: 앏 남.   畝: 이럼 묘.

我: 나 아.   藝: 시믈 예.   黍: 기장 셔.   稷: 피 직.

稅: 낙 셰.   熟: 니글 슉.   貢: 바틸 공.   新: 새 신.

〈29前〉

勸: 권홀 권.   賞: 샹홀 샹.   黜: 내틸 튤.   陟: 오룰 텩.

孟: 믇 밍.   軻: 술위 가.   敦: 두터울 돈.   素: 힐 소.

史: ᄉ긔 ᄉ.   魚: 고기 어.   秉: 자블 병.   直: 고든 딕.

〈29後〉

庶: 물 셔.   幾: 거의 긔.   中: 가온대 듕.   庸: 샹녜 용.

勞: 잇쓸 로.   謙: 겸손 겸.   謹: 삼갈 근.   勅: 경히홀 틱.

聆: 드룰 령.   音: 소릭 음.   察: 슬필 찰.   理: 다ᄉ릴 리.

<30前>

鑑: 거우루 감.　貌: 양준 모.　辨: 굴힐 변.　色: 빗 식.
貽: 줄 이.　厥: 그 궐.　嘉: 아름다올 가.　猷: 쇠 유.
勉: 힘쓸 면.　其: 그 기.　祗: 공경 지.　植: 시믈 식.

<30後>

省: 슬필 성.　躬: 몸 궁.　譏: 긔롱 긔.　誡: 경곗 계.
寵: 괼 통.　增: 더을 증.　抗: 결울 항.　極: ᄀ재 극.
殆: 바드라올 틱.　辱: 욕훌 욕.　近: 갓싸올 근.　恥: 붓그릴 티.

<31前>

林: 수플 림.　皐: 두던 고.　幸: 힝혀 힝.　卽: 즉제 즉.
兩: 두 냥.　疎: 소통홀 소.　見: 볼 견.　機: 틀 긔.
解: 그룰 히.　組: 인끈 조.　誰: 누구 슈.　逼: 갓싸올 핍.

<31後>

索: 노 삭.　居: 살 거.　閑: 겨ᄅ 한.　處: 곧 쳐.
沈: ᄃ믈 팀.　默: 줌줌 믁.　寂: 괴오 젹.　寥: 괴오 료.
求: 구훌 구.　古: 녜 고.　尋: 츠즐 심.　論: 의논 논.

<32前>

散: 흐틀 산.　慮: ᄉ념 녀.　逍: 노닐 쇼.　遙: 노닐 요.
欣: 깃쓸 흔.　奏: 슬올 주.　累: 더러일 류.　遣: 보낼 견.
戚: 슬플 쳑.　謝: 샤례 샤.　歡: 즐길 환.　招: 브를 툐.

<32後>

渠: 기쳔 거.　荷: 년 하.　的: 마즐 뎍.　歷: 디날 력.
園: 동산 원.　莽: 플 망.　抽: 쌔일 튜.　條: 올 됴.
枇: 나모 비.　杷: 나모 파.　晚: 느즐 만.　翠: 프를 취.

⟨33前⟩

梧: 머귀 오.　桐: 머귀 동.　早: 이를 조.　彫: 뻐러딜 됴.

陳: 무글 딘.　根: 불휘 근.　委: ᄇᆞ릴 위.　翳: ᄀᆞ릴 예.

落: 딜 낙.　葉: 닙 엽.　飄: 부칠 표.　颻: 부칠 요.

⟨33後⟩

遊: 노닐 유.　鵾: 새 곤.　獨: 홀 독.　運: 옴길 운.

凌: 오를 릉.　摩: ᄆᆞᆫ질 마.　絳: 블글 강.　霄: 하늘 쇼.

耽: 즐길 탐.　讀: 닐글 독.　翫: 구경 완.　市: 져제 시.

⟨34前⟩

寓: ᄇᆞ틸 우.　目: 눈 목.　囊: ᄂᆞ 뭇 낭.　箱: 샹ᄌᆞ 샹.

易: 밧골 역.　輶: 가비야올 유.　攸: 바 유.　畏: 저흘 외.

屬: ᄇᆞ틸 쇽.　耳: 귀 이.　垣: 담 원.　墙: 담 쟝.

⟨34後⟩

具: ᄀᆞ촐 구.　膳: 차반 션.　飧: 밥 손.　飯: 밥 반.

適: 마즐 뎍.　口: 입 구.　充: 츨 츙.　腸: 애 댱.

飽: 비브롤 포.　飫: 슬밀 어.　烹: 슬믈 핑.　宰: 버힐 지.

⟨35前⟩

飢: 주릴 긔.　厭: 슬흘 염.　糟: 직강 조.　糠: 겨 강.

親: 친흘 친.　戚: 아ᅀᆞᆷ 쳑.　故: 늘글 고.　舊: 녜 구.

老: 늘글 로.　少: 져믈 쇼.　異: 다롤 이.　糧: 냥식 냥.

⟨35後⟩

妾: 쳡 쳡.　御: 뫼실 이.　績: 질삼 젹.　紡: 질삼 방.

侍: 뫼실 시.　巾: 슈건 건.　帷: 댱 유.　房: 방 방.

紈: 깁 환.　扇: 부체 션.　圓: 두련 원.　潔: 조흘 결.

銀: 은 은.　　燭: 촉 촉.　　煒: 빗날 위.　　煌: 빗날 황.

晝: 낫 듀.　　眠: 조을 면.　　夕: 나죄 셕.　　寐: 잘 미.

藍: 쪽 남.　　筍: 듁슌 슌.　　象: 고키리 상.　　床: 상 상.

絃: 시울 현.　　歌: 놀애 가.　　酒: 술 쥬.　　讌: 이바디 연.

接: 브틀 졉.　　杯: 잔 비.　　擧: 들 거.　　觴: 잔 샹.

矯: 들 교.　　手: 손 슈.　　頓: 구를 돈.　　足: 발 죡.

悅: 깃쓸 열.　　豫: 즐길 예.　　且: 쪼 챠.　　康: 편안 강.

嫡: 뎍실 뎍.　　後: 뒤 후.　　嗣: 니을 ᄉ.　　續: 니을 쇽.

祭: 졔ᄉ 졔.　　祀: 졔ᄉ ᄉ.　　蒸: 뗄 증.　　嘗: 맛볼 샹.

稽: 조을 계.　　顙: 니마 상.　　再: 두 지.　　拜: 절 비.

悚: 두릴 숑.　　懼: 두릴 구.　　恐: 저흘 공.　　惶: 저흘 황.

牋: 죠희 젼.　　牒: 글월 텹.　　簡: 갈략 간.　　要: 죵요 요.

顧: 도라볼 고.　　答: 듸답 답.　　審: 슬필 씸.　　詳: ᄌ셰 샹.

骸: 뼈 히.　　垢: 띠 구.　　想: 스칠 샹.　　浴: 목욕 욕.

執: 자블 집.　　熱: 더울 열.　　願: 원홀 원.　　凉: 서늘 냥.

驢: 나귀 려.　　騾: 로새 라.　　犢: 쇠야지 독.　　特: 쇼 특.

駭: 놀랄 히.　　躍: 뛸 약.　　超: 뛸 툐.　　驤: 들일 양.

誅: 버힐 듀.　　斬: 버힐 참.　　賊: 도적 적.　　盜: 도적 도.

〈39前〉

捕: 자블 포.　　獲: 어들 획.　　叛: 비반 반.　　亡: 업슬 망.

布: 뵈 포.　　　射: 뿔 샤.　　　遼: 멀 료.　　　丸: 탄즈 환.

犧: 희가 희.　　琴: 거믄고 금.　阮: 완가 완.　　嘯: 프람 쇼.

〈39後〉

恬: 안졍 념.　　筆: 붇 필.　　　倫: 물 륜.　　　紙: 죠히 지.

鈞: 므거울 균.　巧: 공굣 교.　　任: 맛들 임.　　釣: 랏질 됴.

釋: 그를 셕.　　紛: 어즈러울 분.利: 니흘 리.　　俗: 풍쇽 쇽.

〈40前〉

竝: 굴올 병.　　皆: 다 기.　　　佳: 아롬다올 가.妙: 묘흘 묘.

毛: 터럭 모.　　施: 베플 시.　　淑: 물글 슉.　　姿: 양즈 즈.

工: 바치 공.　　嚬: 삥길 빈.　　妍: 고울 연.　　笑: 우움 쇼.

〈40後〉

年: 히 년.　　　矢: 살 시.　　　每: 미양 미.　　催: 뵈알 최.

羲: 힛귀 희.　　暉: 힛귀 휘.　　朗: 물글 랑.　　曜: 비췰 요.

璇: 구슬 션.　　璣: 구슬 긔.　　懸: 둘 현.　　　斡: 돌 알.

〈41前〉

晦: 그몸 회.　　魄: 넉 빅.　　　環: 골회 환.　　照: 비췰 죠.

指: マ르칠 지.　薪: 섭 신.　　　脩: 닷질 슈.　　祐: 복 우.

永: 길 영.　　　綏: 편안 유.　　吉: 길흘 길.　　邵: 노플 쇼.

〈41後〉

矩: 모날 구.　　步: 거름 보.　　引: 혈 인.　　　領: 깃 녕.

俯: 구블 부.　　仰: 울얼 앙.　　廊: 힝낭 낭.　　廟: 종묘 묘.

束: 뭇쓸 속.　　帶: 띄 딕.　　　矜: 쟈랑 긍.　　莊: 춤될 장.

〈42前〉

徘: 머믈 비.　徊: 머믈 회.　瞻: 볼 쳠.　眺: 볼 됴.

孤: 외로을 고.　陋: 더러울 루.　寡: 쟈글 과.　聞: 드를 문.

愚: 어릴 우.　蒙: 니블 몽.　等: 글올 등.　誚: 구지즐 쵸.

〈42後〉

謂: 니를 위.　語: 말슴 어.　助: 도을 조.　者: 놈 쟈.

焉: 입겻 언.　哉: 입겻 지.　乎: 온 호.　也: 입겻 야.

2. 《광주천자문光州千字文》

　　(원책: 1쪽~42쪽)

〈1前〉

天: 하늘 텬.　地: 짜 디.　　玄: 가믈 현.　黃: 누를 황.
宇: 집 우.　　宙: 집 듀.　　洪: 너블 홍.　荒: 거츨 황.

〈1後〉

日: 날 실.　　月: 들 월.　　盈: 출 영.　　仄: 기울 칙.
辰: 미르 진.　宿: 잘 슉.　　列: 벌 렬.　　張: 베플 댱.
寒: 출 한.　　來: 올 릭.　　暑: 더울 셔.　往: 갈 왕.

〈2前〉

秋: ᄀ슬 츄.　收: 가들 슈.　　冬: 겨ᄉ 동.　藏: 갈물 장.
閏: 부를 윤.　餘: 나믈 여.　　成: 일 셩.　　歲: 히 셰.
律: 법뿔 률.　呂: 법뿔 려.　　調: 고롤 됴.　陽: 나믹 양.

〈2後〉

雲: 구룸 운.　騰: 늘 등.　　致: 니를 티.　雨: 비 우.
露: 이슬 로.　結: 밀 결.　　爲: 홀 위.　　霜: 셔리 상.
金: 쇠 금.　　生: 날 싱.　　麗: 나오머글 려. 水: 믈 슈.

〈3前〉

玉: 구슬 옥.　出: 날 츌.　　崑: 묏브리 곤.　岡: 묏브리 강.
劍: 칼 검.　　號: 일훔 호.　　巨: 클 거.　　闕: 집 궐.
珠: 구슬 쥬.　稱: 잇ᄀ릭 친.　夜: 밤 야.　　光: 빗 광.

〈3後〉

果: 여름 과.　　珍: 그르 딘.　　李: 외얃 니.　　奈: 멋 내.
菜: ᄂ믈 치.　　重: 므거울 듕.　　芥: 계ᄌᆞᆺ 개.　　薑: 싱양 강.
海: 바다 ᄒᆡ.　　鹹: 쁠 힘.　　河: ᄀᆞ롬 하.　　淡: 믈ᄀᆞᆯ 담.

〈4前〉

鱗: 비ᄂᆞᆯ 린.　　潛: 줌글 줌.　　羽: 지 우.　　翔: ᄂᆞᆯ개 샹.
龍: 미르 룡.　　師: 스승 ᄉᆞ.　　火: 블 화.　　帝: 님금 뎨.
鳥: 새 됴.　　官: 귀 관.　　人: 사ᄅᆞᆷ 인.　　皇: 님금 황.

〈4後〉

始: 비르슬 시.　　制: ᄆᆞᄅᆞᆯ 졔.　　文: 글월 문.　　字: 글월 ᄌᆞ.
乃: 사 내.　　服: 옷 복.　　衣: 옷 의.　　裳: 고외 샹.
推: 밀 튜.　　位: 벼슬 위.　　讓: ᄉᆞ양 양.　　國: 나라 국.

〈5前〉

有: 이실 유.　　虞: 나라 우.　　陶: 딜아비 도.　　唐: 대랑 당.
弔: 됴문 됴.　　民: 빅셩 민.　　伐: 버힐 벌.　　罪: 허믈 죄.
周: 두르 쥬.　　發: 베플 발.　　殷: 은국 은.　　湯: 더을 탕.

〈5後〉

坐: 안즐 자.　　朝: 아촘 됴.　　問: 무를 문.　　道: 도릿 도.
垂: 드를 슈.　　拱: 고즐 공.　　平: 평홀 평.　　章: 글월 쟝.
愛: ᄃᆞᆺ올 ᄋᆡ.　　育: 칠 휵.　　黎: 가믈 려.　　首: 마리 슈.

〈6前〉

臣: 신하 신.　　伏: 굿블 복.　　戎: 되 융.　　羌: 되 강.
遐: 멀 하.　　邇: 갓가올 이.　　壹: 흔 일.　　體: 몸 톄.
率: ᄃᆞ닐 졸.　　賓: 손 빙.　　歸: 갈 귀.　　王: 긔ᄌᆞ 왕.

〈6後〉

鳴: 울 명.　　鳳: 새 봉.　　在: 이실 지.　　樹: 나모 슈.
白: 힌 빅.　　駒: 미야지 구.　　食: 밥 식.　　場: 맏 댱.
化: 될 화.　　被: 니블 피.　　草: 플 초.　　木: 나모 목.

〈7前〉

賴: 힘니블 뢰.　　及: 밋 급.　　萬: 일만 만.　　方: 못 방.
蓋: 두웨 개.　　此: 이 츠.　　身: 몸 신.　　髮: 터럭 발.
四: 넉 ᄉ.　　大: 큰 대.　　五: 다ᄉᆺ 오.　　常: 샹녜 샹.

〈7後〉

恭: 온공 공.　　惟: 오직 유.　　鞠: 칠 국.　　養: 칠 양.
豈: 엇뎌 긔.　　敢: 구틜 감.　　毀: 헐 훼.　　傷: 헐 샹.
女: 겨집 녀.　　慕: ᄉ못 모.　　貞: 고돈 뎡.　　潔: 믈굴 결.

〈8前〉

男: 아ᄃᆞᆯ 남.　　效: ᄌᆞᆯ월 효.　　才: 죄조 지.　　良: 알 량.
知: 알 디.　　過: 디날 과.　　必: 반득 필.　　改: 가실 기.
得: 시를 득.　　能: 능홀 능.　　莫: 말 막.　　忘: 니즐 망.

〈8後〉

罔: 거츨 망.　　談: 말ᄉᆞᆷ 담.　　彼: 뎌 피.　　短: 뎌를 단.
靡: 안등 미.　　恃: 미들 시.　　己: 몸 긔.　　長: 긴 댱.
信: 미들 신.　　使: 브릴 ᄉ.　　可: 직 가.　　覆: 두플 복.

〈9前〉

器: 긔용 긔.　　欲: 바개 욕.　　難: 얼려울 란.　　量: 혜아리 량.
墨: 믁 믁.　　悲: 슬홀 비.　　絲: 실 ᄉ.　　染: 므들 염.
詩: 글월 시.　　讚: 기릴 찬.　　羔: 염 고.　　羊: 염 양.

景: 볃 경.　　行: 녈 힝.　　維: 얼글 유.　　賢: 어딜 현.

剋: 이길 극.　　念: 념흘 념.　　作: 지을 작.　　聖: 님금 셩.

德: 큰 덕.　　建: 셜 건.　　名: 실홈 명.　　立: 셜 닙.

形: 즛 형.　　端: 귿 단.　　表: 밧 표.　　正: 못 졍.

空: 븰 공.　　谷: 골 곡.　　傳: 옴길 뎐.　　聲: 소리 셩.

虛: 븰 허.　　堂: 집 당.　　習: 비홀 습.　　聽: 드를 텽.

禍: 지홧 화.　　因: 지즐 인.　　惡: 모딜 악.　　積: 울 젹.

福: 복 복.　　緣: 말믜 연.　　善: 어딜 션.　　慶: 길결 경.

尺: 자 쳑.　　璧: 구슬 벽.　　非: 안득 비.　　寶: 보빗 보.

寸: ㅁ되 촌.　　陰: ㄱ늘 음.　　是: 이 시.　　競: ㄷ톨 경.

資: 부늘 ㅈ.　　父: 아비 부.　　事: 셤길 ㅅ.　　君: 님굼 군.

曰: 굴 왈.　　嚴: 클 엄.　　與: 다뭇 여.　　敬: 공경 경.

孝: 효도 효.　　當: 반듹 당.　　竭: 다을 갈.　　力: 힘 녁.

忠: 튱셩 튱.　　則: 법즉 즉.　　盡: 다을 진.　　命: 목숨 명.

臨: 디늘 림.　　深: 기플 심.　　履: 볼올 리.　　薄: 열울 박.

夙: 녜 슈.　　興: 닐 흥.　　溫: ㄷ슬 온.　　淸: 츨 청.

似: ㄱ틀 ㅅ.　　蘭: 난초 난.　　斯: 이 ㅅ.　　馨: 곳다을 향.

如: ㄱ틀 여.　　松: 솔 숑.　　之: 갈 지.　　盛: 셩흘 셩.

〈12後〉

川: 내 쳔.　　流: 흐를 류.　　不: 안득 블.　　息: 쉴 식.

淵: 못 연.　　澄: 믈굴 딩.　　取: 아올 쥐.　　映: ㅂ일 영.

容 줏 용.　　止: 그츨 지.　　若: ㄱ틀 약.　　思: ᄉ량 ᄉ.

〈13前〉

言: 말솜 언.　　辭: 말 ᄉ.　　安: 편안 안.　　定: 뎡홀 뎡.

篤: 도타올 독.　　初: 처엄 초.　　誠: 졍셩 셩.　　美: 아름다올 미.

愼: 삼갈 신.　　終: ᄆ춤 죵.　　宜: 맛당 의.　　令: 히 령.

〈13後〉

榮: 영화 영.　　業: 업 업.　　所: 바 소.　　基: 터 긔.

籍: 글월 젹.　　甚: 심홀 심.　　無: 업슬 무.　　竟: ᄆ춤 경.

學: 비홀 획.　　優: 어글어울 우.　　登: 틀 등.　　仕 벼슬 ᄉ.

〈14前〉

攝: 자블 셥.　　職: 벼슬 직.　　從: 조츨 죵.　　政: 졍ᄉ 졍.

存: 이실 존.　　以: 뻐 이.　　甘: 들 감.　　棠: 아가외 당.

去 갈 거.　　而: 마리 이.　　益: 더을 익.　　詠: 이플 영.

〈14後〉

樂: 낙홀 락.　　殊: 다룰 슈.　　貴: 귀홀 귀.　　賤: 쳔홀 쳔.

禮: 절 례.　　別: 다룰 별.　　尊: 존홀 존.　　卑: ᄂ줄 비.

上: 마되 샹.　　和: 고룰 화.　　下: 아래 하.　　睦: 고룰 목.

〈15前〉

夫: 샤옹 부.　　唱: 브를 챵.　　婦: 며ᄂ리 부.　　隨: 조츨 슈.

外: 밧 외.　　受: 틀 슈.　　傅: 스승 부.　　訓: ᄀ르칠 훈.

入: 들 입.　　奉: 바들 봉.　　母: 어미 모.　　儀: 다솜 의.

〈15後〉

諸: 모들 졔.　姑: 할미 고.　伯: 몯 빅.　叔: 아자비 슉.
猶: 오힐 유.　子: 아드 즈.　比: ᄀ졸 비.　兒: 아히 ᄋ.
孔: 구무 공.　懷: 훈출 회.　兄: 몯 형.　弟: 아ᅀ 데.

〈16前〉

同: 오힌 동.　氣: 긔운 씌.　連: 니을 런.　枝: 가지 지.
交: 사괼 교.　友: 번 우.　投: 머드리 투.　分: ᄂ홀 분.
切: ᄀ졀 졀.　磨: 글 마.　箴: 빈혀 줌.　規: 여을 규.

〈16後〉

仁: 클 인.　慈: ᄌ비 ᄌ.　隱: 그을 은.　惻: 슬홀 측.
造 지을 조.　次: ᄀ슴 ᄎ.　弗: 덜 블.　離: 여휠 리.
節 ᄆ듸 졀.　義: 클 의.　廉: 발 렴.　退: ᄆ늘 퇴.

〈17前〉

顚: 업더딜 뎐.　沛: 젓바딜 패.　匪: 이즐 비.　虧: 이즐 휴.
性: 셩 셩.　靜: 괴오 졍.　情: 뜯 졍.　逸: 안일 일.
心 ᄆ슴 심.　動: 뮐 동.　神: 실령 신.　疲: 시드러울 피.

〈17後〉

守: 딕힐 슈.　眞: 춤 진.　志: 뜯 지.　滿: 출 만.
逐: 조출 튝.　物: 갓 믈.　意: 뜯 의.　移: 옴길 이.
堅: 구들 견.　持: 디닐 씨.　雅: 믈글 아.　操: 자볼 조.

〈18前〉

好: 됴홀 호.　爵: 벼ᄉ 쟉.　自: 스스리 ᄌ.　縻: 얼글 미.
都 모들 도.　邑: 고을 읍.　華: 빈날 화.　夏: 녀름 하.
東 동녁 동.　西: 션녁 셔.　二: 두 이.　京: 셔울 경.

〈18後〉

背: 질 비.　　邙: 터 망.　　面: 눈 면.　　洛: 믓ㄱ 낙.
浮: 뜰 부.　　渭: 믓ㄱ 위.　　據: 누를 거.　　涇: 믓ㄱ 경.
宮: 집 궁.　　殿: 집 뎐.　　盤: 서릴 반.　　鬱: 덤쎄울 울.

〈19前〉

樓: 릇 루.　　觀: 볼 관.　　飛: 늘 비.　　驚: 놀날 경.
圖: 그림 도.　　寫: 슬 샤.　　禽: 새 금.　　獸: 즘승 슈.
畵: 그림 화.　　綵: 빗날 치.　　仙: 션간 션.　　靈: 녕홀 령.

〈19後〉

丙: 믇 병.　　舍: 집 샤.　　傍: 견 방.　　啓: 여틀 계.
甲: 갑 갑.　　帳: 댱 댱.　　對: 샹딧 딕.　　楹: 딕누리 영.
肆: 베플 ㅅ.　　筵: 돗 연.　　設: 베플 셜.　　席: 돗 셕.

〈20前〉

鼓: 붑 고.　　瑟: 비화 슬.　　吹: 불 취.　　笙: 뎌 싱.
陞: 되 승.　　階: 버텅 계.　　納: 드릴 납.　　陛: 버텅 폐.
弁: 곡도 변.　　轉: 술위 뎐.　　疑: 의심 의.　　星: 별 셩.

〈20後〉

右: 올홀 우.　　通: ㅅ맛출 통.　廣: 너블 광.　　內: 안 닉.
左: 윌 좌.　　達: ㅅ맛출 달.　丞: 니을 승.　　明: 블굴 명.
旣: 이믜 긔.　　集: 모들 집.　　墳: 무덤 분.　　典: 법 뎐.

〈21前〉

亦: 쏘 역.　　聚: 모들 취.　　群: 물 군.　　英: 곳부리 영.
杜: 진들위 두.　藁: 딥 고.　　鍾: 붑 죵.　　隸: 마치 예.
漆: 옷칠 칠.　　書: 글윌 셔.　　壁: ㅂ름 벽.　　經: 디날 경.

〈21後〉

府: 마을 부.　　羅: 쇠롱 라.　　將: 쟝슈 쟝.　　相: 서르 샹.

路: 길 로.　　　俠: 길 협.　　　槐: 누튀 괴.　　卿: 벼슬 경.

戶: 입 호.　　　封: 봉흘 봉.　　八: 여듧 팔.　　縣: 고을 현.

〈22前〉

家: 집 가.　　　給: 줄 급.　　　千: 즈믄 쳔.　　兵: 병맛 병.

高: 노플 고.　　冠: 곳갈 관.　　陪: 뫼실 빈.　　輦: 술위 년.

驅: 몰 구.　　　轂: 술위 곡.　　振: 너틸 진.　　纓: 갇긴 영.

〈22後〉

世: 누릴 셰.　　祿: 녹 녹.　　　侈: 샤치 치.　　富: 가ᅀᅵ멸 부.

車: 술위 챠.　　駕: 멍에 가.　　肥: 술질 비.　　輕: 가비야올 경.

策: 무을 칙.　　功: 공봇 공.　　茂: 덤거울 무.　實: 염믈 실.

〈23前〉

勒: 굴에 륵.　　碑: 빗 비.　　　刻: 사길 극.　　銘: 조올 명.

磻: 돌 반.　　　溪: 시내 계.　　伊: 소얌 이.　　尹: 믈 윤.

佐: 도올 좌.　　時: 삐니 시.　　阿: 씀 아.　　　衡: 저울 형.

〈23後〉

奄: 클 엄.　　　宅: 집 틱.　　　曲: 고블 곡.　　阜: 두던 부.

微: 마츌 미.　　旦: 아츰 단.　　孰: 누국 슉.　　營: 집 영.

桓: 나모 환.　　公: 공정 공.　　匡: 광짓 광.　　合: 모들 합.

〈24前〉

濟: 거닐 졔.　　弱: 바ᄃᆞ라올 약.　扶: 더위자블 부.　傾: 기울 경.

綺: 깁 긔.　　　廻: 도로 회.　　漢: 하늘 한.　　惠: 은혜 혜.

說: 니를 셜.　　感: 깃글 감.　　武: 믜올 무.　　丁: 순 뎡.

〈24後〉

俊: 어딜 쥰.　　乂: 어딜 애.　　密: 볼 밀.　　勿: 말 믈.
多: 할 다.　　　土: 계춤 ᄉ.　　寔: 클 식.　　寧: 안령 령.
晉: 진국 진.　　楚: 초국 초.　　更: 가실 깅.　　覇: 사홈 패.

〈25前〉

趙: 됴국 됴.　　魏: 위국 위.　　困: 잇쓸 곤.　　橫: 비길 횡.
假: 빌 가.　　　途: 길 도.　　　滅: 쁠 멸.　　虢: 나라 괵.
踐: 불올 쳔.　　土: 흙 토.　　　會: 모들 회.　　盟: 밍셰 밍.

〈25後〉

何: 엇디 하.　　遵: 준홀 준.　　約: 긔약 약.　　法: 법홀 법.
韓: 나라 한.　　弊: 폐홀 폐.　　煩: 어즈러올 번.　刑: 형벌 형.
起: 닐 긔.　　　翦: ᄇ릴 젼.　　頗: ᄌᄆ 파.　　牧: 칠 믁.

〈26前〉

用: ᄡ여 용.　　軍: 군 군.　　　最: 안직 최.　　精: 솝 졍.
宣: 님굼 션.　　威: 위엄 위.　　沙: 몰애 사.　　漠: 아득홀 막.
馳: 들일 티.　　譽: 소릭 예.　　丹: 블글 단.　　靑: ᄑ를 쳥.

〈26後〉

九: 아홉 구.　　州: 고을 쥐.　　禹: 님금 우.　　跡: 자최 젹.
百: 온 빅.　　　郡: 고을 군.　　秦: 나라 진.　　幷: 아올 병.
嶽: 묏부리 악.　宗: ᄆᄅ 죵.　　恒: 흥상 흥.　　岱: 뫼 딕.

〈27前〉

禪: 션뎡 션.　　主: 님 쥬.　　　云: ᄀ를 운.　　亭: 뎡ᄌ 뎡.
鴈: 그러기 안.　門: 오래 문.　　紫: 블글 ᄌ.　　塞: ᄀ실 식.
鷄: 둙 계.　　　田: 밭 뎐.　　　赤: 블글 젹.　　城: 잣 셩.

〈27後〉

昆: 믈 곤.　池: 못 디.　碣: 돌 갈.　石: 돌 셕.

鉅: 톱 거.　野: 뫼 야.　洞: 골 동.　庭: 뜰 뎡.

曠: 힛긔 광.　遠: 멀 원.　綿: 소옴 면.　邈: 아닥홀 막.

〈28前〉

巖: 바회 암.　岫: 묏부리 슈.　杳: 아득홀 묘.　冥: 아득홀 명.

治: 다스릴 티.　本: 믿 본.　於: 늘 어.　農: 녀름지을 롱.

務: 힘쁠 무.　兹: 일 즈.　稼: 시믈 가.　穡: 벼뷜 식.

〈28後〉

俶: 비르슬 슉.　載: 시르 지.　南: 앏 남.　畝: 이랑 묘.

我: 나 아.　藝: 지조 예.　黍: 기장 셔.　稷: 피 직.

稅: 이삭 셰.　熟: 니글 슉.　貢: 바틸 공.　新: 새 신.

〈29前〉

勸: 권홀 권.　賞: 샹홀 샹.　黜: 내조출 튤.　陟: 올릴 텩.

孟: 믿올 밍.　軻: 술위 가.　敦: 도타올 돈.　素: 힐 소.

史: 스긔 스.　魚: 고기 어.　秉: 자볼 병.　直: 고든 딕.

〈29後〉

庶: 물 셔.　幾: 몃마 긔.　中: 가온디 듕.　庸: 듕용 용.

勞: 잇블 로.　謙: 말솜 겸.　謹: 말솜 근.　勅: 저릴 틱.

聆: 드릉 령.　音: 소릭 음.　察: 슬필 찰.　理: 고틸 리.

〈30前〉

鑑: 거우로 감.　貌: 즛 모.　辨: 굴힐 변.　色: 빗 싴.

貽: 기틸 이.　厥: 적 궐.　嘉: 아름다올 가.　猷: 쇠 유.

勉: 힘쁠 면.　其: 적 기.　祗: 오직 지.　植: 시믈 식.

〈30後〉

省: 슬필 싱.　躬: 몸 궁.　譏: 우슬 긔.　誡: 브즈런흔 계.

寵: 괴일 통.　增: 더을 증.　抗: ㄱ재 항.　極: ㄱ재 극.

殆: 바ᄃ라올 틱.　辱: 욕홀 욕.　近: 갓가올 근.　恥: 붓그릴 티.

〈31前〉

林: 수플 림.　皋: 두던 고.　幸: 힝홀 힝.　卽: 고 즉.

兩: 두 냥.　疎: 섯글 소.　見: 볼 견.　機: 틀 긔.

解: 그르 히.　組: 인씬 조.　誰: 누굿 슈.　逼: 버길 핍.

〈31後〉

索: 노 삭.　居: 살 거.　閑: 겨늘 한.　處: 바라 쳐.

沈: ᄃ몰 팀.　黙: 괴외 믁.　寂: 괴외 젹.　寥: 괴외 료.

求: 구홀 구.　古: 녜 고.　尋: 츠줄 심.　論: 말ᄉᆞᆷ 논.

〈32前〉

散: 흐틀 산.　慮: ᄉᆞ년 려.　逍: 아ᄉᆞ라올 쇼.　遙: 아ᄉᆞ라올 요.

欣: 깃글 흔.　奏: ᄉᆞ올 주.　累: ᄯᅴ 류.　遣: 보낼 견.

慼: 슬흘 쳑.　謝: 샤녯 샤.　歡: 깃글 환.　招: 브를 툐.

〈32後〉

渠: 걸 거.　荷: 년 하.　的: 마줄 뎍.　歷: 디날 력.

園: 위원 원.　莽: 쌔일 망.　抽: 쌔일 듀.　條: 올 됴.

枇: 나모 피.　杷: 나모 파.　晚: 느즐 만.　翠: 프늘 취.

〈33前〉

梧: 머귀 오.　桐: 머귀 동.　早: 이를 조.　彫: 뜯드를 됴.

陳: 무글 딘.　根: 불희 근.　委: ᄇᆞ릴 위.　翳: ㄱ릴 예.

落: 딜 락.　葉: 닙 엽.　飄: 나봇필 표.　飆: 나봇필 요.

〈33後〉

遊: 노릴 유.　鵾: 뭇닭 곤.　獨: 홀을 독.　運: 옴길 운.
凌: 업쇼올 릉.　摩: 只릴 마.　絳: 블글 강.　霄: 하늘 쇼.
耽: 귀울 탐.　讀: 닐글 독.　翫: 샹원 완.　市: 져제 시.

〈34前〉

寓: 브를 우.　目: 눈 목.　囊: 느믓 랑.　箱: 샹즛 샹.
易: 밧골 셕.　輶: 술위 유.　攸: 배 유.　畏: 저홀 외.
屬: 브틀 쇽.　耳: 귀 이.　垣: 담 원.　墻: 담 쟝.

〈34後〉

具: ᄀ존 구.　膳: 션믈 션.　飧: 반찬 찬.　飯: 법 반.
適: 마졸 뎍.　口: 입 구.　充: 출 츙.　膓: 새 댱.
飽: 비출 포.　飫: 비출 어.　烹: 술믈 핑.　宰: 사홀 지.

〈35前〉

飢: 주릴 긔.　厭: 아쳘 염.　糟: 스라기 조.　糠: 겨 강.
親: 어버이 친.　戚: 아슴 쳑.　故: 주글 고.　舊: 녜 구.
老: 늘글 로.　少: 아히 쇼.　異: 다를 이.　糧: 약식 량.

〈35後〉

妾: 곳갓 쳡.　御: 님금 어.　紡: 쑤리 방.　績: 쑤리 젹.
侍: 뫼실 시.　巾: 뵈 건.　帷: 댱 유.　房: 구돌 방.
紈: 깁 환.　扇: 부체 션.　圓: 두리 원.　潔: 츨 결.

〈36前〉

銀: 은 은.　燭: 쵸 쵹.　煒: 홰 휘.　煌: 홰 황.
晝: 낫 듀.　眠: 조ᄉ름 면.　夕: 나죄 셕.　寐: 잘 미.
藍: 족 남.　筍: 대 슌.　象: 고키리 샹.　床: 나모 상.

〈36後〉

絃: 시울 현.　歌: 놀애 가.　酒: 술 쥬.　讌: 잔치 연.
接: 브틀 졉.　杯: 잔 빅.　擧: 들 거.　觴: 잔 샹.
矯: 납짜올 교.　手: 손 슈.　頓: 조올 돈.　足: 발 죡.

〈37前〉

悅: 깃글 열.　豫: 미리 예.　且: 쏘 챠.　康: 안강 강.
嫡: 뎍실 뎍.　後: 뒤 후.　嗣: 니을 ᄉ.　續: 니을 쇽.
祭: 이바들 졔.　祀: 이바들 ᄉ.　蒸: ᄢᅵᆯ 증.　嘗: 맛볼 샹.

〈37後〉

稽: 니마 계.　顙: 니마 상.　再: 노올 지.　拜: 절 빅.
悚: 저흘 속.　懼: 저흘 구.　恐: 저흘 공.　惶: 저흘 황.
牋: 글월 젼.　牒: 글월 텹.　簡: 글월 간.　要: 요강 요.

〈38前〉

顧: 도라볼 고.　答: 되답 답.　審: 슬필 심.　詳: 슬필 샹.
骸: 쎠 히.　垢: ᄣᅵ 구.　想: 슷칠 샹.　浴: 모욕 욕.
執: 자블 집.　熱: 더울 열.　願: 원홀 원.　凉: 간다올 량.

〈38後〉

驢: 나괴 려.　騾: 노새 로.　犢: 쇼야지 독.　特: 쇼 특.
駭: 롤랄 히.　躍: 봉노을 약.　超: 건닐 툐.　驤: 굴월 양.
誅: 버힐 듀.　斬: 버힐 참.　賊: 도적 적.　盜: 도적 도.

〈39前〉

捕: 자블 보.　獲: 시를 획.　叛: 빅반 반.　亡: 주글 망.
布: 뵈 포.　射: 쏠 샤.　遼: 료동 료.　丸: 모작 환.
嵇: 히강 히.　琴: 거믄고 금.　阮: 완적 완.　嘯: ᄑᆞ람 쇼.

〈39後〉

恬: 알렴 렴.　　筆: 붇 필.　　倫: 물 륜.　　紙: 죠히 지.

鈞: 도관 균.　　巧: 공곳 교.　　任: ᄀ옴 임.　　釣: 낙슬 됴.

釋: 그를 셕.　　紛: 어즈러울 분.　利: 늘카올 리.俗 풍쇽 쇽.

〈40前〉

並: 다믓 병.　　皆: 다 기.　　佳: 됴흘 가.　　妙: 미못 묘.

毛: 터럭 모.　　施: 베플 시.　　淑: 물굴 슉.　　姿: 고올 ᄌ.

工: 바지 공.　　嚬: 띵일 빙.　　姸: 나머글 연.　笑: 우음 쇼.

〈40後〉

年: 히 년.　　矢: 살 시.　　每: 니으 미.　　催: 븨알 최.

羲: 힛귀 희.　　暉: 힛귀 휘.　　朗: 물굴 랑.　　曜: 빗날 요.

璇: 구슬 션.　　璣: 구슬 긔.　　懸: 들 현.　　斡: 웃듬 간.

〈41前〉

晦: 그믐 회.　　魄: 넉 빅.　　環: 골히 환.　　照: 브일 죠.

指: 손가락 지.　薪: 섭 신.　　脩: 길 슈.　　祐: 도을 우.

永: 긴 영.　　綏: 편흘 유.　　吉: 멀 길.　　邵: 힘쓸 쇼.

〈41後〉

矩: 고븐자 구.　步: 거름 보.　　引: 혈 인.　　領: 목 령.

俯: 구블 부.　　仰: 울월 앙.　　廊: 힝낭 낭.　　廟: 종묘 묘.

束: 뭇 속.　　帶: 씌 디.　　矜: 쟈랑 ᄉᆞᆼ.　莊: 쑤밀 쟝.

〈42前〉

徘: 머믈 빈.　　個: 머믈 회.　　瞻: 볼 쳠.　　眺: 볼 도.

孤: 외ᄅᆞ올 고.　陋: 더러울 루.　寡: 홀어비 과.　聞: 드늘 문.

愚: 어릴 우.　　蒙: 니블 몽.　　等: 굴을 등.　　誚: 쑤숑 쵸.

〈42後〉
　謂: 니를 위.　　語: 말슴 어.　　助: 도올 조.　　者: 놈 쟈.
　焉: 입겻 언.　　哉: 입겻 지.　　乎: 온 호.　　　也: 입겻 야.

3.《주해천자문註解千字文》
(원책: 1쪽~42쪽)

〈1前〉
天 한을 텬.
地 짜 디.
玄 감을 현.
黃 누르 황.
宇 쳠하 우.
宙 집무른 쥬.
洪 넙을 홍.
荒 ①클 황. ②거츨 황.

〈1後〉
日 날 일.
月 둘 월.
盈 출 영.
仄 기울 측.
辰 ①별 진. ②째 신.
宿 ①잘 슉. ②본뒤 슉.
列 벌 렬.
張 ①활지을 쟝. ②커질 쟝.
寒 출 한.
來 보리 릭.
暑 더울 셔.
往 갈 왕.

〈2前〉

秋 ᄀ을 츄.

收 거들 슈.

冬 겨을 동.

藏 ①ᄀᆷ출 장. ②곳집 장.

閏 윤들 윤.

餘 남을 여.

成 이올 셩.

歲 ᄒᆡ 셰.

律 ①곡됴 률. ②법측 률.

呂 ①곡됴 려. ②등ᄆᆞ르 려.

調 ①고를 됴. ②곡됴 됴. ③ᄉᆌᆯ 됴. ④긔롱 됴.

陽 ①양긔 양. ②양디 양. ③볏 양.

〈2後〉

雲 구름 운.

騰 소슬 등.

致 ①닐윌 치. ②극진ᄒᆞᆯ 치.

雨 ①비 우. ②ᄂᆞ릴 우.

露 ①이슬 로. ②드러날 로.

結 ᄆᆡ줄 결.

爲 ①ᄒᆞᆯ 위. ②위ᄒᆞᆯ 위.

霜 서리 상.

金 쇠 금.

生 ①날 ᄉᆡᆼ. ②살 ᄉᆡᆼ.

麗 ①고을 려. ②브틀 리.

水 믈 슈.

〈3前〉

玉 옥 옥.

出 ①날 츌. ②내칠 츌. ③내칠 츄.

崑 뫼 곤.

岡 묏ᄆᄅ 강.

劍 칼 검.

號 ①일홈 호. ②브를 호. ③호령 호.

巨 클 거.

闕 ①집 궐. ②뷜 궐.

珠 구슬 쥬.

稱 ①일ᄏ를 칭. ②저울 칭. ③들 칭. ④맛ᄀ즐 칭. ⑤들 칭.

夜 ①밤 야. ②익 읍.

光 빗 광.

〈3後〉

果 ①여름 과. ②결단ᄒᆞᆯ 과.

珍 보비 진.

李 외얏 리.

奈 ①멋 내. ②엇지 내.

菜 ᄂᆞ믈 ᄎᆞ.

重 ①무거올 쥼. ②겹 쥼. ③다시 쥼.

芥 계ᄌᆞ 개.

薑 ᄉᆡ양 강.

海 바다 ᄒᆡ.

鹹 ᄣᆞᆯ 함.

河 하슈 하.

淡 ①승거올 담. ②물거동 담.

〈4前〉

鱗 비늘 린.

潛 ①줌길 쳠. ②쳠슈 쳠.

羽 짓 우.

翔 늘 샹.

龍 미르 룡.

師 ①벼슬 스. ②스승 스. ③군스 스.

火 불 화.

帝 ①님금 뎨. ②샹뎨 뎨.

鳥 새 됴.

官 벼슬 관.

人 사름 인.

皇 ①님금 황. ②클 황. ③아름다올 황.

〈4後〉

始 비로슬 시.

制 ①지을 졔. ②졔도 졔.

文 ①글월 문. ②꾸밀 문.

字 ①그월 즈. ②기를 즈.

乃 ①이에 내. ②너 내.

服 ①니블 복. ②옷 복. ③항복 복.

衣 ①옷 의. ②니블 의.

裳 치마 샹.

推 ①밀 츄. ②츠즐 츄. ③밀칠 퇴.

位 ①자리 위. ②항렬 위.

讓 ①스양 양. ②꾸지즐 양.

國 나라 국.

〈5前〉

有 ①이실 유. ②쏘 유.

虞 ①우국 우. ②추우 우. ③혜아릴 우.

陶 ①딜것 도. ②고요 요. ③즐길 요. ④들릴 도.

唐 ①당국 당. ②큰말 당. ③길 당.

弔 ①됴문 됴. ②니를 뎍.

民 빅셩 민.

伐 ①칠 벌. ②쟈랑 벌.

罪 ①허믈 죄. ②그믈 죄.

周 ①쥬국 쥬. ②두루 쥬.

發 베플 발.

殷 ①은국 은. ②만흘 은. ③검불글 안. ④우레소릭 은.

湯 ①탕슈 탕. ②쓸힐 탕. ③물결 샹.

〈5後〉

坐 안즐 좌.

朝 ①죠뎡 죠. ②아춤 죠. ③죠회 죠.

問 무를 문.

道 ①도리 도. ②길 도. ③닐을 도.

垂 ①드리울 슈. ②거의 슈.

拱 고즐 공.

平 ①평홀 평. ②평이홀 편. ③화친홀 평.

章 ①붉글 쟝. ②곡됴 쟝. ③글월 쟝. ④법 쟝.

愛 ①스랑 익. ②앗길 익.

育 칠 육.

黎 ①감을 려. ②만흘 려.

首 ①머리 슈. ②읏듬 슈.

〈6前〉
臣 신하 신.
伏 ①업딀 복. ②알 안을 부.
戎 ①되 융. ②병잠기 융. ③너 융. ④클 융.
羌 되 강.
遐 멀 하.
邇 갓가올 이.
壹 ①흔 일. ②인온 인. ③젼일 일.
體 몸 톄.
率 ①드릴 슐. ②조츨 슐. ③구률 률. ④쟝슈 슈. ⑤그믈 슈.
賓 ①항복 빈. ②손 빈. ③마즐 빈.
歸 ①도라갈 귀. ②먹일 궤.
王 ①죠회 왕. ②님금 왕. ③왕홀 왕. ④왕셩 왕.

〈6後〉
鳴 울 명.
鳳 봉황 봉.
在 ①이실 직. ②슬필 직.
樹 ①나무 슈. ②시믈 슈.
白 ①흰 빅. ②살을 빅.
駒 미야지 구.
食 ①먹을 식. ②음식 식. ③밥 ᄉ. ④먹일 ᄉ. ⑤이긔 이.
場 마당 쟝.
化 될 화.
被 ①미츨 피. ②니블 피. ③닙을 피.
草 ①풀 초. ②글초 초.
木 나모 목.

〈7前〉

賴 ①힘닙을 뢰. ②넉넉홀 뢰. ③원슈 뢰.

及 ①미출 급. ②니믈 급.

萬 ①일만 만. ②벌 만.

方 ①방소 방. ②모 방. ③견졸 방. ④브야흐로 방.

蓋 ①대개 개. ②더플 개. ③갑가 갑. ④고을 합.

此 이 츠.

身 몸 신.

髮 털억 발.

四 넉 ᄉ.

大 ①큰 대. ②ᄀ장 태. ③큰 다.

五 다ᄉ 오.

常 ①덛덛홀 샹. ②샹례 샹.

〈7後〉

恭 온공 공.

惟 ①싱각 유. ②오직 유.

鞠 ①칠 국. ②데기 국. ③다ᄉ릴 국.

養 ①칠 양. ②공양 양.

豈 ①엇지 긔. ②개데 개. ③개가 개.

敢 구틔여 감.

毁 ①헐 훼. ②허러질 훼. ③훼방홀 훼. ④훼방 훼.

傷 ①헐 샹. ②슬플 샹.

女 ①겨딥 녀. ②ᄯᆯ 녀. ③너 여. ④ᄯᆯ보낼 녀.

慕 ᄉ모 모.

貞 고들 졍.

烈 ①밍렬 렬. ②공렬 렬.

〈8前〉

男 ①ᄉ나히 남. ②아들 남. ③벼슬 일홈 남.

效 ①본볼 효. ②효험 효. ③드릴 효.

才 ①ᄌ죄조 직. ②ᄌ목 직. ③겨요 직.

良 어딜 량.

知 ①알 지. ②지혜 지.

過 ①허물 과. ②디날 과.

必 ①반듯 필. ②도디게 필.

改 고칠 기.

得 어들 득.

能 ①잘홀 능. ②즘승 능. ③쟈라 내. ④견딜 내.

莫 ①말 막. ②져믈 모. ③ᄂᆞ믈 모. ④고요홀 믹.

忘 니즐 망.

〈8後〉

罔 ①업슬 망. ②그믈 망. ③소길 망.

談 말슴 담.

彼 져 피.

短 ①져를 단. ②나무라홀 단.

靡 ①업슬 미. ②쓸릴 미. ③샤치 미. ④흐틀 미.

恃 미들 시.

己 몸 긔.

長 ①긴 쟝. ②미양 쟝. ③어룬 쟝. ④기릐 쟝.

信 ①밋블 신. ②미들 신. ③긔별 신.

使 ①ᄒᆞ야금 ᄉ. ②브릴 ᄉ. ③브리일 시.

可 ①올홀 가. ②허홀 가.

覆 ①다시 복. ②업칠 복. ③더플 부.

<9前>

器 그릇 긔.

欲 ①ᄒᆞ고져홀 욕. ②욕심 욕.

難 ①어려올 난. ②환난 난. ③론난 난. ④셩홀 나.

量 ①혜아릴 량. ②말되 량. ③한량 량.

墨 ①믁가 믁. ②먹 믁. ③형벌 믁.

悲 슬플 비.

絲 실 ᄉᆞ.

染 ①믈들 염. ②더러일 염.

詩 글 시.

讚 기릴 찬.

羔 양 고.

羊 양 양.

<9後>

景 ①클 경. ②볏 경. ③그림재 영.

行 ①길 힝. ②닐 힝. ③힝실 힝. ④줄 항. ⑤무리 항.

維 ①오직 유. ②얼글 유.

賢 ①어딜 현. ②나올 현.

剋 이길 극.

念 싱각 념.

作 ①지을 작. ②비르슬 작. ③니러날 작. ④지을 주.

聖 ①통명 셩. ②셩인 셩.

德 큰 덕.

建 ①셜 건. ②세울 건.

名 일홈 명.

立 셜 립.

〈10前〉

形 얼굴 형.

端 ①바롤 단. ②긋 단.

表 ①밧 표. ②웃옷 표. ③글월 표.

正 ①바롤 졍. ②졍월 졍. ③솔가온대 졍.

空 ①빌 공. ②구무 공. ③업슬 공.

谷 ①골 곡. ②궁홀 곡.

傳 ①젼홀 젼. ②글월 젼. ③역젼 젼. ④관젼 젼.

聲 소릐 셩.

虛 빌 허.

堂 집 당.

習 니길 습.

聽 드롤 텽.

〈10後〉

禍 지화 화.

因 인홀 인.

惡 ①사오나올 악. ②뮈올 오. ③엇지 오.

積 ①싸흘 젹. ②싸흘 ᄌ.

福 복 복.

緣 ①말믜 연. ②옷깃 연. ③단의 단.

善 ①어딜 션. ②착히너길 션.

慶 ①경ᄉ 경. ②어조ᄉ 강.

尺 자 쳑.

璧 규벽 벽.

非 ①아닐 비. ②그를 비. ③외다홀 비.

寶 보비 보.

〈11前〉

寸 치 촌.

陰 ①그늘 음. ②음긔 음. ③음디 음.

是 ①이 시. ②올흘 시.

競 ①두톨 경. ②강흘 경.

資 ①ᄌ뢰 ᄌ. ②지물 ᄌ. ③도을 ᄌ. ④ᄌ질 ᄌ.

父 ①아비 부. ②아름다올 보.

事 ①셤길 ᄉ. ②일 ᄉ.

君 ①님금 군. ②그듸 군.

曰 ①글 월. ②이에 월.

嚴 ①싁싁홀 엄. ②경계홀 엄.

與 ①더불 여. ②참여 여. ③허흘 여. ④어조ᄉ 여.

敬 공경 경.

〈11後〉

孝 효도 효.

當 ①맛당 당. ②마줄 당. ③쥬홀 당. ④뎐당 당. ⑤밋 당.

竭 ①다흘 갈. ②ᄆ물 걸.

力 ①힘 력. ②힘쁠 력.

忠 츙셩 츙.

則 ①곳 즉. ②법 즉.

盡 ①다흘 진. ②극진 진.

命 ①목숨 명. ②명홀 명.

臨 ①림홀 림. ②곡림 림.

深 ①기플 심. ②기픠 심.

履 ①ᄇ를 리. ②신 리.

薄 ①열울 박. ②발 박. ③다흘 박. ④잠간 박.

〈12前〉

夙 이를 슉.

興 ①닐 흥. ②흥기 흥.

溫 ①드슬 온. ②온쟈 온. ③니킬 온.

凊 서늘 쳥.

似 ①ᄀᆞ틀 ᄉᆞ. ②나을 ᄉᆞ. ③향홀 ᄉᆞ.

蘭 란초 란.

斯 ①이 ᄉᆞ. ②째칠 ᄉᆞ.

馨 곳ᄽᅡ올 형.

如 ①ᄀᆞ틀 여. ②갈 여. ③엇지 여.

松 솔 숑.

之 ①말ᄼᅳᆯ지. ②갈 지.

盛 ①셩홀 셩. ②담을 셩.

〈12後〉

川 내 쳔.

流 ①흐를 류. ②내칠 류.

不 ①아닐 불. ②아닌가 부. ③가부 부.

息 ①그칠 식. ②숨 식. ③ᄌᆞ식 식. ④늘 식.

淵 ①못 연. ②기플 연.

澄 믈ᄀᆞᆯ 징.

取 ①가딜 츄. ②자불 추. ③혼츄 츄.

映 비췰 영.

容 ①얼굴 용. ②용납 용.

止 ①그칠지. ②어조ᄉᆞ 지.

若 ①ᄀᆞ틀 약. ②향초 약. ③슌홀 약. ④너 약. ⑤지혜 약.

思 ①싱각 ᄉᆞ. ②어조ᄉᆞ ᄉᆞ. ③의ᄉᆞ ᄉᆞ.

〈13前〉

言 ①말솜 언. ②어조亽 언.

辭 ①말솜 亽. ②글월 亽. ③亽양 亽.

安 ①평안 안. ②엇지 안.

定 ①일뎡 뎡. ②고기 뎡. ③니마 뎡.

篤 ①도타올 독. ②심홀 독.

初 처엄 초.

誠 ①진실노 셩. ②졍셩 셩.

美 아름다올 미.

愼 삼갈 신.

終 ᄆ춤 죵.

宜 맛당 의.

令 ①어딜 령. ②법령 령. ③ᄒ야곰 령. ④벼슬 일홈 령.

〈13後〉

榮 ①빗날 영. ②셩홀 영. ③영위 영.

業 ①업 업. ②북틀 업. ③셰간 업. ④위틱 업.

所 ①바 소. ②곳 소.

基 터 긔.

籍 ①슷두어릴 젹. ②글월 젹. ③어즈러울 젹.

甚 ①심홀 심. ②므슴 심.

無 ①업슬 무. ②셩홀 무.

竟 ①ᄆ춤 경. ②디경 경.

學 ①비홀 학. ②학교 학. ③ᄀᄅ칠 학.

優 ①넉넉 우. ②나을 우. ③챵우 우.

登 오룰 등.

仕 벼슬 亽.

〈14前〉

攝 ①겸홀 셥. ②자블 셥.

職 ①벼슬 직. ②맛들 직. ③젼혀 직.

從 ①조츨 죵. ②조츤 죵. ③결닌 죵. ④총용 총.

政 졍亽 졍.

存 ①이실 존. ②무를 존.

以 뻐 이.

甘 둘 감.

棠 아가외 당.

去 ①갈 거. ②덜 거.

而 ①말니을 이. ②나롯 이. ③너 이.

益 더을 익.

詠 을플 영.

〈14後〉

樂 ①풍류 악. ②즐길 락. ③됴히 너길 요.

殊 ①다를 슈. ②주글 슈. ③어조亽 슈.

貴 귀홀 귀.

賤 쳔홀 쳔.

禮 례돗 례.

別 ①다를 별. ②눈홀 별. ③써날 별.

尊 ①노플 존. ②술준 준.

卑 ᄂ즐 비.

上 ①웃 샹. ②오를 샹. ③더을 샹. ④승샹 샹.

和 ①화홀 화. ②고를 화. ③듸답 화.

下 ①아래 하. ②ᄂ릴 하. ③ᄂ죽이홀 하.

睦 화목 목.

〈15前〉
夫 ①지아비 부. ②쟝부 부. ③어조ᄉ 부.
唱 ①몬져홀 챵. ②부를 챵.
婦 ①안해 부. ②며ᄂ리 부.
隨 조츨 슈.
外 ①밧 외. ②믈리칠 외.
受 바들 슈.
傅 ①스승 부. ②도을 부. ③부틀 부. ④부회 부.
訓 ①ᄀᄅ칠 훈. ②훈고 훈.
入 ①들 입. ②드릴 입.
奉 ①밧들 봉. ②록봉 봉.
母 어미 무.
儀 거동 의.

〈15後〉
諸 ①모들 져. ②어조ᄉ 져.
姑 ①ᄌ미 고. ②어미 고. ③아직 고.
伯 ①묏 빅. ②벼슬 일홈 빅. ③왕파 파.
叔 ①버금 슉. ②거둘 슉. ③수슉 슉. ④콩 슉.
猶 ①ᄀ틀 유. ②개 유. ③오히려 유. ④쇠 유.
子 ①ᄌ식 ᄌ. ②벼슬 일홈 ᄌ. ③그듸 ᄌ.
比 ①견줄 비. ②빅빅 비. ③미츨 비. ④ᄎ례 필.
兒 ①아히 ᄋ. ②예가 예.
孔 ①심홀 공. ②구무 공.
懷 ①싱각 회. ②픔을 회.
兄 ①묏 형. ②부를 황.
弟 ①아ᄋ 뎨. ②효뎨 뎨. ③ᄎ례 뎨.

〈16前〉

同 ①혼가지 동. ②술그릇 동.

氣 긔운 긔.

連 련홀 련.

枝 ①가지 지. ②견딜 지.

交 ①사괼 교. ②서르 교.

友 ①벗 우. ②우이 우.

投 ①더질 투. ②줄 투.

分 ①분수 분. ②는홀 분. ③분촌 분.

切 ①버힐 졀. ②근졀 졀. ③급홀 쳬.

磨 ①글 마. ②매 마.

箴 ①경계 침. ②바늘 침.

規 ①경계 규. ②규구 규. ③즈규 규.

〈16後〉

仁 ①어딜 인. ②삐 인.

慈 즈비 즈.

隱 ①슬플 은. ②수물 은. ③비길 은.

惻 슬플 측.

造 ①조츠 조. ②지을 조. ③갈 조.

次 ①조츠 츠. ②머물 츠. ③버금 츠. ④츠례 츠. ⑤슈식 츠.

弗 ①아닐 불. ②불겨 불.

離 ①써날 리. ②귓고리 리. ③브릴 리. ④브틀 리.

節 ①졀조 졀. ②ᄆ디 졀. ③존졀 졀.

義 올흘 의.

廉 ①쳥렴 렴. ②모날 렴.

退 ①므를 퇴. ②물리칠 퇴.

〈17前〉

顚 ①업더딜 뎐. ②니마 뎐. ③묏부리 뎐.

沛 ①졋쌔딜 패. ②물 패. ③비올 패.

匪 ①아닐 비. ②그릇 비. ③빗날 비. ④눈홀 분.

虧 이즐 규.

性 셩픔 셩.

靜 고요 졍.

情 쓷 졍.

逸 ①노흘 일. ②편안 일. ③쵸일흘 일. ④숨을 일.

心 므음 심.

動 움즉일 동.

神 ①졍신 신. ②귀신 신.

疲 잇쌀 피.

〈17後〉

守 ①직킐 슈. ②슈령 슈.

眞 춤 진.

志 ①쓷 지. ②긔록흘 지.

滿 츨 만.

逐 ①조츨 튝. ②쪼츨 튝.

物 ①것 믈. ②일 믈.

意 ①쓷 의. ②억탁 억.

移 옴길 이.

堅 구들 견.

持 가딜 지.

雅 ①바룰 아. ②가마괴 아. ③샹례 아. ④풍류 아.

操 ①결조 조. ②잡을 조. ③곡됴 조.

〈18前〉

好 ①됴홀 호. ②묘히 너길 호. ③구무 호.

爵 ①벼슬 쟉. ②새 쟉. ③글 쟉.

自 ①스스리 즈. ②브틀 즈.

糜 얼킬 미.

都 ①도읍 도. ②모돌 도. ③이실 도. ④아름다올 도.

邑 ①고을 읍. ②슬플 읍.

華 ①즁화 화. ②곳 화. ③빗날 화. ④화산 화.

夏 ①화하 하. ②녀름 하. ③클 하. ④집 하.

東 동녁 동.

西 셔녁 셔.

二 두 이.

京 ①셔울 경. ②클 경. ③두던 경. ④ㄱ틀 경.

〈18後〉

背 ①등 비. ②어길 패.

邙 뫼 망.

面 ᄂᆞᆺ 면.

洛 락슈 락.

浮 ᄯᅳᆯ 부.

渭 위슈 위.

據 누룰 거.

涇 경슈 경.

宮 ①집 궁. ②형벌 궁.

殿 ①집 뎐. ②뒤딜 뎐. ③뎡홀 뎐.

盤 ①서릴 반. ②그릇 반.

鬱 ①딥거츨 울. ②답답홀 울.

〈19前〉

樓 다락 루.

觀 ①집 관. ②볼 관. ③뵐 관.

飛 늘 비.

驚 놀날 경.

圖 ①그림 도. ②도모홀 도.

寫 ①그릴 샤. ②쓰들 샤.

禽 ①새 금. ②사로자블 금.

獸 즘승 슈.

畫 ①그릴 홰. ②그을 획.

綵 ①비단 치. ②치식 치.

仙 신션 션.

靈 ①신령 령. ②어딜 령.

〈19後〉

丙 남녁 병.

舍 ①집 샤. ②쉴 샤. ③브릴 샤. ④노홀 셕.

傍 ①겻 방. ②갓가올 방. ③잇블 핑. ④지혈 방.

啓 ①열 계. ②알욀 계.

甲 ①륙갑 갑. ②겁질 갑. ③갑옷 갑.

帳 쟝 쟝.

對 ①딕홀 딕. ②딕답 딕.

楹 기동 영.

肆 ①베플 ᄉ. ②이에 ᄉ.

筵 자리 연.

設 ①베플 셜. ②셜ᄉ 셜.

席 자리 셕.

〈20前〉

鼓 ①틀 고. ②칠 고.

瑟 ①금슬 슬. ②싁싁홀 슬.

吹 ①블 취. ②풍류 취.

笙 ①싱황 싱. ②자리 싱.

陞 오를 승.

階 섬 기.

納 ①드릴 납. ②비 납.

陛 섬 폐.

弁 ①관 변. ②늘애칠 반.

轉 ①구울 젼. ②구울일 젼.

疑 ①의심 의. ②바로셜을. ③바로셜 억.

星 별 셩.

〈20後〉

右 ①올홀 우. ②도올 우.

通 ᄉᄆᄎᆯ 통.

廣 ①너블 광. ②너븨 광. ③수뤼 광.

內 ①안 ᄂᆡ. ②드릴 납.

左 ①욀 자. ②도올 자.

達 ①ᄉᄆᄎᆯ 달. ②져근양 달.

丞 ①니을 승. ②도을 승.

明 븕글 명.

旣 ①이믜 긔. ②다홀 긔. ③록 희.

集 ①모들 집. ②일올 집.

墳 ①클 분. ②짜 소솔 분. ③무덤 분.

典 ①법 뎐. ②글월 뎐. ③직횔 뎐. ④뎐당 뎐.

〈21前〉

亦 ①쏠 역. ②겨드랑 익.

聚 ①모둘 츄. ②거둘 츄. ③ㅁ을 츄.

群 무리 군.

英 ①영웅 영. ②곳부리 영.

杜 ①두가 두. ②아가외 두. ③마글 두.

藁 ①글초 고. ②집 고.

鍾 ①종가 종. ②그릇 종. ③모둘 종. ④북 종.

隷 ①례셔 례. ②종례 례. ③맛딜 례.

漆 ①옷 칠. ②칠슈 칠.

書 ①글 셔. ②쁠 셔. ③편지 셔.

壁 ㅂ름 벽.

經 ①글월 경. ②늘 경. ③덧덧홀 경. ④디날 경. ⑤목밀 경.

〈21後〉

府 ①마을 부. ②장부 부.

羅 ①벌 라. ②그물 라. ③깁 라.

將 ①쟝슈 쟝. ②쟝찻 쟝. ③보낼 쟝. ④가딜 쟝. ⑤나아갈 쟝.

相 ①졍승 샹. ②막대 샹. ③서르 샹. ④볼 샹.

路 ①길 로. ②수뤼 로. ③클 로.

俠 ①씰 협. ②협긱 협. ③겻흘 협.

槐 회화 회.

卿 ①벼슬 일홈 경. ②그디 경.

戶 ①만호 호. ②지게 호.

封 ①봉홀 봉. ②클 봉. ③봉읍 봉.

八 ①여듧 팔. ②분별 팔.

縣 ①고올 현. ②둘 현.

<22前>

家 집 가.

給 ①넉넉홀 급. ②줄 급. ③민쳡홀 급.

千 일쳔 쳔.

兵 ①군ᄉ 병. ②병잠기 병.

高 놉흘 고.

冠 ①관 관. ②관쓸 관. ③읏듬 관.

陪 뫼실 비.

輦 ①런 런. ②시를 런.

驅 몰 구.

轂 수뤼통 곡.

振 ①썰 진. ②거둘 진. ③만흘 진.

纓 ①씐 영. ②ᄂ믓 영.

<22後>

世 ①디 셰. ②셰샹 셰.

祿 ①록 록. ②어딜 록.

侈 샤치 치.

富 가음열 부.

車 ①수뤼 챠. ②수뤼 거.

駕 메울 가.

肥 술질 비.

輕 가비야올 경.

策 ①듁칙 칙. ②쇠 칙. ③채 칙. ④막대 칙.

功 공 공.

茂 ①힘쓸 무. ②셩홀 무.

實 ①진실 실. ②메올 실. ③열매 실.

〈23前〉

勒 ①사길 륵. ②굴에 륵. ③누를 륵.

碑 비셕 비.

刻 사길 긱.

銘 긔록홀 명.

磻 ①반계 반. ②돌 파.

溪 시내 계.

伊 ①져 이. ②어조스 이.

尹 ①다스릴 윤. ②옥빗 윤.

佐 도올 자.

時 ①시졀 시. ②째 시.

阿 ①의지홀 아. ②고블 아. ③언덕 아.

衡 ①평홀 형. ②저울대 형. ③빗길 횡.

〈23後〉

奄 ①문득 엄. ②고쟈 엄.

宅 집 칙.

曲 곱을 곡.

阜 ①언덕 부. ②만홀 부.

微 ①아닐 미. ②젹을 미.

旦 아츰 단.

孰 ①누구 슉. ②닉을 슉.

營 혜아릴 영.

桓 ①굿셀 환. ②환목 환.

公 ①벼슬 일홈 공. ②공평 공. ③언룬 공.

匡 ①바롤 광. ②그릇 광.

合 ①모돌 합. ②맛당 합. ③흐흡 갑. ④마즐 합.

〈24前〉

濟 ①건널 졔. ②졔슈 졔. ③셩홀 졔.

弱 ①약홀 약. ②어릴 약.

扶 붓들 부.

傾 기울 경.

綺 깁 긔.

回 ①둘을 회. ②샤곡홀 회. ③도라올 회.

漢 ①한국 한. ②한슈 한.

惠 ①은혜 혜. ②슌홀 혜.

說 ①깃글 열. ②말슴 셜. ③달낼 세.

感 늣길 감.

武 ①호반 무. ②자최 무.

丁 ①남녁 뎡. ②장뎡 뎡. ③만날 뎡. ④소리 징.

〈24後〉

俊 쥰걸 쥰.

乂 ①지조 예. ②다스릴 예.

密 ①빅빅홀 밀. ②비밀홀 밀.

勿 ①말 물. ②긔 물.

多 만홀 다.

士 ①션비 亽. ②일 亽. ③군亽 亽.

寔 ①이 식. ②진실홀 식.

寧 ①편안 녕. ②츌아리 녕. ③엇지 녕. ④어조亽 녕.

晉 ①진국 진. ②나을 진.

楚 ①초국 초. ②가이 초.

更 ①굴ᄆ들일 경. ②고칠 경. ③다시 깅. ④경 경.

霸 ①자불 파. ②들졍긔 빅.

趙 ①죠국 죠. ②풀밀 죠.

魏 ①위국 위. ②놉흘 위.

困 ᄀᆞ블 곤.

橫 ①빗길 횡. ②거스를 횡.

假 ①빌 가. ②거즛 가. ③말믜 가. ④니를 격.

途 길 도.

滅 ①쓸 멸. ②쌔딜 멸.

虢 괵국 괵.

踐 ᄇᆞ를 쳔.

土 ①흙 토. ②나모겁질 두.

會 ①모돌 회. ②마춤 회. ③헬 괴. ④두에 괴.

盟 ①밍셔 명. ②밍진 밍.

何 ①엇지 하. ②무를 하.

遵 조출 준.

約 ①언약 약. ②간략 약. ③밋불 약.

法 ①법 법. ②본바들 법.

韓 ①한국 한. ②우물담 한.

弊 ①ᄒᆞ야질 폐. ②결단홀 폐. ③죽을 폐.

煩 ①어즈러울 번. ②ᄀᆞ블 번.

刑 ①형벌 형. ②법 형.

起 닐 긔.

翦 ᄀᆞ길 젼.

頗 ①ᄌᆞ못 파. ②기울 파.

牧 ①쇼 목. ②칠 목.

〈26前〉

用 쓸 용.

軍 군ㅅ 군.

最 ㄱ장 최.

精 ①졍흘 졍. ②뿔 졍. ③졍긔 졍.

宣 베플 션.

威 위엄 위.

沙 모래 사.

漠 너를 막.

馳 들릴 치.

譽 ①기림 여. ②기릴 여. ③즐길 여.

丹 ①블글 단. ②단사 단.

靑 푸를 쳥.

〈26後〉

九 ①아홉 구. ②모돌 규.

州 ①고올 쥬. ②물ㄱ 쥬.

禹 하우 우.

跡 자최 젹.

百 일빅 빅.

郡 고올 군.

秦 진국 진.

竝 아올 병.

嶽 묏부리 악.

宗 ①무ᄅ 종. ②겨릭 종.

恒 ①흥산 흥. ②샹녜 흥. ③조곰 흥.

岱 딕산 딕.

〈27前〉

禪 ①터닷글 션. ②괴요홀 션. ③젼홀 션.

主 ①쥬홀 쥬. ②님금 쥬. ③쥬인 쥬.

云 ①니를 운. ②구룸 운. ③셩홀 운.

亭 ①뎡ᄌ 뎡. ②바롤 뎡.

鴈 기러기 안.

門 문 문.

紫 불글 ᄌ.

塞 ①변방 시. ②막을 식. ③메올 식.

雞 닭 계.

田 ①밧 뎐. ②산영 뎐.

赤 불글 젹.

城 셩 셩.

〈27後〉

昆 ①묫 곤. ②나죵 곤, ③즘승 곤. ④혼론 혼.

池 ①못 지. ②물 타.

碣 ①갈셕 갈. ②비셕 갈. ③비셕 게. ④비셕 걸.

石 ①돌 셕. ②셤 셕.

鉅 ①클 거. ②굿셀 거.

野 ①들 야. ②야홀 야.

洞 ①뷜 동. ②공경 동. ③골 동. ④거리 동.

庭 쓸 뎡.

曠 뷜 광.

遠 ①멀 원. ②멀리홀 원.

綿 ①멀 면. ②소옴 면. ③약홀 면.

邈 멀 막.

〈28前〉

巖 ①바회 암. ②험홀 암.

岫 묏부리 슈.

杳 ①아득홀 요. ②깁플 요.

冥 ①아득홀 명. ②바다 명.

治 ①다스릴 치. ②치슈 치. ③다슬 치.

本 밋 본.

於 ①늘 어. ②슬플 오.

農 녀름 지을 농.

務 힘쓸 무.

兹 ①이 즈. ②거믈 즈.

稼 ①곡식 시믈 가. ②벼 가.

穡 곡식 거둘 식.

〈28後〉

俶 ①비릇슬 슉. ②놉플 텩.

載 ①일 지. ②히 지. ③비릇슬 지. ④시믈 지.

南 남녁 남.

畝 이렁 무.

我 나 아.

藝 ①시믈 예. ②직조 예.

黍 기장 셔.

稷 조 직.

稅 ①거둘 셰. ②쉴 셰. ③버슬 탈. ④츄복홀 태.

熟 니글 슉.

貢 바칠 공.

新 새 신.

勸 힘쓸 권.

賞 ①샹줄 샹. ②구경 샹.

黜 내칠 츌.

陟 올을 쳑.

孟 ①밍가 밍. ②뭇 밍. ③밍랑 망.

軻 수뤼 가.

敦 ①도타올 돈. ②조을 퇴. ③모둘 단. ④사길 됴. ⑤그릇 듸.

素 ①질박홀 소. ②깁 소. ③휠 소. ④본듸 소. ⑤빌 소.

史 ①ᄉ가 ᄉ. ②ᄉ긔 ᄉ.

魚 고기 어.

秉 ①잡을 병. ②벼므슴 병.

直 ①곳믈 직. ②쓸 직. ③다만 직.

庶 ①거의 셔. ②만홀 셔. ③셔얼 셔.

幾 ①거의 긔. ②긔미 긔. ③몃 긔.

中 ①중도 중. ②가온대 중. ③마칠 중. ④마즐 중.

庸 ①샹례 용. ②쓸 용. ③엇지 용.

勞 ①브즈런홀 로. ②ᄀᆞᆺ블 로. ③위로홀 로.

謙 겸양 겸.

謹 삼갈 근.

勅 ①다스릴 칙. ②칙셕 칙.

聆 드를 령.

音 소릭 음.

察 슬필 찰.

理 ①스리 리. ②다스릴 리.

〈30前〉

鑑 ①거울 감. ②비췰 감.

貌 ①얼굴 모. ②그릴 막.

辨 ①굴힐 변. ②두루 변. ③말슴 변.

色 ①빗 싁. ②치식 싁.

貽 줄 이.

厥 ①그 궐. ②돌굴 굴.

嘉 아름다을 가.

猷 쇠 유.

勉 힘쓸 면.

其 ①그 기. ②어조스 긔.

祇 ①공경 지. ②귀신 기. ③다만 지. ④마춤 지.

植 ①시믈 식. ②셰울 치. ③둘 치.

〈30後〉

省 ①슬필 셩. ②마을 싱. ③덜 싱.

躬 몸 궁.

譏 ①긔롱 긔. ②슬필 긔.

誡 경계 계.

寵 ①괼 총. ②〈랑 총.

增 더홀 증.

抗 ①놉흘 강. ②막을 강. ③들 강.

極 ①ㄱ장 극. ②ㅁ른 극. ③다홀 극.

殆 ①거의 틴. ②위틱 틴.

辱 욕홀 욕.

近 ①갓가올 근. ②갓가이홀 근.

恥 붓그릴 치.

<31前>

林 수풀 림.

皐 ①언덕 고. ②나올 고. ③부를 호. ④소릭그을 고.

幸 ①힝혀 힝. ②브랄 힝. ③괴일 힝. ④슌힝 힝.

卽 ①나아갈 즉. ②즉제 즉. ③곳 즉.

兩 ①두 량. ②수뤼 량.

疏 ①소가 소. ②석길 소. ③소통 소. ④베플 소.

見 ①볼 견. ②드러날 현. ③뵐 현.

機 ①긔미 긔. ②고동 긔. ③틀 긔. ④긔회 긔.

解 ①글을 긔. ②풀 긔. ③알 희. ④초시 긔. ⑤흐틀 히.

組 ①인낀 조. ②쓸 조.

誰 누구 슈.

逼 갓가올 벽.

<31後>

索 ①흐틀 삭. ②노 삭. ③다홀 삭. ④ᄎ즐 싁.

居 ①살 거. ②어조ᄉ 긔.

閒 ①한가 한. ②ᄉ이 간. ③틈 간. ④반간 간.

處 ①이실 쳐. ②곳 쳐.

沈 ①즘길 침. ②나라 심. ③삼가 심.

黙 즘즘 묵.

寂 괴요 젹.

寥 빌 료.

求 ᄎ즐 구.

古 녜 고.

尋 ①ᄎ즐 심. ②이윽 심. ③길 심.

論 ①의론홀 론. ②의론 론.

散 ①흐틀 산. ②잡고기 산. ③곡됴 산. ④잔 산. ⑤약ㄱㄹ 산.

慮 ①싱각 려. ②근심 려. ③츩 려.

逍 노닐 쇼.

遙 ①노닐 요. ②멀 요.

欣 깃글 흔.

奏 ①나올 주. ②졀주 주. ③분주 주.

累 ①더러울 류. ②얼킬 류. ③포갤 류. ④죄류 류.

遣 ①보낼 견. ②견년 견.

慼 슬플 쳑.

謝 ①ㅅ양 샤. ②샤례 샤.

歡 즐길 환.

招 ①브룰 쵸. ②들 교. ③곡됴 쇼.

渠 ①기쳔 거. ②널을 거. ③저 거.

荷 ①련 하. ②멜 하.

的 ①블글 뎍. ②쥰뎍 뎍. ③련밤 뎍.

歷 ①빗날 력. ②지날 력.

園 ①동산 원. ②릉침 원.

莽 ①풀 망. ②풀 무. ③덤블 모.

抽 쌔힐 츄.

條 ①가지 됴. ②됴목 됴.

枇 ①비파 비. ②춤빗 비.

杷 ①비파 파. ②써흐레 파. ③지ㄹ 파.

晩 느즐 만.

翠 ①프를 취. ②비취 취.

〈33前〉

梧 ①머귀 오. ②견딀 오. ③클 오.

桐 머귀 동.

早 일을 조.

彫 ①이울 됴. ②사길 됴. ③그릴 됴.

陳 ①무글 진. ②베플 진. ③진 진.

根 불휘 근.

委 ①브릴 위. ②맛질 위. ③슷 위. ④싸힐 위. ⑤구븨 위.

翳 ①ㄱ릴 예. ②어조ᄉ 예.

落 ①써러질 락. ②비ᄅᆞ슬 락. ③ᄆᆞ을 락.

葉 ①닙 엽. ②디 엽. ③고을 셥.

飄 부칠 표.

飆 부칠 요.

〈33後〉

遊 놀 유.

鯤 ①큰 고기 곤. ②고기싯기 곤.

獨 ①홀 독. ②큰 진납 독. ③ᄌᆞ식 업슬 독.

運 ①옴길 운. ②운수 운.

凌 ①넘을 릉. ②얼음 릉.

摩 ①ᄆᆞᆫ질 마. ②ᄀᆞᆯ 마.

絳 불글 강.

霄 한을 쇼.

耽 ①즐길 담. ②귀드리울 담.

讀 ①닐글 독. ②구두 두.

翫 ①귀경 완. ②니글 완.

市 ①져제 시. ②살 시.

〈34前〉

寓 브틸 우.

目 ①눈 목. ②됴목 목.

囊 주머니 낭.

箱 ①샹즈 샹. ②수뤼젼 샹. ③곳집 샹. ④집 샹.

易 ①쉬울 이. ②다스릴 이. ③밧골 역.

輶 가비야올 유.

攸 ①바 유. ②유연 유.

畏 저흘 위.

屬 ①니을 쵹. ②부틸 쇽. ③권당 쇽. ④의탁홀 쵹. ⑤공경 쵹.

耳 ①귀 이. ②어조스 이.

垣 담 원.

墻 담 쟝.

〈34後〉

具 ᄀ촐 구.

膳 차반 션.

飱 ①먹을 찬. ②밥 손.

飯 ①밥 반. ②먹을 반.

適 ①마줄 셕. ②갈 셕. ③마춤 셕. ④조츨 뎍. ⑤뎍실 뎍.

口 입 구.

充 출 츙.

腸 챵즈 쟝.

飽 빈불을 포.

飫 슬흘 어.

烹 슬믈 핑.

宰 ①음식 달홀 지. ②직흴 지. ③다스릴 지.

飢 주릴 긔.

厭 ①빈불을 염. ②슬흘 염. ③누롤 압. ④항복홀 염. ⑤곱츨 암.

糟 지강 조.

糠 겨 강.

親 ①겨레 친. ②사돈 친. ③ᄉ랑 친. ④갓가올 친.

戚 ①겨레 쳑. ②도ᄭᅴ 쳑. ③근심 쳑.

故 ①늘글 고. ②짐즛 고. ③연고 고.

舊 녜 구.

老 ①늘글 로. ②치ᄉ홀 로.

少 ①졈을 쇼. ②젹을 쇼. ③나므라홀 쇼.

異 다를 이.

糧 량식 량.

妾 쳡 쳡.

御 ①뫼실 어. ②거ᄂ릴 어. ③나올 어. ④마즐 아.

績 ①질삼 젹. ②공 젹.

紡 질삼 방.

侍 뫼실 시.

巾 ①슈건 근. ②두건 근.

帷 쟝 유.

房 구돌 방.

紈 깁 환.

扇 ①부채 션. ②문짝 션. ③부츨 션.

圓 ①둥굴 원. ②두렷 원.

潔 조흘 결.

〈36前〉

銀 은 은.

燭 ①쵸 쵹. ②비췰 쵹.

煒 빗날 위.

煌 빗날 황.

晝 낮 쥬.

眠 조을 면.

夕 나죄 셕.

寐 잘 미.

藍 족 람.

筍 ①대수뤼 슌. ②듁슌 슌.

象 ①코길이 샹. ②얼굴 샹. ③ᄀ틀 샹.

牀 평상 장.

〈36後〉

絃 ①줄 현. ②활시위 현.

歌 노래 가.

酒 술 쥬.

讌 잔치 연.

接 브틸 졉.

杯 잔 비.

擧 ①들 거. ②다 거.

觴 잔 샹.

矯 ①들 교. ②거즛 교. ③굿셀 교.

手 ①손 슈. ②잡을 슈.

頓 ①조을 돈. ②문득 돈. ③무뒬 둔. ④믁돌 돌.

足 ①발 죡. ②넉넉홀 죡. ③보텔 쥬.

<37前>

悅 깃글 열.

豫 ①깃글 여. ②편안홀 여. ③미리 여.

且 ①쏘 챠. ②도마 조. ③어조스 져. ④아직 챠.

康 ①편안 강. ②거리 강. ③겨 강.

嫡 뎍실 뎍.

後 ①나죵 후. ②뒤 후.

嗣 니을 스.

續 니을 쇽.

祭 ①졔스 졔. ②나라 채.

祀 ①졔스 스. ②희 스.

蒸 ①졔스 증. ②섭 증. ③만홀 증. ④찔 증.

嘗 ①졔스 샹. ②맛볼 샹. ③일즉 샹.

<37後>

稽 ①조을 계. ②머믈 계. ③샹고 계.

顙 니마 상.

再 두 진.

拜 절 비.

悚 두릴 숑.

懼 두릴 구.

恐 ①저흘 공. ②혜아릴 공.

惶 저흘 황.

牋 긔록 젼.

牒 ①글월 텹. ②공스 텹.

簡 ①간략 간. ②셜 간. ③죽칙 간.

要 ①종요 요. ②부를 요. ③구홀 요. ④기드릴 요. ⑤허리 요.

〈38前〉

顧 ①도라볼 고. ②싱각 고.

答 디답 답.

審 술필 심.

詳 ᄌ세 샹.

骸 ᄲ 히.

垢 ᄯ 구.

想 싱각 샹.

浴 목욕 욕.

執 잡을 집.

熱 더울 열.

願 원ᄒᆞᆯ 원.

凉 서늘 량.

〈38後〉

驢 나귀 려.

騾 노새 라.

犢 쇼야지 독.

特 ①쇼 특. ②다만 특. ③특별 특. ④짝 특.

駭 놀날 히.

躍 ᄯᅱᆯ 약.

超 ①ᄯᅱᆯ 쵸. ②너믈 쵸.

驤 ①둘릴 샹. ②들 샹.

誅 ①버힐 쥬. ②ᄭᅮ지즐 쥬.

斬 ①버힐 참. ②다ᄒᆞᆯ 참.

賊 ①도즉 즉. ②해ᄒᆞᆯ 즉.

盜 도즉 도.

〈39前〉

捕 잡을 포.

獲 ①어들 획. ②종 획.

叛 비반 반.

亡 ①도망 망. ②업슬 망. ③업슬 무.

布 ①뵈 포. ②펼 포.

射 ①쏠 샤. ②마칠 셕. ③슬흘 역. ④복야 야.

僚 동관 료.

丸 탄즈 환.

嵇 ①혜가 혜. ②혜산 혜.

琴 거문고 금.

阮 ①원가 원. ②나라 원.

嘯 프람 쇼.

〈39後〉

恬 편안 텸.

筆 붓 필.

倫 ①무리 륜. ②츠례 륜.

紙 죠희 지.

鈞 ①무거울 균. ②고롤 균.

巧 공교 교.

任 ①임가 임. ②견딜 임. ③아당 임. ④맛들 임. ⑤이길 임.

釣 낙글 됴.

釋 ①풀 셕. ②노흘 셕. ③훈셕 셕.

紛 어즈러울 분.

利 ①리흘 리. ②칼들 리.

俗 ①풍쇽 쇽. ②야쇽 쇽.

〈40前〉

竝 ①아올 병. ②글올 병. ③글올 방. ④동반 반.

皆 다 기.

佳 ①아름다올 가. ②아름다올 개.

妙 ①묘흘 묘. ②나 젹을 묘. ③죠흘 묘.

毛 터럭 모.

施 ①베플 시. ②줄 시. ③미츨 이.

淑 ①어딜 슉. ②믈글 슉.

姿 즈틱 즈.

工 ①공교 공. ②쟝인 공. ③벼슬 공.

嚬 ①씽글 빈. ②우음 빈.

姸 고을 연.

笑 우음 쇼.

〈40後〉

年 히 년.

矢 ①살 시. ②베플 시. ③밍셔 시. ④쏭 시.

每 ①미양 미. ②아름다올 미.

催 빈알 최.

羲 ①희화 희. ②복희 희.

暉 히빗 휘.

朗 불글 랑.

曜 ①비췰 요. ②히빗 요.

璇 구슬 션.

璣 ①션긔 긔. ②구슬 긔.

懸 ①들 현. ②시허질 현.

斡 ①돌 관. ②돌 알.

〈41前〉

晦 ①그믐 회. ②어두을 회.

魄 ①들정긔 빅. ②닉 빅. ③지강 박. ④락박 박.

環 ①둘올 환. ②골히 환.

照 비췰 죠.

指 ①손가락 지. ②ㄱᄅ칠 지.

薪 섭 신.

脩 ①닷글 슈. ②포육 슈. ③길 슈. ④어딜 슈.

祐 도을 우.

永 길 영.

綏 ①편안 슈. ②수뤼줄 슈. ③관씬 유.

吉 길홀 길.

邵 놉흘 쇼.

〈41後〉

矩 모날 구.

步 ①거름 보. ②보수 보. ③ᄂᆞᄅ 보.

引 ①ᄃᆞ릴 인. ②길 인.

領 ①옷깃 령. ②목 령. ③거ᄂᆞ릴 령. ④바들 령.

俯 구불 부.

仰 ①울럴 앙. ②미들 앙.

廊 뎐 아래 집 랑.

廟 종묘 묘.

束 ①묵글 속. ②약속 속.

帶 ①씌 ᄃᆡ. ②ᄯᅴᆯ ᄃᆡ.

矜 ①닷글 긍. ②슬플 긍. ③쟈랑 긍. ④창 근. ⑤홀아비 관.

莊 ①싁싁홀 장. ②거리 장. ③뎐장 장.

〈42前〉

徘 머물 비.

徊 머믈 회.

瞻 볼 쳠.

眺 ①볼 됴. ②ㅂ랄 됴.

孤 ①외로올 고. ②아비 업슬 고. ③져ㅂ릴 고.

陋 ①좁을 루. ②더러울 루.

寡 ①젹을 과. ②과부 과.

聞 ①드를 문. ②소문 문.

愚 어릴 우.

蒙 ①어릴 몽. ②덥플 몽. ③닙을 몽.

等 ①ㄱ죽 등. ②무리 등. ③기드릴 등. ④ㅊ례 등.

誚 쑤지즐 쵸.

〈42後〉

謂 닐을 위.

語 ①말슴 어. ②닐을 어.

助 도을 조.

者 ①놈 쟈. ②어조ㅅ 쟈.

焉 ①어조ㅅ 언. ②졔비 연. ③엇지 언.

哉 ①어조ㅅ 지. ②비릇슬 지.

乎 온 호.

也 입긔 야.

Ⅱ. 중국 각종 《千字文》

1. 《차운왕희지서천자次韻王羲之書千字》(周興嗣)

※ 총 4자 250구. 두 구절씩 묶어 격으로 일련번호를 부여함.
  아래 모두 같음.

001: 天地玄黃, 宇宙洪荒.

003: 日月盈昃, 辰宿列張.

005: 寒來暑往, 秋收冬藏.

007: 閏餘成歲, 律呂調陽.

009: 雲騰致雨, 露結爲霜.

011: 金生麗水, 玉出崑岡.

013: 劍號巨闕, 珠稱夜光.

015: 果珍李柰, 菜重芥薑.

017: 海鹹河淡, 鱗潛羽翔.

019: 龍師火帝, 鳥官人皇.

021: 始制文字, 乃服衣裳.

023: 推位讓國, 有虞陶唐.

025: 弔民伐罪, 周發殷湯.

027: 坐朝問道, 垂拱平章.

029: 愛育黎首, 臣伏戎羌.

031: 遐邇壹體, 率賓歸王.

033: 鳴鳳在樹, 白駒食場.

035: 化被草木, 賴及萬方.

037: 蓋此身髮, 四大五常.

039: 恭惟鞠養, 豈敢毀傷?

041: 女慕貞烈, 男效才良.

043: 知過必改, 得能莫忘.

045: 罔談彼短, 靡恃己長.

047: 信使可覆, 器欲難量.

049: 墨悲絲染, 詩讚羔羊.

051: 景行維賢, 克念作聖.

053: 德建名立, 形端表正.

055: 空谷傳聲, 虛堂習聽.

057: 禍因惡積, 福緣善慶.

059: 尺璧非寶, 寸陰是競.

061: 資父事君, 曰嚴與敬.

063: 孝當竭力, 忠則盡命.

065: 臨深履薄, 夙興溫凊.

067: 似蘭斯馨, 如松之盛.

069: 川流不息, 淵澄取映.

071: 容止若思, 言辭安定.

073: 篤初誠美, 愼終宜令.

075: 榮業所基, 籍甚無竟.

077: 學優登仕, 攝職從政.

079: 存以甘棠, 去而益詠.

081: 樂殊貴賤, 禮別尊卑.

083: 上和下睦, 夫唱婦隨.

085: 外受傅訓, 入奉母儀.

087: 諸姑伯叔, 猶子比兒.

089: 孔懷兄弟, 同氣連枝.

091: 交友投分, 切磨箴規.

093: 仁慈隱惻, 造次弗離.

095: 節義廉退, 顚沛匪虧.

097: 性靜情逸, 心動神疲.

099: 守眞志滿, 逐物意移.

101: 堅持雅操, 好爵自縻.

103: 都邑華夏, 東西二京.

105: 背邙面洛, 浮渭據涇.

107: 宮殿盤鬱, 樓觀飛驚.

109: 圖寫禽獸, 畫綵仙靈.

111: 丙舍傍啓, 甲帳對楹.

113: 肆筵設席, 鼓瑟吹笙.

115: 陞階納陛, 弁轉疑星.

117: 右通廣內, 左達承明.

119: 旣集墳典, 亦聚群英.

121: 杜藁鍾隷, 漆書壁經.

123: 府羅將相, 路俠槐卿.

125: 戶封八縣, 家給千兵.

127: 高冠陪輦, 驅轂振纓.

129: 世祿侈富, 車駕肥輕.

131: 策功茂實, 勒碑刻銘.

133: 磻溪伊尹, 佐時阿衡.

135: 奄宅曲阜, 微旦孰營?

137: 桓公匡合, 濟弱扶傾.

139: 綺回漢惠, 說感武丁.

141: 俊乂密勿, 多士寔寧.

143: 晉楚更霸, 趙魏困橫.

145: 假途滅虢, 踐土會盟.

147: 何遵約法, 韓弊煩刑.

149: 起翦頗牧, 用軍最精.

151: 宣威沙漠, 馳譽丹靑.

153: 九州禹迹, 百郡秦幷.

155: 嶽宗泰岱, 禪主云亭.

157: 雁門紫塞, 鷄田赤城.

159: 昆池碣石, 鉅野洞庭.

161: 曠遠綿邈, 巖岫杳冥.

163: 治本於農, 務玆稼穡.

165: 俶載南畝, 我藝黍稷.

167: 稅熟貢新, 勸賞黜陟.

169: 孟軻敦素, 史魚秉直.

171: 庶幾中庸, 勞謙謹勅.

173: 聆音察理, 鑒貌辨色.

175: 貽厥嘉猷, 勉其祗植.

177: 省躬譏誡, 寵增抗極.

179: 殆辱近恥, 林皋幸卽.

181: 兩疏見機, 解組誰逼?

183: 索居閑處, 沈默寂寥.

185: 求古尋論, 散慮逍遙.

187: 欣奏累遣, 慼謝歡招.

189: 渠荷的歷, 園莽抽條.

191: 枇杷晚翠, 梧桐早凋.

193: 陳根委翳, 落葉飄颻.

195: 遊鵾獨運, 凌摩絳霄.

197: 耽讀翫市, 寓目囊箱.

199: 易輶攸畏, 屬耳垣牆.

201: 具膳飡飯, 適口充腸.

203: 飽飫烹宰, 飢厭糟糠.

205: 親戚故舊, 老少異糧.

207: 妾御績紡, 侍巾帷房.

209: 紈扇圓潔, 銀燭煒煌.

211: 晝眠夕寐, 藍筍象牀.

213: 絃歌酒讌, 接杯擧觴.

215: 矯手頓足, 悅豫且康.

217: 嫡後嗣續, 祭祀蒸嘗.

219: 稽顙再拜, 悚懼恐惶.

221: 牋牒簡要, 顧答審詳.

223: 骸垢想浴, 執熱願凉.

225: 驢騾犢特, 駭躍超驤.

227: 誅斬賊盜, 捕獲叛亡.

229: 布射僚丸, 嵇琴阮嘯.

231: 恬筆倫紙, 鈞巧任釣.

233: 釋紛利俗, 竝皆佳妙.

235: 毛施淑姿, 工顰姸笑.

237: 年矢每催, 曦暉朗曜.

239: 璇璣懸斡, 晦魄環照.

241: 指薪修祜, 永綏吉劭.

243: 矩步引領, 俯仰廊廟.

245: 束帶矜莊, 徘徊瞻眺.

247: 固陋寡聞, 愚蒙等誚.

249: 謂語助者, 焉哉乎也.

2. 《속천자문續千字文》

001: 乾坤怙冒, 山澤氤氳.

003: 雷轟電掣, 雪淨冰瑩.

005: 霞標霧斂, 虹霽煙凝.

007: 潮汐應候, 朔望迭仍.

009: 肇開沕穆, 渾樸惇淳.

011: 庖犧畫卦, 品數由庚.

013: 堯咨舜徵, 糺縵偕賡.

015: 瑤編芝檢, 纂述至今.

017: 欽逢濬哲, 智勇彌綸.

019: 彎弧仗鉞, 邊徼風淸.

021: 雕題鑿齒, 悉屬吾氓.

023: 梯航絶域, 琛贄彤廷.

025: 兼包滇蜀, 混括蠻荊.

027: 界逾溟渤, 島跨蓬瀛.

029: 障鎖烽燧, 氛掃欃槍.

031: 湛恩普曁, 駿烈允升.

033: 蓂莢呈瑞, 醴泉獻禎.

035: 璽頒誓誥, 佾舞韶韺.

037: 夭喬暢遂, 億兆昌亨.

039: 頌颺純煦, 范著休徵.

041: 綉屒宵旰, 誨諭耕耘.

043: 閶闔疾苦, 剖晰楓宸.

045: 共際熙皥, 聿勤種植.

047: 亞旋桑麻, 閨闈蠶織.

049: 導挹陂塘, 貫注溝洫.

051: 畦畔隴頭, 穫刈墾闢.

053: 擔握穫鋤, 霑灑蓑笠.

055: 畢糾儔侶, 遍播疆場.

057: 穎栗豐穰, 疇衆乃粒.

059: 復淬斧斨, 萑葦採荻.

061: 繪譜刊摹, 咏侔圗什.

063: 誘迪肫懇, 丕昭憲式.

065: 斗杓春仲, 雜卉蕃滋.

067: 叱牛負銛, 袂馬伴犁.

069: 壺漿餂餉, 翁媼提携.

071: 蒼顔皓鬢, 鳩杖頻支.

073: 賣餳鬻酪, 幼稺含飴.

075: 婆娑阡陌, 倚徙茅茨.

077: 楡錢點綴, 隸萼芳菲.

079: 莓苔斑剝, 蘅芷葳蕤.

081: 檐喧戴勝, 波泛鳧鷖.

083: 鶯啼錦墅, 燕啄香泥.

085: 紅霏桃塢, 綠暗柳堤.

087: 蜻蜓蛺蝶, 花底參差.

089: 渚鷗汀鷺, 樵徑漁磯.

091: 勾芒社蜡, 祈賽禱祠.

093: 占蒲看杏, 穀稔前期.

095: 村稀尨吠, 童叟怡嬉.

097: 爰屆炎燠, 筠簟尤奇.

099: 檀欒秀潤, 淇澳湘湄.

101: 砌翻芍藥, 藤架薔薇.

103: 葵榴璀璨, 萱蕙芬披.

105: 瓜瓞聯蒂, 麥穗雙歧.

107: 芭蕉簾蔭, 鸚鵡楣棲.

109: 芙藻拂艇, 蘿薜鋪幃.

111: 蘋游瀿鶒, 葭臥鸝鷥.

113: 臺榭爽塏, 麈箑停揮.

115: 芸篇諷閱, 蓮漏紆遲.

117: 蟋蟀乍吟, 凄然凜肅.

119: 艶冶岸蓉, 蕭疏籬菊.

121: 擢莖挺幹, 攬擷馥鬱.

123: 蟬留殘響, 蜂粘剩馥.

125: 條縱鷹鸇, 網殗麋鹿.

127: 雉兎鮮腴, 鵰鶚狓矗.

129: 鶴唳危巢, 鴻征邈陸.

131: 螢案呻唔, 籌燈杼柚.

133: 溧冽侵膚, 曝依暖旭.

135: 補葺柴扉, 綢繆版築.

137: 窒蟲熏鼠, 亟須乘屋.

139: 甕牖繩樞, 考槃薖軸.

141: 狐貉氈裘, 氈罽茵褥.

143: 爇炭擁爐, 牙簽緗牘.

145: 芋啖蹲鴟, 硯烘鸜鵒.

147: 采菽茹菹, 謀貯旨蓄.

149: 俎堆肴核, 罇釀醽醁.

151: 除臘邀呼, 姻黨朋族.

153: 躋攀丘壑, 搜討幽踪.

155: 濤灙巴峽, 瀑挂廬峰.

157: 漾源嶓冢, 沇繞祝融.

159: 層巒疊嶂, 峨嵋崆峒.

161: 岷嵩華嶧, 聳峙爭隆.

163: 晴嵐暮靄, 峻觸昊穹.

165: 江湖沈潦, 澎湃沖瀜.

167: 澗潭沼沚, 漣漪淺溶.

169: 溯洄渡涉, 舟楫帆篷.

171: 粵夸梅岭, 淮志桂叢.

173: 茗羨越岕, 蒓產吳淞.

175: 俱堪矚覽, 蹋屬賓筇.

177: 閻闔瓴稜, 椒塗粉署.

179: 螭柱迎暘, 鴛瓦炳曙.

181: 窗冑罘罳, 玲瓏掩護.

183: 鸞鳳鏤琢, 狻猊鎔鑄.

185: 秘閣細旃, 珊瑚碧樹.

187: 榱桷棟梁, 咸諳準度.

189: 班固揚雄, 掞藻摛賦.

191: 鹵簿旌旗, 來衛鑾輅.

193: 干楯兜鍪, 儲備饒裕.

195: 虎皮鼝戈, 弓刀偃庫.

197: 亶聰統馭, 泰協六符.

199: 函三抱一, 浩蕩寬舒.

201: 岬嶸洋溢, 浣濯昭蘇.

203: 褒懲臧否, 寮寀誠孚.

205: 熊羆鎧冑, 謇諤簪裾.

207: 秩崇鼎鼐, 技選璠璵.

209: 菁莪棫樸, 拔茭醇儒.

211: 韜鐸詔告, 膠序涵濡.

213: 原探鄒魯, 派演泗洙.

215: 誼先曾閔, 注闡程朱.

217: 晨昏講誦, 砥礪楷模.

219: 恤災宥眚, 賑粟蠲租.

221: 兒觬介壽, 擊壤謠衢.

223: 博厚悠久, 漸漬寰區.

225: 幅員迥闊, 懿敎誕敷.

227: 恢彰偉略, 顯爍訏謨.

229: 畿輔保釐, 邦甸齊軌.

231: 置吏掄材, 梗楠杞梓.

233: 嫺練韜鈐, 整截綱紀.

235: 汪濊澍霖, 淪肌洽髓.

237: 肅赴壇壝, 齋薦簠簋.

239: 夔司搏拊, 磬諧角徵.

241: 辟雍袒割, 耄耋授幾.

243: 黼黻珪璋, 關雎麟趾.

245: 鸑鷟鵷雛, 軒墀忭喜.

247: 覆矣弘勛, 猗歟繁祉.

249: 撰擬蕪詞, 窺管測蠡.

3. 《재속천자문再續千字文》

001: 循蚩邃諡, 澹泊希夷.

003: 榛狉飲血, 婚構儷皮.

005: 倉頡鼻祖, 抉奧絢奇.

007: 算窮歷數, 卜筮蓍龜.

009: 蝌蚪篆籀, 創製佶屈.

011: 尼纘遺緒, 殷憂缺失.

013: 刪訂仔肩, 俾就卷帙.

015: 鄉塾里庠, 垓埏洧訖.

017: 縶昔傀杰, 胸蘊棐忱.

019: 鑽研曩冊, 澡沃凡襟.

021: 懋進專確, 仿效殷勤.

023: 弼亮恪盡, 讜議鈞鏗.

025: 豐裁顧卬, 悃愊雍粹.

027: 慷慨倜儻, 恂訥剛毅.

029: 狂狷侃誾, 卓犖敏慧.

031: 恕憫痌瘝, 宏均愷悌.

033: 質擬珪瓚, 韻翕塤篪.

035: 識綜秒忽, 貨鄙銖錙.

037: 曈曨盥櫛, 頂踵胼胝.

039: 祛愆警怠, 忍忿捐私.

041: 諂佞憸壬, 奸宄詐僞.

043: 趑趄囁嚅, 頑鈍嫵媚.

045: 驕悍誑欺, 侮慢嫉忮.

047: 譖莠亂苗, 寄棘屛棄

049: 降衷丕錫, 付畀肢軀.

051: 股肱肘腋, 强健尫癃.

053: 肺腑喉舌, 呼吸欷歔.

055: 吞吐聲欬, 繾綣跔躇.

057: 震悼哀愁, 慰愉憙懌.

059: 蹙額伸眉, 嗟嘆惋惜.

061: 咎視遇遷, 坦順阻逆.

063: 夢覺醉醒, 但遭境役.

065: 疏慵迂緩, 訊速匆忙.

067: 酬酢絡繹, 請謁趨蹌.

069: 瘁嫌急遽, 倦憩徜徉.

071: 逡巡遜却, 惆悵傍徨.

073: 荏苒齠齡, 蹉跎追悔.

075: 櫝劈酉岩, 訛別亥豕.

077: 覃董淹該, 徐庾斐亹.

079: 呫嗶餖飣, 奚臻涯涘.

081: 鉤挑撇捺, 歐褚踣躓.

083: 罍痕釵脚, 格勢完全.

085: 禿毫冢瘞, 衾裯爪穿.

087: 換鵝乞米, 翰迹撫鐫.

089: 儉尙綈繒, 葛覃絺綌.

091: 緼袍浣湔, 幣帛紈緝.

093: 襯加袺襘, 裱判褐襲.

095: 挂笏拖紳, 折旋跪揖.

097: 後褆衮晃, 妃飾笄珈.

099: 綾絁緯纊, 片縠單紗.

101: 縫紉半臂, 挾窄歪斜.

103: 菅蒯臬苧, 防濫抑奢.

105: 鎖鑰局緘, 冪幕縈繞.

107: 姬縢輨靬, 嬰孩褓襁.

109: 饋餞儕輩, 報琚贈縞.

111: 贅婿館甥, 孫裔代紹.

113: 妻襄閫閾, 聘締婢媛.

115: 崔盧配耦, 媒妁訪延.

117: 懿柔婉嬺, 窈窕便娟.

119: 賁飾嫁娶, 璫珥環鈿.

121: 螺黛臙脂, 鏡奩妝匣.

123: 徽軫偶憑, 瓶葩間揷.

125: 冷怯瓊蟾, 暖煨銅鴨.

127: 磁仿汝窯, 帖裝宋拓.

129: 印翹鼉紐, 簾押蝦須.

131: 鮫綃鷗氅, 豹袖貂裌.

133: 鐺沸茶荈, 斝酌屠蘇.

135: 晡拈匕箸, 曉汲轆轤.

137: 琥珀玻璃, 硨磲玳瑁.

139: 迢遞番舶, 購塡篋笥.

141: 匠氏斫礲, 匽瑕攻纇.

143: 彬彩晶熒, 聊娛盼睞.

145: 縞綬曳紵, 鏘珂佩觿.

147: 宴酣撤炬, 罐校燃藜.

149: 衒卮抵掌, 煉句捻髭.

151: 楸枰睹奕, 蹋踘彈棋.

153: 挈榼升輿, 放舡着屐.

155: 棕帽芒鞋, 荔衫革舄.

157: 沽店竪簾, 鄰舫咽笛.

159: 縹緲憑陵, 塵囂借滌.

161: 徂徠宰崒, 灩澦險巇.

163: 畛隰燥濕, 培塿透迤.

165: 滄浪漭沆, 屺岵廛廛.

167: 保曤斥堠, 驛送郵陲.

169: 衍沃畬菑, 崎嶇巇崿.

171: 邛棧谽谺, 華嵩陟削.

173: 潢潦潺湲, 津瀆磅礴.

175: 末雖泛瀾, 涌或涓勺.

177: 巍峨佛刹, 僻小僧龕.

179: 幡幢梵唄, 緇衲瞿曇.

181: 猿伺貝座, 鴿馴茅庵.

183: 跏趺盂鉢, 泯熄嗔貪.

185: 磴匜簀簹, 橋籠栝柏.

187: 匏瓠捫搴, 菘韭捋摘.

189: 萌芽灌溉, 楛株芟柞.

191: 暄暑芊茸, 隕籜岑槭.

193: 橙柑橘柚, 菡萏酴醾.

195: 酸甛櫻蓏, 攢簇棗梨.

197: 榕柯磊塊, 枳棘低迷.

199: 藂崖蔽麓, 罩檻沿溪.

201: 竿餌檜橈, 桔槔蔬圃.

203: 蓼潊萍洲, 菱灣芡浦.

205: 淨澈淳泓, 影搖檣櫓.

207: 牽纜扣舷, 扳罾曬罟.

209: 槎艑縮項, 獵鶻擎拳.

211: 驊騮蹀躞, 騏驥蜿蜒.

213: 駑駘待控, 款段須鞭.

215: 鉦鐃殳戟, 蒐狩圍畋.

217: 蹕駐旌旗, 轟麾旟旆.

219: 箭箙橐鞬, 勁弩驍騎.

221: 鏌鋣錕鋙, 刀鋒尖銳.

223: 輻輳讙嘩, 奔突獮薙.

225: 戴爂燔炙, 籩豆寅供.

227: 羹淪錡釜, 粢炊稑穜.

229: 捧洗罌卣, 妥侑璜琮.

231: 歆衎禘祫, 冀展虔悰.

233: 逖滋偏陬, 庥祥快睹.

235: 猛奮貔貅, 寇殲獧貐.

237: 禾穟郊坰, 稻朾稟庤.

239: 减價糴糶, 患消貧窶.

241: 粥糜餔啜, 䤒鬲饔飧.

243: 鐵煅鑪冶, 鹽煮牢盆.

245: 巷敲碪杵, 街走輪轅.

247: 碩彦企籯, 鷪翯鵬騫.

249: 僉叨膏渥, 謳贊毋諼.

4.《별본천자문別本千字文》

001:　天覆地載,　曦照月臨.

003:　鳥魚飛躍,　海岱高深.

005:　流分涇渭,　火屬丙丁.

007:　魄殊虧盛,　閏積虛盈.

009:　列宿煌煒,　璇轉璣衡.

011:　河圖啓運,　洛書效靈.

013:　大道弗晦,　微言爲經.

015:　從心孔學,　廣愛墨情.

017:　軻推性善,　莊好達生.

019:　異端是別,　嘉訓勿輕.

021:　的亡當戒,　安慮宜澄.

023:　洞審遼邈,　愼聆杳冥.

025:　東溫暑淸,　夜寐早興.

027:　見聞恐陋,　禍福相因.

029:　克己罔假,　篤念維親.

031:　仁在乎熟,　知續以心.

033:　退藏於密,　任率其眞.

035:　唐虞受禪,　禹湯嫡傳.

037:　稷也勸稼,　執法庭堅.

039:　夏貢殷助,　舍萬稅千.

041: 條制詳具, 樂器鈞宣.

043: 文府東壁, 武將纓弁.

045: 威聲最振, 約束甚嚴.

047: 上慕廷迹, 逸民惠連.

049: 衣冠優孟, 逍遙漆園.

051: 詩伯杜老, 草聖張顚.

053: 佳筆駭俗, 巨論驚筵.

055: 形骸殆适, 中懷增恬.

057: 閑階靜立, 紙帳且眠.

059: 糟床餘酒, 陶琴無弦.

061: 忝離吊故, 芥投恃緣.

063: 西施色都, 虢國貌妍.

065: 發元可鑒, 目麗疑仙.

067: 口讀籤典, 手寫彩箋.

069: 藝習丸矢, 巧斡機圓.

071: 笙歌鳳律, 寶劍龍淵.

073: 瑟音潛聽, 字畫近瞻.

075: 蘭馨百畝, 璧美藍田.

077: 王者建極, 賢哉莫京.

079: 奄有宇內, 南面儀刑.

081: 常勞日昃, 時敬盤銘.

083: 履豫必謹, 持滿惟平.

085: 基命貴竟, 根本難傾.

087: 招來俊乂, 左右陪卿.

089: 廟堂交泰, 漠野攸寧.

091: 累貽慶永, 鞠育意誠.

093: 父慈兒孝, 夫良婦貞.

095: 弟恭兄友, 尊使卑承.

097: 靡絜非矩, 居拱如辰.

099: 黎庶悅睦, 遠邇懽欣.

101: 頓顙伏罪, 稽首稱臣.

103: 省惡自改, 綏動欲蒸.

105: 豈云過量, 憾曰矜能.

107: 巖傅困陟, 磻呂晚升.

109: 甘羅少發, 終軍夙成.

111: 牧羊塞外, 射簡孤城.

113: 李斯作隷, 廉頗主兵.

115: 史策表譽, 碑碣贊名.

117: 後昆接嗣, 枝牒綿宗.

119: 旦封阜宅, 尹感桐宮.

121: 漢起沛邑, 始翦古公.

123: 白耳並霸, 薄伐羌戎.

125: 朝聚市集, 川納渠通.

127: 斬捕俠盜, 姑遣愚蒙.

129: 俶存乃志, 劭守厥躬.

131: 謙焉若谷, 和而不同.

133: 語說倫要, 問答朗洪.

135: 陳力勉仕, 委身致功.

137: 表餐實恥, 拜爵賞庸.

139: 畏寵讓祿, 戚辱歸農.

141: 操移匪石, 節茂等松.

143: 沉鱗思隱, 矯羽摩空.

145: 旣得猶敕, 養黙足容.

147: 亭池垂釣, 皐岫曠游.

149: 荒鷄鳴晝, 群雁横秋.

151: 霜林紫染, 露莽青浮.

153: 引觴曲水, 長嘯登樓.

155: 梧葉寒落, 竹笋初抽.

157: 枇杷黃映, 柰實翠收.

159: 徘徊淑景, 鼓吹皇猷.

161: 果辨理妙, 誰舉德輶.

163: 二疏辭闕, 八士造周.

165: 仰觀兩曜, 俯察九州.

167: 宙合似寓, 散眺何求.

169: 年歲幾更, 夕陽催逼.

171: 木凋再榮, 氣竭幸息.

173: 譏誚悚惶, 毀傷惻戚.

175: 象環規寸, 組帶修尺.

177: 舊戶飄飇, 短垣廖寂.

179: 謝事嵇叔, 悲途阮籍.

181: 黜彼頑物, 敦玆正直.

183: 踐盟祗信, 祭祝祐吉.

185: 義路遵行, 禮門出入.

187: 歷世鍾英, 抗姿超特.

189: 鯤化駒翔, 匡濟遐及.

191: 指顧解紛, 談笑滅賊.

193: 驅車弊止, 布令叛釋.

195: 號政我母, 治扶弱植.

197: 丹陛盡忠, 赤縣奏績.

199: 星嶽定位, 多才奉職.

201: 女工資紡, 男業務穡.

203: 食土之毛, 皆忘帝則.

205: 五官幷重, 四體孰康.

207: 家宴肆設, 巨盃耽嘗.

209: 懸帷綺結, 秉燭暉光.

211: 獨唱寡對, 懼垢易裳.

213: 切磨昆玉, 涼步槐棠.

215: 驤駕縻勒, 疲騾服箱.

217: 墳鬱邙下, 岡據溪傍.

219: 晉魏韓趙, 攝處壹方.

221: 利甲諸郡, 師領沙場.

223: 章華競楚, 阿房侈秦.

225: 絲紈被御, 賤妾侍饗.

227: 回廊翳雨, 絳殿凌雲.

229: 馳逐輦轂, 誅獲獸禽.

231: 宰犢給饍, 烹羔會賓.

233: 坐賴稿席, 營刻桓楹.

235: 腸厭肥潔, 囊富金銀.

237: 調鹹與淡, 去糠取精.

239: 菜佐充飫, 糧比珠珍.

241: 飯隨飢飽, 薑益神明.

243: 煩熱卽扇, 每浴用巾.

245: 索想驢背, 尋詠墻陰.

247: 雅願騰霄, 次亦荷薪.

249: 蓋此君子, 所謂伊人.

5. 《서고천문叙古千文》

宋, 胡寅(撰) 黃灝(注)

001: 太和絪縕, 二儀肇分.

太和以氣言. 太和之氣, 絪縕昇降. 二儀, 以象言. 儀, 匹也. 肇,
始也. 陰陽始分有匹對也.

003: 淸濁奠位, 乾坤爲門.

淸濁以形言. 奠, 定也. 陰陽旣分, 天地定位. 《列子》曰: 「輕淸者上
爲天, 重濁者下爲地」 乾坤以理言. 乾, 天之理; 坤, 地之理. 氣·形·
象皆擧矣. 《易》曰: 「大哉乾元, 萬物資始」; 「至哉坤元, 萬物資生」.
門, 言萬物之所從出也.

005: 品物流形, 叡哲超群.

品物, 萬物之品也. 流形, 言流動生出, 成形質也. 叡, 通也. 哲,
明也. 人爲萬物之靈, 而叡哲之人, 又出乎其類也. 此一節叙天地人物.

007: 維河出圖, 顯道之原.

河出圖, 聖人則之; 道之原本, 由此顯示. 《禮記》曰: 「河出馬圖」
注: 「龍馬負圖而出也.」

009: 伏羲畫卦, 爰始斯文.

太昊氏風姓, 服牛乘馬, 故號伏羲. 爰, 發語辭. 因河圖以畫八卦,
爲斯文之始.

011: 儼垂衣裳, 下臣上君.

上曰衣, 下曰裳. 儼然垂其衣裳, 所以示君臣上下之分.《易》曰:
「黃帝·堯·舜垂衣裳而天下治」

013: 軒轅通變, 成於華勳.

黃帝名軒轅, 姓公孫. 堯曰放勳, 姓伊祈. 舜曰重華, 姓姚.《易》
曰:「神農氏沒, 黃帝·堯·舜氏作, 通其變, 使民不倦」《揚子》曰:
「法始乎伏羲, 而成乎堯.

015: 意誠心正, 萬化生身.

言前教聖人皆意誠心正, 變化萬殊, 皆出乎其身也.《禮記》曰:
「物格而後知至, 知至而後意誠, 意誠而後心正, 心正而後身修, 身修
而後家齊, 家齊而後國治, 國治而後天下平」《陰符經》曰:「萬化生
乎身」

017: 神禹胼胝, 疏浚汩湮.

胼, 蒲眠切. 胝, 張尼切. 禹姒姓, 舜命為司空, 使平水土, 後世稱為
神禹.《莊子》曰:「雖有神禹, 且不能知」胼, 皮上堅也. 胝, 足厚也.
疏, 通也. 浚, 深也. 汩, 亂也. 湮, 塞也. 禹治水, 手胼足胝, 鯀湮
洪水, 汩陳其五行, 禹疏浚也.

019: 底別九州, 拯拔墊昏.

墊, 丁念反. 底, 致也.《書》曰:「禹別九州」九州: 冀, 兗, 靑,
徐, 揚, 荊, 豫, 梁, 雍也. 拯, 上舉也. 拔, 擢也. 墊, 溺也. 言禹
救民溺也.《書》曰:「下民昏墊」

021: 貢賦包筐, 多寡適均.

禹既平水上, 「任土作貢」, 「厥貢漆絲」之類. 定賦爲九等. 「厥賦惟
上上錯」之類. 包, 包裹而致者, 「厥包橘柚, 錫貢」之類. 筐, 盛之筐
筐者. 「厥筐織文」之類. 多寡隨土地所出. 適, 均, 皆平也.

023: 沐浴咏歌, 逮今攸遵.

禹之功, 民沐浴而歌咏之. 《史記》: 「沐浴膏澤, 歌咏勤苦」

025: 棄稷厥初, 夙震姜嫄.

棄, 舜稷官. 姜嫄, 棄母, 有邰氏女, 配高辛氏帝, 生子異而棄之,
故名曰棄. 厥初, 期初始時也. 震, 動. 夙, 早也. 言稷始生之異也.
《詩》曰: 「厥初生民, 時維姜嫄, 載震載夙, 載生載育, 時維后稷」

027: 秬秠穈芑, 莆種耕耘.

秬, 音巨. 秠, 孚鄙反. 穈, 音門. 芑, 音杞. 秬, 黑黍. 秠, 一稃
二米. 穈, 赤苗. 芑, 白苗. 莆, 治. 種, 藝穀. 耕, 犁. 耘, 除苗間穢.
言后稷播百穀也. 《詩》曰: 「誕降嘉種, 維秠維秬, 維穈維芑」「莆厥
豐草, 種之黃茂」

029: 暨益播食, 燔烈饔飧.

暨, 及也. 益, 舜虞官. 艱食之處, 后稷與益同敎民播種之; 決川
有魚鼈, 使民鮮食之. 《書》曰: 「暨益奏庶鮮食」, 「暨稷播, 奏庶艱食
鮮食」傳火曰燔, 貫之加於火曰烈. 饔飧, 熟食. 朝曰饔, 夕曰飧.
言民得食也. 《詩》曰: 「載燔載烈」《孟子》曰: 「饔飧而治」

031: 字育蒸黎, 餘慶茂繁.

字, 子也. 育, 養也. 蒸·黎, 皆眾也. 言后稷子養眾民, 積善餘慶, 後嗣茂盛繁衍, 成有周之業也. 《易》曰:「積善之家, 必有餘慶.」《詩》曰:「文武之功, 起於后稷.」

033: 卨實掌教, 修叙彝倫.

卨, 亦作契, 息利反. 卨, 舜司徒. 修, 治也. 彝, 常. 倫, 理也. 言卨典五常之教, 修叙常理.《孟子》曰:「使契爲司徒, 教以人倫: 父子有親, 君臣有義, 夫婦有別, 長幼有叙, 朋友有信.」

035: 由已敬敷, 丕革頑嚚.

敬, 歃也. 敷, 敷教也. 丕, 大也. 革, 變也. 心不則德義之經爲頑, 口不道忠信之言爲嚚. 由卨中心歃敬, 故能敷五教, 大變天下不善之人也.《書》曰:「敬敷五教.」

037: 孝慈友弟, 賤卑貴尊.

天下之人, 承卨之教, 子孝·父慈·兄友·弟恭, 貴賤尊卑, 各安其分也.

039: 寬宏悠久, 帝風雍醇.

其教寬廣宏大, 其施悠遠久長, 此帝者之風化, 所以雍和醇醲也.

041: 皐陶矢謀, 秋殺春溫.

陶, 音遙. 皐陶, 舜理官. 矢, 陳也. 謀, 謨也. 皐陶明刑弼教, 其肅殺如秋, 溫厚如春也.

043: 欽恤象刑, 信順協存.

欽, 敬也. 恤, 憂也. 象, 法也.《書》曰:「象以典刑」,「欽哉, 欽哉, 惟刑之恤哉!」皐陶敬憂其法, 而民信服順從之, 上下之情允協而常存也.

045: 共鯀驩苗, 討而弗論.

鯀, 故本反.「流共工於幽州, 放驩兜於崇山, 竄三苗於三危, 殛鯀於羽山」討此四罪, 止於流放, 而不忍論殺之.《傳》曰:「四罪不死」事見《通典》.

047: 蠻貊賓服, 治俗愈敦.

四夷, 南方曰蠻, 北方曰貊.《書》曰:「惇德永元, 而難任人, 蠻夷率服」蠻貊縱服, 政治風俗愈亦敦厚.

049: 岳牧代工, 洪造何言.

岳, 四岳. 牧, 十二牧. 工, 官也. 洪造, 天也. 言岳牧之人代天理官, 帝無爲而天下治, 猶天不言而四時行.《書》曰:「天工人其代之」《論語》曰:「天下言哉? 四時行焉」

051: 三辰珠璨, 四序環循.

三辰, 日·月·星也. 四序, 春·夏·秋·冬也. 三辰垂象, 如珠之璨明, 四時往來, 如環之循轉無端也.

053: 鳥獸咸若, 草木殖蕃.

咸, 皆也. 若, 順也. 殖, 生也. 蕃, 茂也.《書》曰:「若予上下草木鳥獸」

055: 簫韶鳳凰, 焜燿典墳.

焜, 胡本節. 簫, 樂器.《韶》, 舜樂. 明書簫, 見細器之備. 雄曰鳳, 雌曰凰, 靈鳥也.《書》:「簫《韶》九成, 鳳凰來儀.」焜燿《典》·《墳》, 言焜煌照燿於典冊之書也.《春秋左氏傳》:「內官焜燿.」又曰:「能讀《三墳》·《五典》.」此一節叙伏羲至堯舜.

057: 夏承虞禪, 咨稱儉勤.

禪, 時戰切. 夏, 禹也, 姒姓. 虞, 舜也. 虞·夏, 國氏. 舜·禹, 謚也. 禪, 禪讓傳受也. 咨, 嗟也. 禹受舜, 咨嗟稱揚其德曰:「克勤於邦, 克儉於家.」

059: 啓聽謳訟, 付畀後昆.

啓, 禹之子. 畀, 與也. 後昆, 後嗣也. 言謳歌訟獄之歸啓, 啓遂聽受之, 而以天下付與後嗣. 蓋堯·舜傳之賢, 禹傳之子.《孟子》曰:「唐·虞禪, 夏後殷·周繼.」又曰:「朝覲訟獄者不之益而之啓, 謳歌者不謳歌益而謳歌啓.」

061: 戰甘剿扈, 威賞詎煩.

剿, 子小反. 甘, 地名. 剿, 截也. 扈, 有扈氏也. 啓嗣禹位, 討有扈之罪, 大戰於甘, 剿絕其命, 其賞罰不煩多也.《書》曰:「啓與有扈戰於甘之野」,「天用剿絕其命」.《左氏傳》曰:「慶賞刑成曰君.」

063: 洛汭荒畋, 馳驅十旬.

洛汭, 洛水之北也. 荒, 迷亂也. 畋, 田獵也. 馳驅, 奔走也. 旬, 十日也. 啓之子太康荒迷田獵於洛汭之地.《書》曰:「太康尸位, 以逸豫」,「畋於有洛之表, 十旬不反.」

065: 御母述戒, 祖訓忍聞.

御, 侍. 述, 循也. 忍聞, 言不忍聞之也.《書》曰:「厥弟五人, 御其母以從, 徯於洛之汭. 五子咸怨, 述大禹之戒以作歌. 其一曰:『皇祖有訓.』」

067: 羿射擅朝, 寒浞又因.

浞, 士魚反. 羿善射, 有窮國之諸侯. 擅, 專也. 寒浞又娛羿於田, 取其國而因其室.

069: 戡殲澆豷, 少康興綸.

戡, 音堪. 殲, 將廉反. 澆, 五吊反. 豷, 許器反. 戡, 勝也. 殲, 滅也. 澆・豷, 寒浞二子. 小康, 帝相之子, 興自綸邑, 有田一成, 有眾一旅, 遂滅浞及二子, 而中興夏也.

071: 癸墜令緒, 鼎遷於殷.

癸, 夏之末王桀名癸. 鼎遷, 言國祚移也. 殷, 湯國名. 桀爲不道, 墜失其令美之基緒, 國遂移於殷也.《書》曰:「今王嗣有令緒」《左氏傳》曰:「昔夏之方有德也, 貢金九牧, 鑄(鼎象物; 桀有昏德,) 鼎遷於商」此一節敍夏. (按: 據《左氏傳》及《小兒書輯》第八補)

073: 湯聘莘畝, 伊尹戮力.

湯・謚也. 子姓, 契之後. 契封於商, 湯治亳, 殷, 故國氏也. 商又曰殷. 聘, 訪也. 莘, 國名. 伊尹, 湯相. 戮力, 陳力也. 言湯聘伊尹於莘野畎畝之中, 與之戮力, 遂伐夏救民也.《孟子》曰:「伊尹耕於有莘之野, 湯三使人以幣聘之」《書》曰:「聿求元聖, 與之戮力」

075: 徂征自葛, 畏愛無敵.

徂, 往也. 征, 正其罪也. 葛, 葛伯也. 葛伯不祀, 殺餉耕之童子, 湯往征之, 人皆畏其義而愛其德, 故無敵之者.《書》曰:「初征自葛」, 「攸徂之民, 室家相慶」.《孟子》曰:「十一征而無敵於天下」(按:「攸徂之民」二句系《書》仲虺之誥中語, 原作《孟子》語, 誤, 已改正.)

077: 徯來其蘇, 鳴條倒戈.

徯, 待也. 蘇, 息也. 鳴條, 地名. 戈, 有枝兵也. 民望湯師之來, 冀得蘇息, 故與桀戰於鳴條, 衆皆倒兵自攻也.《書》曰:「徯予後, 後來其蘇」又曰:「遂與桀戰於鳴條之野」

079: 俾后堯舜, 匹夫必獲.

俾, 使也. 后, 君也. 獲, 得. 言伊尹自任之重, 上欲使其君爲堯 · 舜, 下欲使一夫必得其所.《書》曰:「予弗克俾厥后爲堯 · 舜, 其心愧恥」, 「一夫不獲」, 「時予之辜」.

081: 速戾放桐, 遂終允德.

速, 召也. 戾, 罪也. 放, 不知朝政, 故曰放也. 桐, 湯葬地也. 允, 信也. 太甲, 湯孫, 既立不明, 伊尹乃放諸宮, 太甲能思念其祖, 終信其德也.《書》曰:「以速戾於厥躬」又曰:「太甲既立, 不明, 伊尹放諸桐」又曰:「克終允德」

083: 予弼夢賚, 武丁恭默.

予, 我也. 弼, 輔也. 賚, 予也. 武丁, 高宗名. 恭, 敬也. 默, 不言也. 武丁恐德弗類恭敬, 不言而思道, 遂夢帝賜之以輔弼也.《書》曰:「夢帝賚予良弼」又曰:「恭默思道」

085: 營求郊野, 築巖說得.

說, 音悅, 營, 經營也. 邑外曰野. 說, 名也. 高宗乃審所夢之人, 刻其形象, 經營求之於郊野, 得於傅巖之築者, 其名曰說. 《書》曰: 「使百工營求諸野, 說築傅巖之野, 惟肖」

087: 對揚休聲, 鬼方是克.

對. 答也. 揚, 稱揚. 休, 美也. 鬼方, 北狄也. 克, 勝也. 說旣作相, 答揚美名, 又嘗伐鬼方勝之. 《書》曰: 「說拜稽首曰: 『敢(不)對揚天子之休命.』」《易》曰: 「高宗伐鬼方, 三年克之.」(按: 據《尙書》說命下無「不」字.)

089: 總福駿龐, 賢主六七.

總, 集也. 福, 百順之名也. 駿, 大也. 龐, 厚也. 湯總集福祿, 爲下國駿龐, 故其後子孫賢德之君六七人. 如太甲·太戊·祖乙·盤庚·武丁是也. 《詩》曰: 「百祿是總」, 「爲下國駿龐」. 《孟子》曰: 「由湯至於武丁, 賢聖之君六七作」

091: 悼監辛紂, 凶矜驕溢.

監, 居陷切. 悼, 傷也. 監, 視也. 辛, 商之末王. 紂, 名辛, 凶暴矜夸, 恣盈溢也. 言當傷視紂之不道也.

093: 師箕囚奴, 忠諫焚炙.

箕, 箕子也. 《書》注: 「箕子爲太師」《史記》曰: 「箕子祥狂爲奴, 紂又囚之」忠諫, 言忠直諫諍之人, 紂爲焚炙炮烙之刑以殺之. 《書》曰: 「焚炙忠良」此一節叙商.

095: 豳岐積累, 昌謨浸赫.

豳, 邑也. 岐, 山也. 昌, 周文王名, 姬姓. 謨, 謀也. 浸, 漸也.
赫, 明盛也. 此言周之興, 本稷之後, 至公劉之子慶節立, 國於豳.
太王去豳居岐山, 世世積德累仁, 至文王時謀謨浸以光大. 《書》曰:
「丕顯哉! 文王謨」

097: 重演爻繇, 端本衽席.

繇, 直又切. 演, 廣也. 爻, 畫也. 繇, 卦爻之辭. 端, 正也. 衽,
臥席. 伏羲畫八卦, 文王重爲六爻, 并演卦爻之辭. 又二《南》之化,
本於后妃. 言文王修身齊家, 正其本於夫婦衽席, 而化行天下. 《詩》
曰: 「刑于寡妻, 至于兄弟, 以御于家邦」(按: 據淸張承燮原按: 文王
重卦說本《史記》. 然《易》注疏據《易》繫辭斷爲伏羲旣畫八卦, 自重
爲六十四, 久有定論. 黃注仍沿《史記》, 誤矣)

099: 孚佐緝熙, 西顧與宅.

孚, 信也. 佐, 助也. 緝, 續也. 熙, 廣也. 宅, 居也. 上天孚信,
佐助文王緝熙敬止之德, 眷然西顧, 而與之居. 《詩》曰: 「穆穆文(王),
於緝熙敬止」 又曰: 「乃眷西顧, 此維與宅」(按: 「王」字據《詩》大雅
文王補)

101: 肆發觀政, 旄鉞麾斥.

肆, 故也. 發, 武王名, 文王之子也. 斥, 逐遠也. 武王以父業未就,
與諸侯觀紂政之善惡. 紂罔有悛心, 乃秉旄仗鉞, 麾斥而誓也. 《書》曰:
「觀政於商」 又曰: 「王佐杖黃鉞, 右秉白旄以麾」

103: 盟津約誓, 附國八百.

盟, 音孟. 孟津, 河陽也. 約, 結約. 誓, 告誓. 武王師渡孟津, 大會以誓衆, 作《太誓》三篇, 諸侯附周者八百國.《史記》曰:「不期而會孟津者八百諸侯.」

105: 釣渭非羆, 皓首馮軾.

渭, 水名. 皓, 白也. 軾, 車上橫木. 太公釣於渭水, 應「飛熊」之占, 文王載以俱歸, 年八十餘, 佐武王伐紂, 白首而憑車之軾也.《史記》:「西伯將出獵, 卜之, 曰:『非虎非羆, 所獲伯王之輔.』果遇太公於渭水之陽.」《詩》曰:「維師尚父, 時維鷹揚, 涼彼武王, 肆伐大商.」

107: 殪戎漂杵, 祝斷丑曆.

殪, 於計反. 殪, 殺也. 戎, 兵也. 祝, 斷也.《書》曰:「祝降時喪.」丑曆, 商以建丑之月爲正. 武王伐紂, 觀兵於商, 紂衆倒戈自攻, 血流至於漂舂杵, 蓋甚言其敗. 自此商之正朔遂絕, 故曰『祝斷丑曆』.《書》曰:「殪戎殷.」又曰:「血流漂杵.」

109: 嗣誦幼冲, 旦豈履籍.

嗣, 子也. 誦, 成王名. 幼冲. 旦, 周公名, 武王之弟. 豈, 非也. 成王幼不能莅祚, 周公相成王, 非蹈履天下之圖籍也. 而《荀子》曰:「周公履天下之籍.」非也.

111: 植璧秉珪, 金縢納冊.

植, 置也. 秉, 執也. 圓曰璧, 方曰圭(珪). 縢, 緘也. 冊, 書也. 言周公先因武王有疾, 乃作冊書, 以身代武王, 置璧於太王·王季·文王之坐以禮神. 公秉桓圭爲贄以告, 遂作冊書納之櫃中, 緘之以金.

《書》曰:「植璧秉圭」又曰:「納冊於金縢之櫃中」

113: 管蔡挾庚, 往差罪辟.

辟, 必亦反. 管·蔡, 國名. 管叔名鮮, 蔡叔名度, 周公之兄弟. 武庚, 殷紂之子祿父也. 封以殷之餘民 於管·蔡爲三監. 辟, 法也. 周公相成王, 管·蔡疑周公將不利於成王, 挾庚以畔. 周公往征之, 差次其罪法, 殺武庚, 致辟管叔於商, 囚蔡叔於郭鄰.

115: 斧斨卒完, 繡袞赤舄.

斨, 七羊反. 隋銎曰斧, 方銎曰斨. 銎, 受柄之處. 卒, 終也. 完, 全也. 袞服有繢有繡. 舄, 履也. 方周公東征, 管叔流言, 王亦不能無疑, 於是人有破斧缺斨之憂. 然周公聖人, 其心至公. 天乃動威, 以彰公德, 王亦感悟而知公勤勞, 斧斨終無破缺而卒完全. 繡裳袞衣, 赤舄幾幾, 而公歸矣. 《詩》曰:「袞衣繡裳」又曰:「赤舄幾幾」

117: 釗持既盈, 囹圄闃寂.

闃, 若具切. 釗, 康王名, 成王之子. 盈, 滿也. 囹圄, 獄也. 闃, 寂靜也. 言成·康之時, 刑措不用, 如器既滿, 康王能持守之, 不使傾溢, 民不犯法, 獄皆空寂也. 《詩》曰:「持盈守成」《漢書》曰:「成·康之隆, 囹圄空虛, 四十餘年」

119: 滿耄喜游, 遐騖轍迹.

騖, 亡遇反. 滿, 穆王名, 康王之孫. 九十曰耄. 遐, 遠也. 騖, 馳也. 穆王立, 春秋已五十, 在位五十五年. 耄荒喜游, 遠馳其車轍馬迹於天下. 《左傳》曰:「昔穆王欲肆其心, 周行天下, 將(皆)必有車轍馬迹焉」(按:「皆」字據《左傳》昭公十二年補)

121: 胡仍板蕩, 靖續憤惕.

胡, 厲王名. 仍, 因也. 〈板蕩〉, 詩名. 板, 反也. 蕩, 法度廢壞之貌.
靖, 宣王名, 厲王之子. 續, 繼也. 厲王好利監謗, 反先王與天之道,
無綱紀文章, 國人畔, 厲王流死於彘. 宣王既立, 憤發惕厲, 遂致中興.

123: 側躬勵行, 俊髦任職.

側躬, 不敢自安也. 勵行, 修飭所行也. 智過千人曰俊. 髦, 亦俊也.
俊髦之士, 任之以職. 《詩》曰:「側身修行」又曰:「任賢使能, 周室
中興焉」

125: 玁狁侵鎬, 徐土騷繹.

玁, 音險. 狁, 音允. 鎬, 下老切. 玁狁, 北狄. 鎬, 北方地名. 徐土,
徐國也. 騷, 動也. 繹, 陳也. 宣王之時, 外有北狄侵伐鎬地, 內有淮
夷擾動徐土也. 《詩》曰:「玁狁匪茹」,「侵鎬及方」. 又曰:「徐土繹騷」

127: 迅霆嘽焞, 虓虎綿翼.

嘽, 吐丹反. 焞, 吐雷反. 虓, 火交反. 迅, 疾也. 霆, 雷之急者.
嘽嘽, 衆也. 焞焞, 盛也. 虓, 虎怒也. 綿綿, 不可絕也. 翼翼, 不可
亂也. 宣王伐玁狁, 征徐國, 王旅如迅霆, 如虓虎, 衆盛而又整暇.
《詩》曰:「戎車嘽嘽, 嘽嘽焞焞, 如霆如雷」又曰:「進厥虎臣, 闞如
虓虎」又曰:「綿綿翼翼, 不測不克」

129: 恢復疆境, 雅頌諧激.

恢, 大也. 復, 反也. 《雅》·《頌》, 《詩》也. 宣王能恢大復反其舊之
疆場境土, 歌咏於《雅》·《頌》, 如〈采芑〉·〈車功〉·〈江漢〉·〈常武〉
之詩, 其聲諧和而激發也. 《詩》曰:「復文·武之境土」

131: 宜臼徙居, 俯就衰紲.

紲, 敕律切. 宜臼, 平王名. 徙, 遷. 俯, 俛也. 避犬戎之難, 東遷於洛, 周室遂衰. 言其棄文·武之故都, 俯就衰微紲削也.

133: 宗廟黍離, 過者閔惻.

宗, 主也. 廟, 貌也. 黍, 黑黍也. 離離, 秀而垂也. 閔惻, 傷也. 《詩》曰:「周大夫行役至于宗周, 過故宗廟宮室, 盡爲禾黍, 閔周室之顛覆, 彷徨不忍去」又曰:「彼黍離離」

135: 霸業紛更, 周綱竟失.

自此諸侯強幷弱. 齊桓·晉文·秦穆·宋襄·楚莊各以霸業紛紜更迭爲盟主, 禮樂征伐不出於天子. 周之紀綱竟失之也.

137: 尼父將聖, 體用皇極.

尼父, 孔子也. 哀公謀曰尼父. 將, 大也. 皇極, 大中也. 言孔子大聖人, 其存主施爲, 皆大中之道也. 《論語》曰:「固天縱之將聖」《書》曰:「五, 皇極」

139: 魋圍莫害, 陳餒那厄.

魋, 杜回切. 宋司馬姓桓名魋. 陳, 國名. 餒, 饑也. 孔子適宋, 與弟子習禮大樹下, 魋欲殺孔子; 終莫能害. 又陳·蔡大夫嘗發徒圍孔子於野, 七日不食, 孔子講誦弦歌不衰. 楚莊王興師以迎, 寧能厄之也? 《論語》曰:「天生德於予, 桓魋其如予何?」又曰:「在陳絶糧」

141: 刪定詩書, 繫辭黜索.

古《詩》三千餘篇, 孔子刪之, 存者三百五篇. 《書》者, 帝王典·謨·

訓·誥·誓·命之文, 定之爲百篇. 贊《易》道而繫以辭, 爲《象》·《文言》·
上下《繫》. 古有八卦之說, 謂之《八索》, 孔子黜去之.

143: 晩潛奧思, 筆削史策.

言孔子作《春秋》, 蓋晩而沉潛深奧之思. 因魯史之策書, 筆則筆,
削則削. 始於魯隱公, 終於獲麟, 是非二百四十二年之行事而成
《春秋》也.

145: 姚姒以降, 斟酌準的.

姚, 虞姓. 姒, 夏姓. 斟酌, 挹注也. 準, 平也. 的, 射的. 子曰:
「我欲托之空言, 不如見諸行事之深切著明也」於是托二百四十二年
之事迹, 以行天子之事, 以明聖人之用. 舜·禹而下, 蓋皆斟酌其中,
以爲萬事之繩準標的也.

147: 日星炳煥, 千古貽則.

炳煥, 明也. 貽, 與也. 則, 法也. 言《春秋》之書, 其大義大指, 如日
星垂象之明, 貽萬世之則也.

149: 麟瑞應期, 妙感孰測.

麟, 靈獸, 王者之瑞. 魯哀公十四年西狩獲麟也. 蓋孔子作《春秋》
貽萬世法, 麟瑞應期而至, 遂絶筆於獲麟. 聖人與天同心, 天人之際,
微妙感通, 孰能測度之也!

151: 樂育英才, 升堂入室.

育, 養也. 材過千人曰英. 堂·室, 喩道之淺深. 孔子設教, 從之游
者三千, 以得此英才而敎養之爲樂. 其弟子或升堂, 或入室, 於道各

有所得也.《孟子》曰:「樂得天下之英才而教育之」《論語》曰:「由也,升堂矣, 未入於室也」

153: 伋蹈前軌, 軻稟絕識.

伋, 子思名, 孔子之孫. 軌, 轍迹也. 子思以孫子之賢, 獨能踐乃祖之往轍. 軻, 孟子名. 孟子去孔子又遠, 而生稟絕異之識, 幷爲亞聖之大賢, 令聖人之德業可傳可繼, 其功大矣!

155: 標示中庸, 攘距楊墨.

楊, 表也.《中庸》, 子思之書. 攘, 逐也. 距, 却也. 楊. 楊朱. 墨, 墨翟. 蓋子思以《中庸》不偏不倚之正道定理示於人; 孟子得其傳, 明仁義之道; 知楊氏爲我, 至於無君; 墨氏兼愛, 至於無父, 攘逐距辟之也.

157: 王澤息傳, 獨賴遺編.

春秋·戰國之時, 聖賢之君不作, 而先王之澤, 息滅而不傳, 恃有《六經》, 孔子·子思·孟子之遺書爾.

159: 嬴秦訖赧, 惆悵卜年.

嬴, 餘輕切. 秦, 國名, 嬴, 姓. 赧, 周之末王, 立五十九年. 秦昭王攻周, 赧王盡獻其邑, 周遂亡, 是嬴秦(迄. 訖)絕周赧也. 昔成王定鼎, 卜年八百, 卜世三十, 周之基祚, 至此可爲惆悵. 此一節叙周.

161: 亨滅列侯, 廢壞井田.

亨, 音烹. 列, 叙列也. 自古封建諸侯, 唐·虞·三代未之有改. 井田, 方里而井, 井九百畝, 其中爲公田, 八家皆私百畝, 亦古制也. 秦始皇

二十六年, 既盡滅韓・魏・趙・楚・燕・齊六國, 分天下爲郡縣, 烹殺
諸侯而絶滅之. 自孝公以來, 廢井田, 開阡陌, 其後因之, 先王井田
之制廢壞.《史記》曰:「烹滅强暴」

163: 雜燒簡牘, 耽惑佺仙.

竹曰簡, 木曰牘, 皆經籍也. 耽, 樂也. 佺, 仙人偓佺也. 言始皇
焚書, 又耽樂迷惑神仙之說, 欲求長生.《史記》曰:「有藏《詩》・
《書》・百家語者, 悉詣廷尉雜燒之」又曰:「遣徐市入海求仙人」

165: 良遇劉邦, 嬰頸拘牽.

良, 張子房名. 劉邦, 漢高帝姓名. 嬰, 秦王子嬰. 天下畔秦, 高帝
起兵, 會良有報秦之志, 遂爲之謀臣. 入關, 秦王子嬰繫頸以組, 降軹
道旁, 言以組自繫挽也.

167: 再報仇讎, 楚羽戕咽.

戕, 慈良切. 楚, 國名. 羽, 項羽. 戕, 殺咽喉也. 秦滅韓, 張良自
以五世相韓, 爲韓報仇. 既滅秦, 項自立爲西楚霸王, 立韓後公子成
爲韓王, 良爲韓司徒. 羽不遣成之國, 殺之. 良復爲漢謀, 敗楚垓下,
羽至烏江自刎而死, 是再報仇讎也. 此一節敍秦及楚.

169: 炎漢開基, 規模廣延.

炎漢, 漢火德也. 基, 業也. 圓曰規. 模, 範也. 廣, 大也. 延, 長也.
高帝開創漢業, 其立制垂範遠大也.《後漢書》曰:「炎漢開基」《漢書》
曰:「規模宏遠矣」

171: 勃誅祿產, 光擁昭宣.

勃, 周勃. 祿·產, 呂祿·呂產. 光, 霍光. 昭·宣, 漢昭帝·宣帝.
高皇后呂氏生惠帝, 惠帝崩, 呂太后臨朝, 立兄子祿·產爲王, 祿上
將軍, 產相國, 專兵秉政; 太后崩, 謀作亂, 太尉勃入北軍, 令曰:
「爲呂氏右祖, 爲劉氏左祖」軍皆左祖, 遂誅祿·產, 立文帝. 昭帝,
武帝幼子, 年八歲立爲天子. 武帝命霍光爲大將軍, 受遺詔輔幼主.
昭帝卽位, 十三年而崩, 無子, 光立武帝曾孫病已, 是爲宣帝, 號稱
中興.《漢書》曰:「擁昭立宣.」

173: 董相仲舒, 儒術窮研.

董仲舒相江都王, 爲公孫弘所嫉, 又相膠西.《漢書》曰:「仲舒遭
漢承秦滅學之後,《六經》離析, 下帷發憤, 潛心大業, 令從學者有所
統壹, 爲群儒首」故謂於儒術能窮極研究也.

175: 請罪僻邪, 乃績巍焉.

僻邪, 不正也. 績, 功也. 巍, 高也.《漢書》仲舒對策有曰:「諸不
在六藝之科孔子之術者, 皆絶其道, 勿使幷進. 邪僻之說滅息, 然後
統紀可一而法度可明」又曰:「推明孔氏, 抑黜百家, 立學校之官」
皆自仲舒發之, 故謂其明儒術之功甚高大也.

177: 賊莽竊璽, 冠佩猳豜.

猳, 居牙切. 豜, 經天切. 莽, 王莽. 竊璽, 言竊國也. 傳國璽,
秦刻和氏玉爲之. 李斯篆其文曰:「受命於天, 旣壽永昌」秦, 漢寶之.
冠, 弁冕也. 佩, 佩玉也. 猳, 牡豕. 豜, 三歲豕. 莽盜漢, 故曰賊.
其質穢賤, 而僭竊位號, 猶猳豜而加之冠佩也. 此一節叙西漢.

179: 白水龍翔, 榮取靑氈.

白水, 南陽鄕名, 光武所居. 龍, 君象. 翔, 飛也. 靑氈, 晉王獻
之曰:「靑氈, 我家舊物」言光武起南陽, 誅王莽, 中興漢祚, 不失
其舊物, 可爲榮也.《後漢書》曰:「龍飛白水, 鳳翔參·墟」

181: 爕洽粊寧, 吾奚間然.

爕, 悉協切. 粊, 綿婢切. 爕, 和也. 粊, 安也. 間, 隙也. 光武中興,
天下和洽安寧, 吾無間隙可言其失也.《論語》曰:「禹吾無間然矣」

183: 志宏朽馭, 奄寺聯翩.

志, 桓帝名. 宏, 靈帝名. 奄寺, 宦官也. 聯, 屬也. 翩, 飛貌. 言
桓·靈失馭下之道, 如以朽索馭馬. 宦官擅權, 始則單超等號五常侍,
後又有侯覽·曹節等聯翩, 言相繼而來也.

185: 黨錮縉紳, 催汜兵纏.

催, 訖嶽切. 汜, 詳里切. 又音泛. 黨, 鉤黨. 鉤, 謂相牽引. 錮,
禁錮也. 縉紳, 揷笏於帶. 縉, 大帶也. 縉紳, 謂士大夫. 催, 李催.
汜, 郭汜. 纏, 不解也. 靈帝二年, 宦官侯覽諷有司奏劉淑·杜密·李膺
等爲鉤黨, 下獄, 死者百餘人, 妻子徙邊, 附從者鉤五屬. 詔州郡大
鉤黨, 於是天下豪傑及儒學行義者, 一切誣爲黨人. 何進·袁紹召董
卓將兵入朝誅宦者. 卓兇暴, 王允誅卓, 催·汜皆卓部曲, 遂反攻陷
長安, 劫質天子公卿, 漢以是亡. 此一節叙東漢.

187: 許都曹操, 鄂保孫權.

曹操, 字孟德, 挾天子都許, 其子丕立爲帝, 國號魏, 操爲魏太祖.
孫權, 字仲謀, 困父堅·兄第之業, 遂有江東, 保據沔·鄂, 國號吳,
權爲大帝.

189: 亮兮翊備, 據蜀當天.

亮, 姓諸葛, 字孔明. 翊, 輔也. 備, 姓劉, 亮說備取蜀. 備, 漢宗室子, 志在興復漢室, 故亮輔之據蜀, 比吳·魏為當天地. 此一節叙蜀漢·吳·魏.

191: 司馬欺孤, 熾鄴連顚.

司馬, 姓也, 名懿, 字仲達, 為晉宣帝. 熾, 晉懷帝名. 鄴, 愍帝名. 魏明帝疾, 執懿手目齊王曰:「以後事相託, 吾忍死待君與曹爽, 并受遺詔輔少主.」懿誅曹爽, 懿子師遂廢齊王立高貴鄉公, 子昭又弑高貴鄉公, 孫炎遂代魏, 國號晉, 謚為武帝. 故石勒曰:「曹孟德·司馬仲達欺孤兒寡婦, 狐媚以取天下.」惟其取之不以道, 故其後懷·愍二帝皆為匈奴劉聰之將劉曜所虜, 連蹇顚頓也. 此一節叙西晉.

193: 導建江表, 安摧苻堅.

導, 王導. 江表, 江左也. 安, 謝安. 苻堅, 氐也, 居關中稱秦王. 晉都洛陽既陷沒, 導輔琅琊王睿都建康, 號元帝, 是為東晉. 江表之晉, 蓋導所建立也. 安相孝武帝, 苻堅率衆百欲投鞭江, 安遣兄之子玄以八千人敗堅於淝水. 堅之摧敗, 皆安之功也. 此一節叙東晉.

195: 南北判裂, 圻甸腥羶.

西晉之末, 五胡亂華, 晉元帝都建康, 其後為宋·齊·梁·陳. 北為元魏·北齊·周·隋. 圻, 郊也. 甸, 甸服也. 言中原古帝王所都. 郊圻甸服之地, 為夷狄犬羊所腥羶也.

197: 隋暫混并, 煬惡罔悛.

隋姓楊, 名堅, 代宇文周, 國號隋, 謚文帝. 開皇元年平陳, 天下爲一. 煬帝弑父, 奢淫好兵, 大業二年, 而天下大亂. 故隋暫能混一合幷; 而煬之惡德, 曾不悛改, 國遂亡. 此一節叙南北朝.

199: 世民雄視, 資受勇智.

世民, 唐太宗名, 姓李氏. 雄視一世, 爲天下豪杰皆雌伏而莫與敵也. 其資質稟受兼備勇智.

201: 除殘滌暴, 慕仁勸義.

殘賊暴虐之政, 則除去蕩滌之. 仁義之道, 則愛慕勸勉而有之. 所以除隋之亂, 成貞觀之治也.《唐書》曰:「魏徵勸我行仁義, 旣效矣」

203: 斗米數錢 外戶不閉.

《唐書》曰:「貞觀三年, 天下大稔, 斗米不過四五錢. 東至於海, 南及五嶺, 皆外戶不閉, 行旅不齎糧」

205: 丞輔疇功, 鑒亡一魏.

左輔右弼, 前疑後丞, 疇咨其功勳, 言任房玄齡·杜如晦之徒爲輔佐成功業也. 魏徵以諫諍爲己任, 耻君不及堯·舜. 太宗曰:「以銅爲鑒, 可正衣冠; 以古爲鑒, 可見興替; 以人爲鑒, 可知得失. 魏徵沒, 朕亡一鑒矣」言太宗能用賢從諫也.

207: 玩黷句驪, 猶橫壯氣.

高句麗, 國名. 貞觀十九年, 太宗伐之, 不能成功, 深悔之, 嘆曰:「魏徵若在, 不使我有是行也」言玩兵黷武於高麗, 尙橫其少年之銳氣也.

209: 牝鷄遶晨, 枝干披瘁.

牝鷄, 母鷄也. 晨, 司晨而鳴也. 以喻女后專政. 干, 木本也. 披, 析.
瘁, 病也. 枝, 喻宗室, 爲國枝葉. 干, 太子; 國之本也. 太宗之子高宗
立, 武氏爲后, 臨朝擅命, 廢其子中宗爲廬陵王, 幽之房陵, 殺唐宗
室殆盡, 改國曰周. 如母鷄之司晨, 而唐之枝葉披析凋瘁也. 《書》曰:
「牝鷄之晨, 惟家之索」《漢書》曰: 「樹之大者披木心」

211: 狄傑扶傾, 唐統薦繼.

狄傑, 姓狄, 名仁傑. 扶, 持也. 傾, 側也. 薦, 再也. 繼, 續也.
言唐室將傾, 而仁傑扶持之. 蓋仁傑以母子天性感動武后, 后曰:
「還汝太子」遂復立中宗, 唐之統緒於此再續也.

213: 霓曲喧轟, 鼙鼓駴沸.

《霓曲》, 曲名. 鼙, 騎上鼓. 唐玄宗時, 楊國忠獻《霓裳羽衣曲》.
寵胡羯, 安祿山鎮范陽, 令專制三道且十年. 天寶十四載反, 遂陷兩京.
玄宗耽於聲色, 喜聞《霓裳》之曲喧轟, 遂致祿山反叛. 鼙鼓之聲, 驚駴
騰沸也.

215: 臨淮汾陽, 汛掃氛翳.

迅, 思晉切. 臨淮·汾陽, 二郡名. 迅, 灑也. 掃, 除也. 氛, 祥氣也.
翳, 障也. 安祿山反, 郭子儀·李光弼克復兩京. 光弼封臨淮郡王,
子儀封汾陽郡王. 言李·郭迅灑掃除唐之妖氛障翳也.

217: 贄斬篡泚, 度梟叛濟.

贄, 陸贄. 篡, 僭位. 泚, 朱泚. 度, 裴度. 梟, 不孝鳥, 磔之, 梟頭
木上. 叛, 反叛. 濟, 吳元濟. 德宗用兵於兩河, 日費百首萬緡, 首括

富商, 錢出萬緡者借其餘積財帛粟麥, 借四之一. 又稅間架, 除陌錢.
涇原兵奉朱泚反, 德宗幸奉天, 用陸贄謀, 痛自引過, 以感人心. 所下
詔書, 驕將悍卒無不感激揮涕, 遂斬泚. 憲宗時, 吳元濟反於淮·蔡,
用兵久無功, 李逢吉等請罷兵. 裴度爲中丞, 往宣慰; 還, 言必可取.
賊殺宰相武元衡, 又傷度. 度爲相, 討賊愈急, 自請督戰, 遂梟元濟.
言德宗·憲宗平二叛, 皆二臣之功也.

219: 貂璫專命, 霜凝冰至.

貂璫,《後漢書》宦者傳: 銀璫左貂, 明帝後改金璫左貂. 專命, 擅王
命也. 霜凝冰至, 陰氣之盛. 初則凝霜, 終至堅冰, 言有漸也. 太宗
之制, 內侍省不置三品官, 黃衣廩食, 守門傳命而已. 明皇始用高力
士爲將軍, 宦者至三千人, 衣緋紫者千餘人, 宦者之盛自此始. 其後
李輔國·魚朝恩·程元振·吐突承璀·王守澄·仇士良·田令孜·楊復
恭皆握兵擅權. 憲宗爲陳宏志所弑, 穆·文·武·宣·懿·僖·昭七帝,
皆宦者所立, 其來有漸, 辨之不早故也.《易》曰:「履霜堅冰, 陰始
凝也.」

221: 藩鎭交挐, 虐悖狂恣.

藩鎭, 唐史有〈藩鎭傳〉. 明皇致安祿山之亂, 肅宗遂瓜分河北地,
付授叛將, 亂人乘之, 以土地傳之子孫, 遂成藩鎭. 言其勢交合紛挐,
其人皆暴虐悖逆, 猖狂縱恣.

223: 魚爛絲棼, 吁嗟五季.

宦官擅權於內, 藩鎭叛逆於外, 唐遂以亡. 天下壞亂, 如魚爛絲棼,
五十二年之間, 爲梁·唐·晉·漢·周之五代, 凡八姓十三君, 短促禍亂
之極, 可爲吁嗟嘆息也. 此一節叙唐及五代.

225: 猗歟我宋, 盡美全懿.

猗歟, 美辭. 太祖由歸德軍節度使受周禪, 故國號宋. 言五代極亂,
天生眞主, 混一宇內, 我宋功德之盛, 度越唐·漢, 上繼帝王. 懿, 美.
全, 盡也.《論語》曰:「〈韶〉盡美矣」《揚子》曰:「不亦懿乎!」

227: 块圠難名, 普率純被.

块, 倚黨反. 圠, 乙黠反. 块圠, 氣也. 普率, 普天率土. 言我宋盛
治至和之氣, 不可得而名稱, 天下純被之也.《漢書》曰:「块圠無垠」
《論語》曰:「民無能名焉」《書》曰:「天下純被文王之化」

229: 喬嵩孕秀, 顏孟幷轡.

喬·嵩, 皆高大貌. 河南有嵩山. 孕, 含寶也. 言盛治之世, 泰山
喬岳, 含孕秀氣, 篤生大賢, 於是河南程顥與弟頤得聖學之傳, 有如
顏子·孟子幷轡齊驅也.《詩》曰:「嵩高維岳」,「維岳降神, 生甫及申」

231: 私淑諸人, 追配洙泗.

淑, 善也. 配, 合也. 洙·泗, 水名. 孔子教授弟子於洙·泗. 言二程
先生以所學私善諸人, 追洙·泗之風也.

233: 莊老虛談, 佛釋空諦.

諦, 音帝. 莊, 莊周. 老, 老聃. 佛氏自言釋其姓, 本西竺胡人. 諦,
審也. 言莊·老之談虛無, 而佛釋義諦本空, 皆無益於人倫, 有害於
義理也.

235: 申韓慘刻, 朱翟偏蔽.

翟, 停歷切. 申, 申不害. 韓, 韓非. 其言慘酷刻深. 楊朱爲我,

墨翟兼愛, 其言一偏而有所蔽.

237: 璞輅考占, 黥彭擊刺.

晉郭璞‧魏管輅能推考占驗. 漢黥布‧彭越善擊鬪攻刺也.

239: 篆籀末習 詞章小技.

籀, 直又切. (篆者)詞章, 文詞篇章. 言字學之習抑末而非本, 文藝
之爲技能甚小而不足爲也.(按: 據《小兒書輯》八《叙古千文》無「篆者」
二字.)

241: 肯涉波瀾, 致遠恐泥.

泥, 乃計反. 水行曰涉. 波, 水湧貌. 瀾, 大波也. 泥, 不涌也. 言前
異端雜學, 譬之於水, 不肯涉其波瀾, 況其深遠乎! 欲遠到而爲此業,
必爲所拘泥而不能至也.

243: 探賾鉤隱, 涵養精粹.

賾‧隱, 義理之幽深難見也. 精粹, 人受於天性之本有也. 凡天下
萬物之理, 有隱賾者, 皆當探索. 如此者蓋將涵養吾之精粹, 使之無
放失壞敗, 則心盡而理得矣. 《易》曰:「探賾索隱, 鉤深致遠」 又曰:
「剛健中正, 純精粹也」

245: 達理制事, 酬酢經緯.

酬, 主答客也. 酢, 客報主也. 直絲曰經, 橫絲曰緯. 學者窮理而
能通達於理, 則可以裁制萬物, 其於應物經世, 如飮之酬酢, 織之經
緯也.

247: 舉此加彼, 兼善博施.

施, 以豉切. 言皆舉斯以加諸彼而已. 其用至於兼善天下, 博施於民, 皆本諸此, 無二道也. 故盡己之性, 則能盡人物之性, 修身齊家, 則能治國平天下. 所謂「吾道一以貫之」, 非若異端之二本, 雜學之偏蔽也. 《孟子》曰:「言舉斯心, 加諸彼而已」又曰:「達則兼善天下」《論語》曰:「如有博施於民, 而能濟衆」

249: 參乎覆載, 可謂大器.

參, 三也. 覆載, 天覆地載. 參而爲三才, 可謂宏大之器. 此節總叙.

○ 右《叙古千文》, 故禮部侍郎胡公明仲所作, 其叙事立言, 昭(陳, 示)法戒, 實有《春秋》經世之志. 至於發明(道, 大)統, 開示(德門, 正塗), (則)又於卒章深致意焉. 新學小童, 朝夕諷之, 而問其義, 亦足以養正於矇矣. 新安朱熹書. (按: 據四部叢刊本《朱文公文集》補改)

文定胡公潛心《春秋》四十餘年, 而後徐出其說. 致堂其親傳, 故筆削皆有法. 《叙古》字凡千不重, 雖飲席間談笑成之, 而上下數千載, 關係大處, 包撮略盡, 興君昏主之理亂, 哲佐悖臣之功罪, 吾道異端之正偏, 一字森嚴, 百世确論, 不但可以習童稚而已. 古《千字》猥陋不倫, 乃盛行於世俗, 蓋未知有此作也. 其書一經朱文公表揭, 遂傳廣帥宋公慈‧里兩翁之里學. 兩翁之學既梓之衡陽, 又梓之廣之泮宮, 自此流布天下, 人人得諷詠, 有功於人心多矣. 南岳之高, 南海之深, 不泯不磨, 致堂之心. 淳祐十年(1250)月正元日(後學)李昴英書.

(按: 朱子集中是跋之末, 尙有數語:)

「清江劉孟容出其先朝奉君所書八分小卷, 莊謹齊一, 所以傳家之意甚備, 豈亦有取於斯乎? 因摹刻置南康郡齋, 傳諸小學, 庶幾其有補云. 淳熙已亥(1179)八月戊戌, 新安朱熹書」

◎ 譚瑩玉生　復校

右《叙古千文》一卷，宋胡寅撰，黃灝注.

案：寅字明仲，崇安人，安國子；灝字商伯，都昌人，事迹各見《南宋書》本傳. 考釋文瑩《玉壺清話》及《宋史》李至傳載：宋太宗曰：《千字文》本梁武帝得鍾繇破碑，愛其書，命周興嗣次韻成之. 然《南史·文學傳》謂梁武帝有王羲之書，命興嗣次韻爲之，亦見劉公《嘉話錄》，則謂鍾繇書者殆宋人誤記. 又考梁時撰《千字文》者甚多，梁武嘗自制而命沈衆爲之注，見《南史》沈約傳. 又南平王嘗使蕭子範制《千字文》，命記室蔡薳爲之注，亦見《南史》. 而《隋·經籍志》興嗣《千字文》外，又有二本：一爲梁國子祭酒蕭子雲注，一爲胡肅注. 又有《篆書千字文》一卷，《演千字文》五卷，《草書千字文》一卷，俱不載名民. 唐以後又有改次《千字文》者. 封演《聞見記》：周逖改(次)《千字文》，首句以「天寶應道」起. 將進之，右相陳公曰：「翻盡乎？『枇杷』二字如何翻？」曰：「惟二字依舊.」曰：「如此還未盡」逖逡巡退. 又明卓珂月作《千字文大人頌》，將「枇杷」二字拆開，有云「膳枇素木，夫男秉杷」語. 至我朝改次《千字文》者尤多，顧皆不甚流傳. 惟興嗣作相沿至今，爲童蒙所誦. 若詞嚴義正，上下千古，則當讓此冊，固不僅以人重矣. 鐵孫太守以所藏鈔本郵寄玉生廣文，卷末有李忠簡跋，謂曾梓之廣之泮宮，特付剞劂，亦一重香火翰墨緣也. 又今童蒙所誦《三字經》，實吾粵宋區適子正叔撰，并此以爲髫齔者先路之導，則興嗣所作，宜嘆積薪矣. 道光庚戌(1850)人日令節，南海伍崇曜謹跋.

III. 《千字文》 관련 자료

1. 《梁書》49 文學傳 周興嗣傳

　　興嗣字思纂, 陳郡項人, 漢太子太傅堪後也. 高祖凝, 晉征西府參軍·
宜都太守.
　　興嗣世居姑孰. 年十三, 遊學京師, 積十餘載, 遂博通記傳, 善屬文.
嘗步自姑孰, 投宿逆旅, 夜有人謂之曰:「子才學邁世, 初當見識貴臣,
卒被知英主」言終, 不測所之. 齊隆昌中, 侍中謝朏爲吳興太守, 唯與
興嗣談文史而已. 及罷郡還, 因大相稱薦. 本州擧秀才, 除桂陽郡丞,
太守王崒素相賞好, 禮之甚厚. 高祖革命, 興嗣奏〈休平賦〉, 其文甚美,
高祖嘉之. 拜安成王國侍郎, 直華林省. 其年, 河南獻儛馬, 詔興嗣與
待詔到沆·張率爲賦, 高祖以興嗣爲工. 擢員外散騎侍郎, 進直文德·
壽光省. 是時, 高祖以三橋舊宅爲光宅寺, 敕興嗣與陸倕各製寺碑,
及成俱奏, 高祖用興嗣所製者. 自是〈銅表銘〉·〈柵塘碣〉·〈北伐檄〉·
〈次韻王義之書千字〉, 並使興嗣爲文, 每奏, 高祖輒稱善, 加賜金帛.
九年, 除新安郡丞, 秩滿, 復爲員外散騎侍郎, 佐撰國史. 十二年,
遷給事中, 撰史如故. 興嗣兩手先患風疽, 是年又染癘疾, 左目盲,
高祖撫其手, 嗟曰:「斯人也而有斯疾也!」手疏治疽方以賜之. 其見惜
如此. 任昉又愛其才, 嘗言曰:「周興嗣若無疾, 旬日當至御史中丞」
十四年, 除臨川郡丞. 十七年, 復爲給事中, 直西省. 左衛率周捨奉敕
注高祖所製歷代賦, 啓興嗣助焉. 普通二年, 卒. 所撰《皇帝實錄》·
《皇德記》·《起居注》·《職儀》等百餘卷, 文集十卷.

2.《南史》72 文學傳 周興嗣傳

　　興嗣字思纂, 陳郡項人也. 世居姑孰, 博學善屬文. 嘗步自姑孰,
投宿逆旅, 夜有人謂曰:「子才學邁世, 初當見識貴臣, 卒被知英主」
言終不測所之. 齊隆昌中, 侍郎謝朓爲吳興太守, 唯與興嗣初談文史
而已. 及罷郡, 因大相談薦.

　　梁天監初, 嗣奏〈休平賦〉, 其文甚美, 武帝嘉之. 拜安成王國侍郎,
直華林省. 其年, 河南獻舞馬, 詔興嗣與待詔到沆‧張率爲賦, 帝以
興嗣爲工. 擢拜員外散騎侍郎, 進直文德‧壽光省. 時武帝以三橋舊
宅爲光宅寺, 敕興嗣與陸倕各製寺碑, 及成俱奏, 帝用興嗣所製者.
自是〈銅表銘〉‧〈柵塘碣〉‧〈檄魏文〉‧〈次韻王羲之書千字〉, 並使興
嗣爲文, 每奏, 帝稱善, 賜金帛. 後佐撰國史. 興嗣兩手先患風疽,
十二年, 又染癘疾, 左目盲. 帝撫其手, 嗟曰:「斯人而有斯疾」手疏
治疽方以賜之. 任昉又愛其才, 常曰:「興嗣若無此疾, 旬日當至御史
中丞」十七年, 爲給事中, 直西省. 周捨奉敕注高帝所製歷代賦, 啓
興嗣與焉. 普通二年, 卒. 所撰《皇帝實錄》‧《皇德記》‧《起居注》‧
《職儀》等百餘卷, 文集十卷.

3.《太平廣記》207 僧智永 又

　　梁周興嗣編次千字文, 而有王右軍者, 人皆不曉. 其始乃梁武敎諸
王書, 令殷鐵石於大王書中, 榻一千字不重者, 每字片紙, 雜碎無序.
武帝召興嗣謂曰:「卿有才思, 爲我韻之」興嗣一夕編綴進上, 鬢髮
皆白, 而上錫甚厚. 右軍孫智永禪師, 自臨八百本, 散與外人. 江南
諸寺各留一本. 永公住吳興永欣寺. 積學書, 後有禿筆頭十甕, 每甕皆
數千. 人來覓書, 並請題額者如市, 所居戶限爲穿穴, 乃用鐵葉裹之,
謂爲‘鐵門限’; 後取筆頭瘞之, 號爲‘堆筆塚’. 自題銘誌.(《尚書故實》)

4.《太平廣記》252 千字文語乞社

　　敬白社官三老等：竊聞政本於農．當須務玆稼穡．若不雲騰致雨，何以稅熟貢新，聖上臣伏戎羌，愛育黎首，用能閏餘成歲，律呂調陽？某人等，並景行維賢，德建名立，遂乃肆筵設席，祭祀蒸嘗．鼓瑟吹笙，絃歌酒讌，上和下睦，悅豫且康，禮別尊卑，樂殊貴賤．酒則川流不息，肉則似蘭斯馨，非直菜中芥薑，兼亦果珍李柰．莫不矯首頓足，俱共接盃舉觴，豈徒戚謝歡招？信乃福緣善慶，但某乙某索居閑處，孤陋寡聞．雖復屬耳垣墙，未曾攝職從政，不能堅持雅操，專欲逐物意移，憶內則執熱願涼，思酒如骸垢想浴．老人則飽飫烹宰，某乙則饑厭糟糠．欽風則空谷傳聲，仰惠則虛堂習聽，脫蒙仁慈隱惻．庶有濟弱扶傾，稀垂顧答審詳，望咸渠荷滴歷，某乙卽稽顙再拜，終冀勒碑刻銘，但知悚懼恐惶，實若臨深履薄.(出《啓顏錄》)

임동석중국사상100

천자문

千字文

부 록

周興嗣 編 / 林東錫 譯註

智永《千字文》

임동석(茁浦 林東錫)

慶北 榮州 上茁에서 출생. 忠北 丹陽 德尙골에서 성장. 丹陽初中 졸업. 京東高 서울 教大 國際大 建國大 대학원 졸업. 雨田 辛鎬烈 선생에게 漢學 배움. 臺灣 國立臺灣師範 大學 國文研究所(大學院) 博士班 졸업. 中華民國 國家文學博士(1983). 建國大學校 教授. 文科大學長 역임. 成均館大 延世大 高麗大 外國語大 서울대 등 大學院 강의. 韓國中國言語學會 中國語文學研究會 韓國中語中文學會 會長 역임. 저서에《朝鮮 譯學考》(中文)《中國學術槪論》《中韓對比語文論》. 편역서에《수레를 밀기 위해 내린 사람들》《栗谷先生詩文選》. 역서에《漢語音韻學講義》《廣開土王碑研究》《東北 民族源流》《龍鳳文化源流》《論語心得》〈漢語雙聲疊韻研究〉등 학술 논문 50여 편.

임동석중국사상100

천자문 千字文

周興嗣 撰 / 林東錫 譯註
1판 1쇄 발행/2010년 6월 1일
3쇄 발행/2019년 6월 1일
발행인 고정일
발행처 동서문화사
창업 1956. 12. 12. 등록 16-3799
서울중구다산로12길6(신당동,4층) ☎546-0331~5 (FAX)545-0331
www.dongsuhbook.com
잘못 만들어진 책은 바꾸어 드립니다.

*

*

사업자등록번호 211-87-75330
ISBN 978-89-497-0617-7 04080
ISBN 978-89-497-0542-2 (세트)

Ⅳ. 각종 《천자문》 판본 및 書藝 작품 影印 자료

1.《石峰千字文》

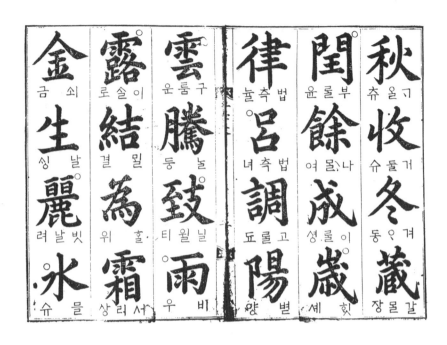

金生麗水　露結爲霜　雲騰致雨　律呂調陽　閏餘成歲　秋收冬藏

金 쇠 금　露 이슬 로　雲 구룸 운　律 법 률　閏 나 윤　秋 ᄀᆞ올 츄
生 날 ᄉᆡᆼ　結 ᄆᆡ질 결　騰 ᄂᆞᆯ 등　呂 법 려　餘 남을 여　收 거둘 슈
麗 빗날 려　爲 ᄒᆞᆯ 위　致 닐욀 티　調 고를 됴　成 이룰 셩　冬 겨ᄋᆞᆯ 동
水 믈 슈　霜 서리 상　雨 비 우　陽 볃 양　歲 ᄒᆡ 셰　藏 갈물 장

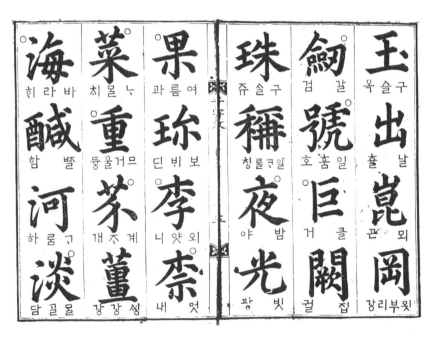

海鹹河淡　菜重芥薑　果珍李柰　珠稱夜光　劍號巨闕　玉出崑岡

海 바다 ᄒᆡ　菜 ᄂᆞ믈 ᄎᆡ　果 여름 과　珠 구슬 쥬　劍 갈 검　玉 구슬 옥
鹹 ᄧᆞᆯ 함　重 므거울 듕　珍 보ᄇᆡ 딘　稱 일ᄏᆞᆯ 칭　號 일홈 호　出 날 츌
河 믈 하　芥 계ᄌᆞ개　李 외얏 니　夜 밤 야　巨 클 거　崑 뫼 곤
淡 믈 골 담　薑 ᄉᆡᆼ강 강　柰 멋 내　光 빗 광　闕 집 궐　岡 뫼부리 강

鱗 潛 羽 翔　龍 師 火 帝　鳥 官 人 皇　始 制 文 字　乃 服 衣 裳　推 位 讓 國

千字文

有 虞 陶 唐　弔 民 伐 罪　周 發 殷 湯　坐 朝 問 道　垂 拱 平 章　愛 育 黎 首

千字文　五

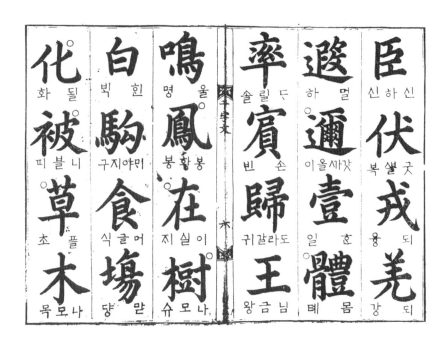

臣伏戎羌（신하 신, 엎드릴 복, 오랑캐 융, 오랑캐 강）
遐邇壹體（멀 하, 이을 이, 한 일, 몸 톄）
率賓歸王（거느릴 솔, 손 빈, 돌아갈 귀, 임금 왕）
鳴鳳在樹（울 명, 봉새 봉, 있을 재, 나무 수）
白駒食場（흰 백, 망아지 구, 밥 식, 마당 댱）
化被草木（될 화, 입을 피, 풀 초, 나무 목）

賴及萬方（힘입을 뢰, 미칠 급, 일만 만, 모 방）
蓋此身髮（덮을 개, 이 차, 몸 신, 터럭 발）
四大五常（넉 사, 큰 대, 다섯 오, 떳떳할 샹）
恭惟鞠養（공손할 공, 오직 유, 칠 국, 기를 양）
豈敢毀傷（어찌 긔, 감히 감, 헐 훼, 상할 샹）
女慕貞烈（계집 녀, 사모할 모, 곧을 뎡, 매울 렬）

男 效 才 良
남돌아 효블본 지조지 냥딜어

知 過 必 改
디알 과날디 필득반 기틸고

得 能 莫 忘
득들어 능홀잘 막말 망졸니

罔 談 彼 短
망슬업 담슴말 피뎌 단룅뎌

靡 恃 己 長
미닐아 시돌미 긔몸 댱관

信 使 可 覆
신돌미 ㅅ릴브 가홀올 복시다

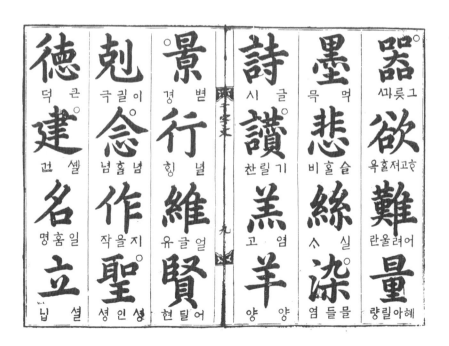

器 欲 難 量
싸롯그 욕홀져고호 란올려어 량릴아혜

墨 悲 絲 染
묵먹 비홀슬 ㅅ실 염들물

詩 讚 羔 羊
시글 찬릴기 고염 양양

景 行 維 賢
경볃 힝녈 유글얼 현딜어

剋 念 作 聖
극길이 념홀념 작올지 셩인셩

德 建 名 立
덕큰 건셸 명홈일 닙셸

形 형굴얼　端 단근　表 표받　正 정훌정
空 공빌　谷 곡골　傳 뎐길옴　聲 셩리소
虛 허빌　堂 당집　習 습길니　聽 텽를드
禍 화화지　因 인졸지　惡 악딜모　積 젹호사
福 복복　緣 연미말　善 션딜어　慶 경하경
尺 쳑자　璧 벽슬구　非 비닐아　寶 보비보

寸 촌디무　陰 음늘그　是 시잇　競 경톨드
資 즈뢰즈　父 부비아　事 소길셤　君 군금님
曰 왈골　嚴 엄훌싁싁　與 여블더　敬 경경공
孝 효도효　當 당샹맛　竭 갈올다　力 녁힘
忠 튱셩튱　則 측측법　盡 진올다　命 명숨목
臨 림놀디　深 심풀기　履 리올볼　薄 박울열

容止若思　淵澄取暎　川流不息　如松之盛　似蘭斯馨　夙興溫凊

言辭安定　篤初誠美　慎終宜令　榮業所基　籍甚無竟　學優登仕

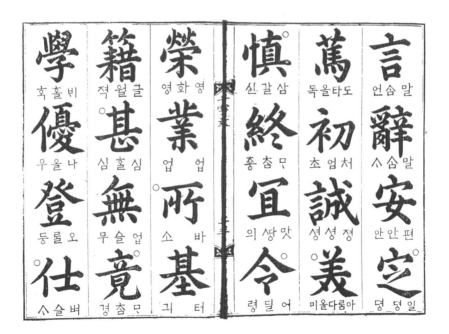

攝職從政 存以甘棠 去而益詠 樂殊貴賤 禮別尊卑 上和下睦

夫唱婦隨 外受傅訓 入奉母儀 諸姑伯叔 猶子比兒 孔懷兄弟

同 동 한 오 氣 긔운 긔 連 련 올 니 枝 지 지 가
交 교 필 사 友 우 벋 投 투 딜 더 分 분 홀 ᄂ
切 절 ᄎᆞᆯ 그 磨 마 골 箴 줌 계 경 規 규 식 법
仁 인 클 慈 ᄌᆞ 빈 ᄌᆞ 隱 은 ᄆᆞᆯ 수 惻 측 ᄒᆞᆯ 슬
造 조 을 치 次 ᄎᆞ 옴 구 弗 블 말 離 리 흴 여
節 ᄆᆞᄃᆡ 절 義 의 올흘 廉 쳥 렴 렴 退 퇴 를 므

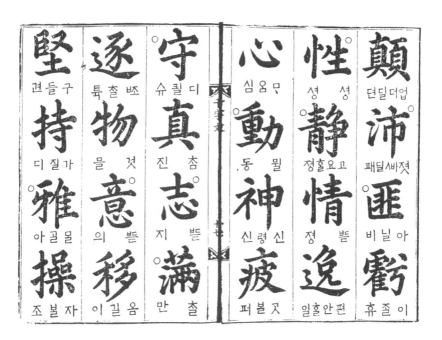

顚 던 딜 더업 沛 패 딜 ᄲᅡ졋 匪 비 닐 아 虧 휴 졸 이
性 성 셩 靜 정 ᄒᆞᆯ 요고 情 정 ᄠᅳᆮ 逸 일 ᄒᆞᆯ 안편
心 심 ᄆᆞ옴 動 동 뮐 神 신 령신 疲 피 블 ᄀᆞᆺ
守 슈 킬 디 真 진 ᄎᆞᆷ 志 지 ᄠᅳᆮ 滿 만 ᄎᆞᆯ
逐 튝 쫄 ᄯᅩ 物 믈 것 意 의 ᄠᅳᆮ 移 이 길 옴
堅 견 들 구 持 디 질 가 雅 아 ᄀᆞᆯ 믈 操 조 블 자

好 호홀됴　爵 작슬벼　自 ᄌ리스스　糜 미글얼
都 도돌모　邑 읍올고　華 화빗빌　夏 하룸녀
東 동녁동　西 셔녁션　二 이두　京 경울셔
背 비둥　邙 망터　面 면ㄴ옷　洛 낙슈낙
浮 부뜰　渭 위슈위　據 거를루　涇 경슈경
宮 궁집　殿 던집　盤 반릴셔　鬱 울출새덥

樓 누락다　觀 관볼　飛 비놀　驚 경날놀
圖 도림그　寫 샤슬　禽 금새　獸 슈숭즘
畵 화림그　綵 치쇠치　仙 션인션　靈 녕홀녕
丙 병녁남　舍 샤집　傍 방겯　啓 계열
甲 갑갑　帳 댱댱　對 디답디　楹 영동기
肆 ᄉ플베　筵 연의디　設 셜플베　席 셕돗

鼓 고붑갓　瑟 슬화비　吹 츄 불　笙 싱 뎌
陞 승룰오　階 계리드　納 랍릴드　陛 폐 섬
弁 변갈곳　轉 뎐올구　疑 의심의　星 셩 별
千字文
右 우흘올　通 통츨무ᄉ　廣 광블너　內 닉 안
左 자 월　達 달츨무ᄉ　承 승올니　明 명골볼
旣 긔믜이　集 집돌모　墳 분덤무　典 뎐 법

亦 역ᄉ도　聚 취돌모　羣 군 믈　英 영리샤부곳
杜 두글마　藁 고 딥　鍾 죵ᄌ죵　隷 예시글
漆 칠 옷　書 셔월글　壁 벽룸부　經 경월글
千字文
府 부올마　羅 라 벌　將 쟝슈쟝　相 샹르서
路 로 길　俠 협 셜　槐 고화괴　卿 경슬벼
戶 호게지　封 봉흘봉　八 팔돏여　縣 현올고

策 칙대막	車 거위술	世 셰간인	驅 구몰	高 고쯀노	家 가 집
功 공공	駕 가에명	祿 녹녹	轂 곡통위술	冠 관갈곳	給 급 줄
茂 무쳘거	肥 비질솔	侈 치치샤	振 진쎨	陪 비실뫼	千 쳔쳔일
實 실골염	輕 경올야비가	富 부멸ᄋ가	纓 영긴	輦 년뇐년	兵 병마병

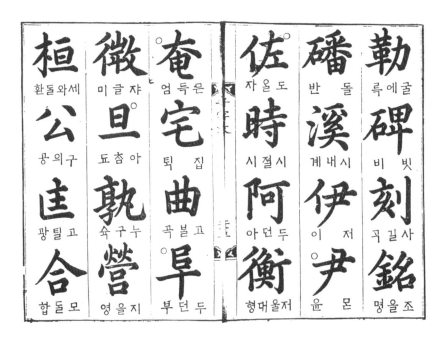

桓 환돌와세	微 미글쟈	奄 엄득은	佐 자올도	磻 반돌	勒 륵에굴
公 공의구	旦 됴쳠아	宅 퇴집	時 시졀시	溪 계내시	碑 비빗
匡 광틸고	孰 숙구누	曲 곡블고	阿 아던두	伊 이저	刻 곡길사
合 합돌모	營 영을지	阜 부던두	衡 형머울저	尹 윤몬	銘 명을조

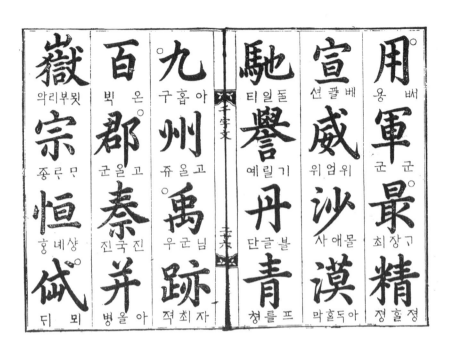

用(뻐 용) 軍(군 군) 最(장ㄱ 최) 精(ㅎ롤 정)
宣(뽈배 션) 威(엄위 위) 沙(애몰 사) 漠(홀독아 막)
馳(일돌 티) 譽(릴기 예) 丹(글블 단) 靑(를프 쳥)
九(흡아 구) 州(올고 쥬) 禹(군님 우) 跡(최자 적)
百(온 빅) 郡(올고 군) 秦(국진 진) 幷(올아 병)
嶽(리부묏 악) 宗(루ㅁ 종) 恒(녜샹 흥) 岱(뫼 듸)

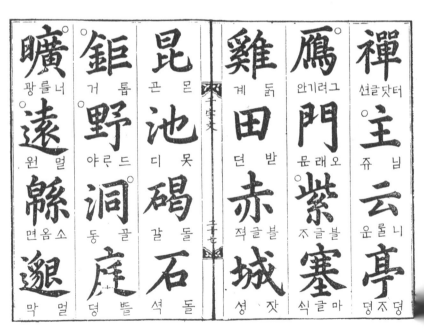

禪(글닷터 션) 主(님 쥬) 云(롤니 운) 亭(뎡조 뎡)
雁(기려그 안) 門(래오 문) 紫(글블 ㅈ) 塞(글마 싟)
雞(둙 게) 田(밭 뎐) 赤(글블 적) 城(잣 셩)
昆(묻 곤) 池(못 디) 碣(돌 갈) 石(돌 셕)
鉅(톱 거) 野(드 야) 洞(골 동) 庭(뜰 뎡)
曠(너 광) 遠(멀 원) 綿(옴소 면) 邈(멀 막)

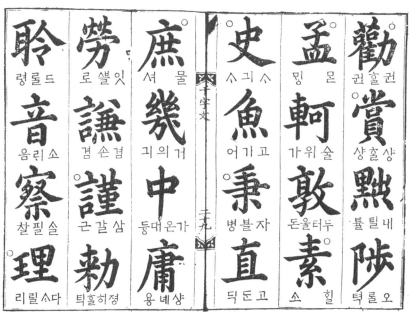

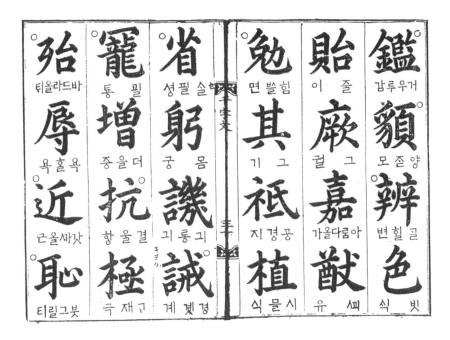

鑑貌辨色
貽厥嘉猷
勉其祗植
省躬譏誡
寵增抗極
殆辱近恥

林皋幸即
兩疏見機
解組誰逼
索居閒處
沈默寂寥
求古尋論

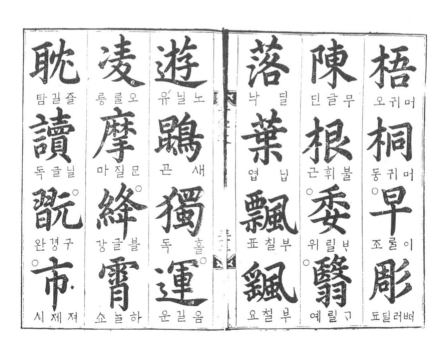

산틀 흐 散 / 너념 소 慮 / 쇼닐 노 逍 / 요닐 노 遙
혼실 깃 欣 / 주올 슈 奏 / 류일러더 累 / 견낼 보 遣
척플 슬 慼 / 샤례 샤 謝 / 환길 즐 歡 / 툐를 브 招

千字文

거천 기 渠 / 하 년 荷 / 덕졸 마 的 / 력날 디 歷
원산 동 園 / 망 플 莽 / 튜일빠 抽 / 됴 올 條
비 모나 枇 / 파 모나 杷 / 만즐느 晚 / 취를프 翠

오귀머 梧 / 동귀머 桐 / 조롤이 早 / 됴딜러버 凋
딘글무 陳 / 근휘불 根 / 위릴부 委 / 예릴고 翳
낙 딜 落 / 엽 납 葉 / 표칠부 飄 / 요칠부 颻

유닐노 遊 / 곤 새 鵾 / 독 홀 獨 / 운길음 運
룽롤오 凌 / 마질문 摩 / 강글불 絳 / 쇼놀하 霄
탐길즐 耽 / 독글닐 讀 / 완경구 翫 / 시제져 市

IV. 각종《천자문》판본 및 書藝 작품 影印 자료 22(611)

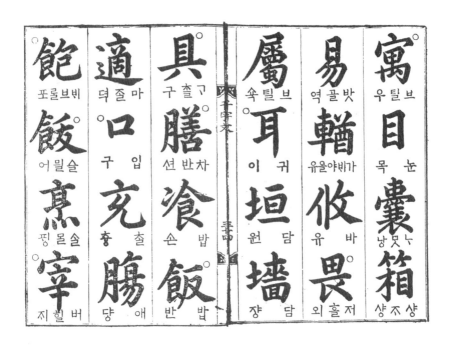

飽飫烹宰	適口充膓	具膳飡飯	屬耳垣墙	易輶收畏	寓目囊箱
포롤브비	뎍 졸마	구 쳘ᄀ	쇽 틸브	역 골밧	우 틸브
어 밀슬	口 입구	膳 션 반차	耳 이 귀	輶 유을야비가	目 목 눈
烹 핑 몬솔	充 츙 촐	飡 손 밥	垣 원 담	收 유 바	囊 낭 뭇누
宰 지 힐버	膓 댱 애	飯 반 밥	墙 쟝 담	畏 외 홀저	箱 샹 ᄌᄉ

紈扇圓潔	侍巾帷房	妾御績紡	老少異糧	親戚故舊	飢厭糟糠
환 깁	씨 실외	쳡 쳡	로 글늘	친 홀친	긔 릴주
扇 션 체부	巾 건건슈	御 어실외	少 쇼 믈저	戚 쳑 옴아	厭 염 홀슬
圓 원 렬두	帷 유 댱	績 젹 삼질	異 이 룰다	故 고 글놀	糟 조 강지
潔 결 홀조	房 방 방	紡 방 삼질	糧 냥 식냥	舊 구 녜	糠 강 겨

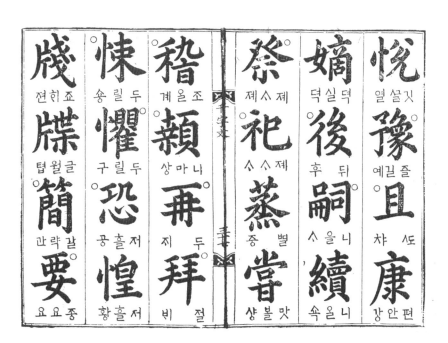

銀燭煒煌
晝眠夕寐
藍筍象床

絃歌酒讌
接杯擧觴
矯手頓足

悅豫且康
嫡後嗣續
祭祀蒸嘗

稽顙再拜
悚懼恐惶
牋牒簡要

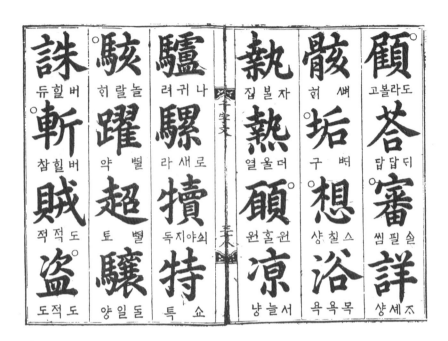

顧答審詳
骸垢想浴
執熱願凉
驢騾犢特
駭躍超驤
誅斬賊盜

捕獲叛亡
布射遼丸
秘琴阮嘯
恬筆倫紙
鈞巧任釣
釋紛利俗

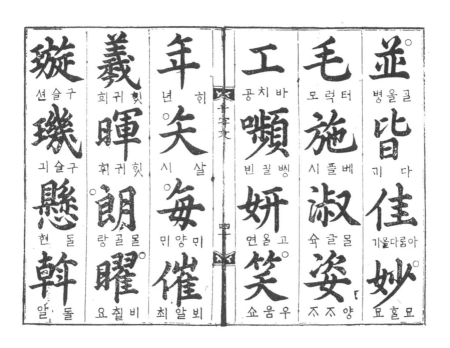

並 皆 佳 妙　毛 施 淑 姿　工 嚬 妍 笑　千字文　年 矢 每 催　羲 暉 朗 曜　璇 璣 懸 斡

晦 魄 環 照　指 薪 備 祐　永 綏 吉 邵　千字文　矩 步 引 領　俯 仰 廊 廟　束 帶 矜 莊

徘個瞻眺
孤陋寡聞
愚蒙等誚
謂語助者
焉哉乎也

萬曆十一年正月 日副司果臣韓濩奉
教書

2.《光州千字文》

秋收冬藏
閏餘成歲
律呂調陽
雲騰致雨
露結爲霜
金生麗水

玉出崑岡
劍號巨闕
珠稱夜光
果珍李柰
菜重芥薑
海鹹河淡

臣伏戎羌　遐邇壹體　率賓歸王　鳴鳳在樹　白駒食場　化被草木

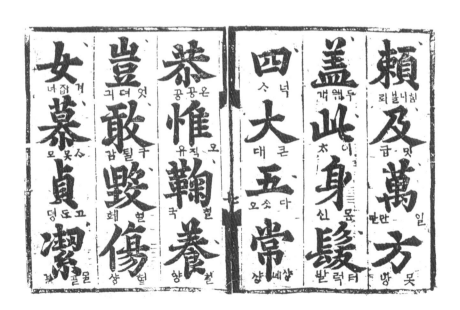

賴及萬方　蓋此身髮　四大五常　恭惟鞠養　豈敢毀傷　女慕貞潔

男效才良 知過必改 得能莫忘 罔談彼短 靡恃己長 信使可覆

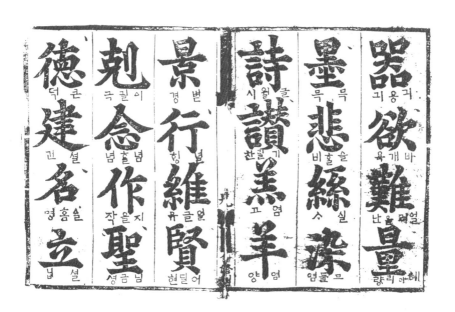

器欲難量 墨悲絲染 詩讚羔羊 景行維賢 剋念作聖 德建名立

形端表正
空谷傳聲
虛堂習聽
禍因惡積
福緣善慶
尺璧非寶

寸陰是競
資父事君
曰嚴與敬
孝當竭力
忠則盡命
臨深履薄

夙興溫凊　似蘭斯馨　如松之盛　川流不息　淵澄取映　容止若思

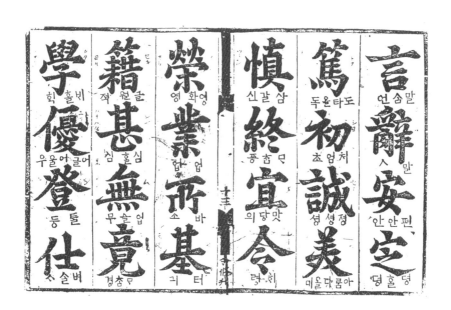

言辭安定　篤初誠美　慎終宜令　榮業所基　籍甚無竟　學優登仕

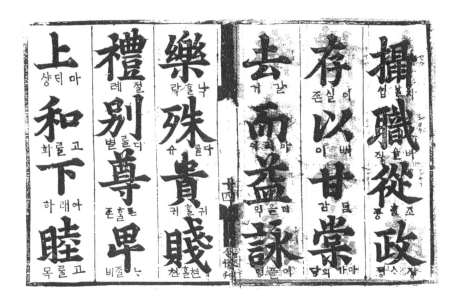

攝職從政
存以甘棠
去而益詠
樂殊貴賤
禮別尊卑
上和下睦

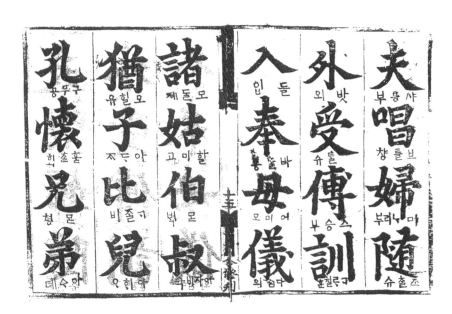

夫唱婦隨
外受傅訓
入奉母儀
諸姑伯叔
猶子比兒
孔懷兄弟

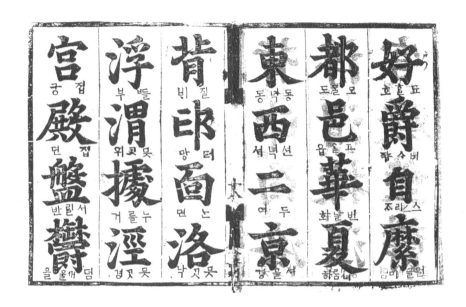

好爵自縻 都邑華夏 東西二京 背邙面洛 浮渭據涇 宮殿盤鬱

樓觀飛驚 圖寫禽獸 畫綵仙靈 丙舍傍啓 甲帳對楹 肆筵設席

鼓瑟吹笙 陞階納陛 弁轉疑星 右通廣內 左達承明 既集墳典

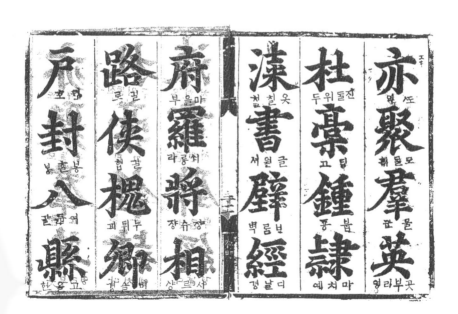

亦聚群英 杜稾鍾隸 漆書壁經 府羅將相 路俠槐卿 戶封八縣

家給千兵 高冠陪輦 驅轂振纓 世祿侈富 車駕肥輕 策功茂實

勒碑刻銘 磻溪伊尹 佐時阿衡 奄宅曲阜 微旦孰營 桓公匡合

晉楚更覇　多士寔寧　俊乂密勿　說感武丁　綺廻漢惠　濟弱扶傾

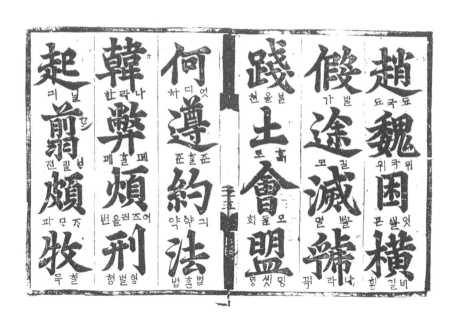

起翦頗牧　韓弊煩刑　何遵約法　踐土會盟　假途滅虢　趙魏困橫

用軍最精
宣威沙漠
馳譽丹青
九州禹跡
百郡秦幷
嶽宗恒岱

禪主云亭
鴈門紫塞
雞田赤城
昆池碣石
鉅野洞庭
曠遠綿邈

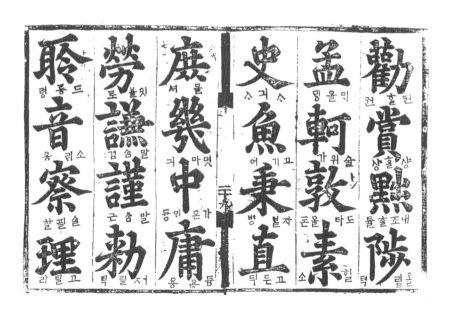

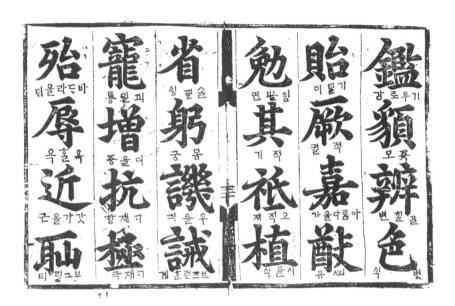

殆辱近恥　寵增抗極　省躬譏誡　勉其祗植　貽厥嘉猷　鑑貌辨色

求古尋論　沈默寂寥　索居閑處　解組誰逼　兩疏見機　林皋幸即

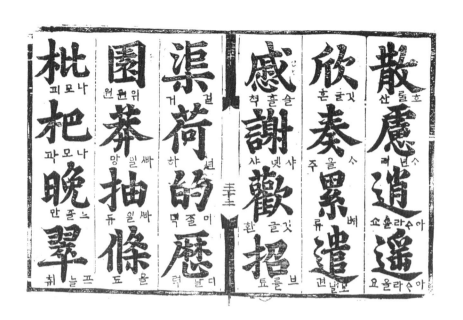

散 흩을 호 慮 려 므 逍 요 올라소 아 遙 요 올라소 아

欣 흔 굴것 奏 주 올 샤 累 류 여 遣 견 날보

慼 쳑 슬흘 謝 샤 냇샤 歡 환 글깃 招 툐 부를

渠 거 걸 荷 하 미 的 뎍 좃 歷 력 날

園 위 원원 莽 망 일 抽 튜 일 빠 條 됴 을

枇 피 모나 杷 파 모나 晚 만 졸 느 翠 취 늘 프

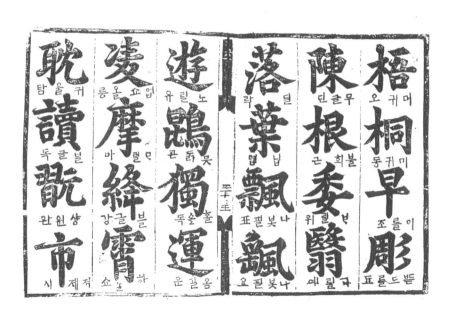

梧 오 귀머 桐 동 귀미 早 조 를 이 凋 됴 를 드 뜰

陳 딘 글무 根 근 불 희 委 위 들 ㅂ 翳 예 릴

落 락 글무 葉 엽 남 飄 표 필 붓 나 颻 요 필 붓 나

遊 유 릴 노 鵾 곤 돍 뭇 獨 독 올 홀 運 운 글 옴

凌 릉 올 摩 마 럴 ㄷ 絳 강 글 블 霄 쇼 하

耽 탐 울 귀 讀 독 클 닐 翫 완 원상 市 시 제적

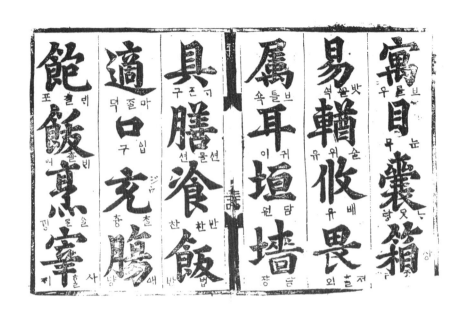

寓目囊箱
易輶攸畏
屬耳垣墻
具膳飡飯
適口充腸
飽飫烹宰

飢厭糟糠
親戚故舊
老少異糧
妾御績紡
侍巾帷房
紈扇圓潔

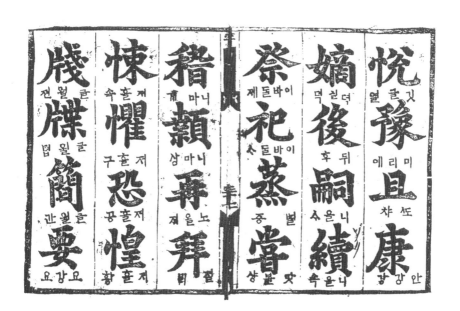

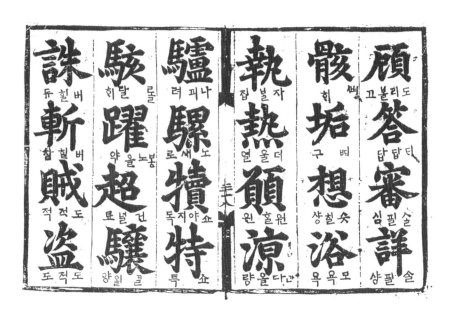

顧答審詳
骸垢想浴
執熱願涼
驢騾犢特
駭躍超驤
誅斬賊盜

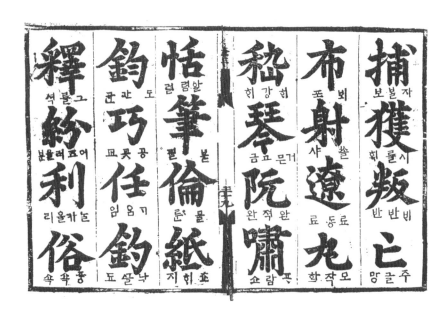

捕獲叛亡
布射遼丸
嵇琴阮嘯
恬筆倫紙
鈞巧任釣
釋紛利俗

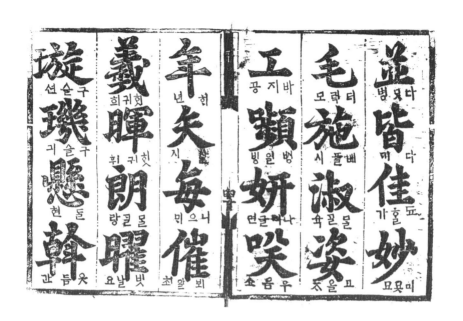

並皆佳妙 毛施淑姿 工顰妍笑

年矢每催 羲暉朗曜 璇璣懸斡

晦魄環照 指薪修祐 永綏吉劭

矩步引領 俯仰廊廟 束帶矜莊

徘佪瞻眺
孤陋寡聞
愚蒙等誚
謂語助者
馬牜乎也

萬曆三年二月日光州刊上
向井圓四郎

천자문

3. 《註解千字文》

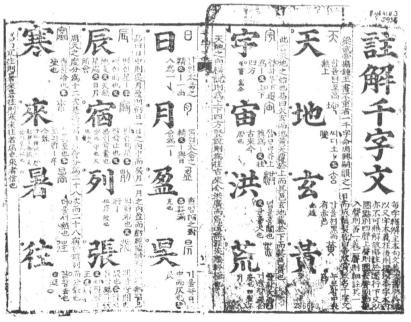

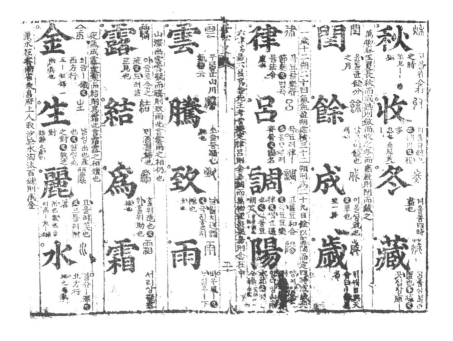

秋收冬藏　閏餘成歲　律呂調陽　雲騰致雨　露結爲霜　金生麗水

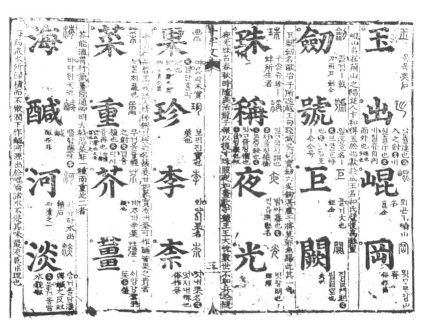

玉出崑岡　劍號巨闕　珠稱夜光　果珍李柰　菜重芥薑　海鹹河淡

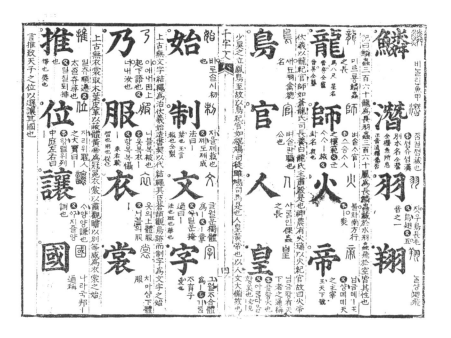

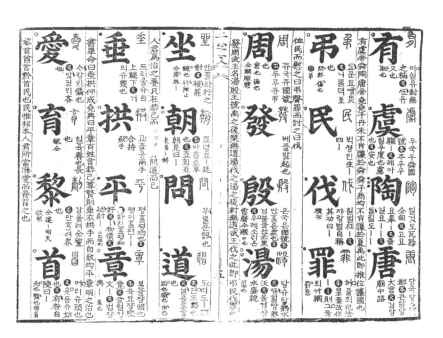

化被草木　白駒食場　鳴鳳在樹　率賓歸王　遐邇壹體　臣伏戎羌

女慕貞烈　豈敢毀傷　恭惟鞠養　四大五常　蓋此身髮　賴及萬方

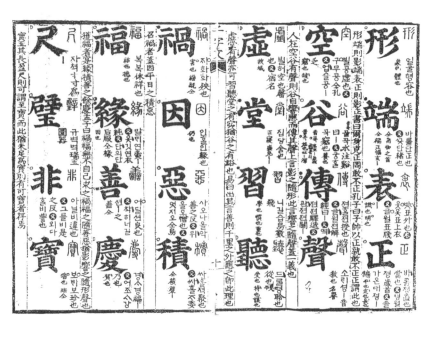

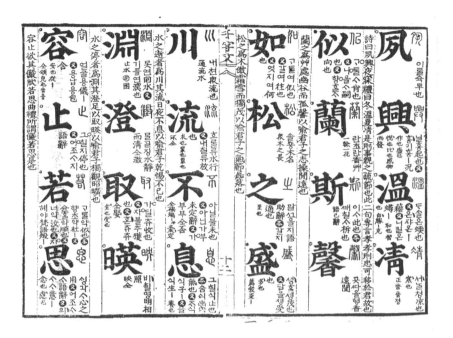

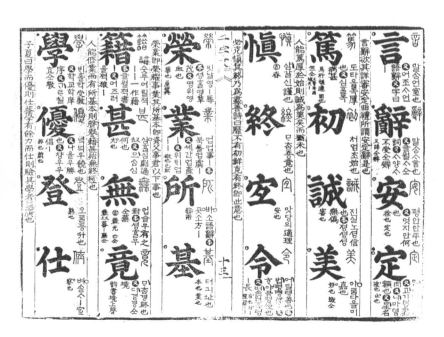

攝職從政　存以甘棠　去而益詠　樂殊貴賤　禮別尊卑　上和下睦

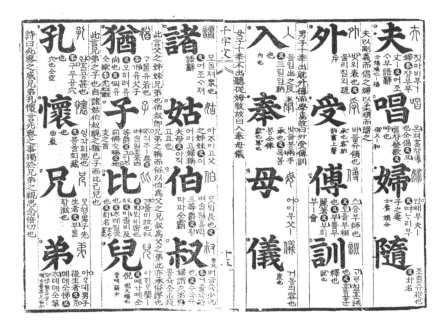

夫唱婦隨　外受傅訓　入奉母儀　諸姑伯叔　猶子比兒　孔懷兄弟

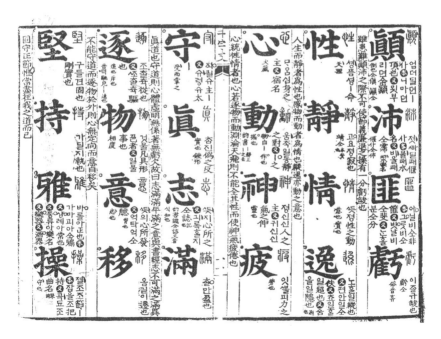

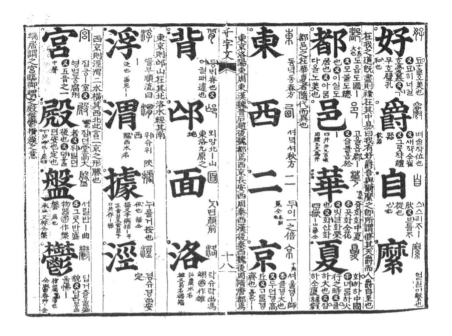

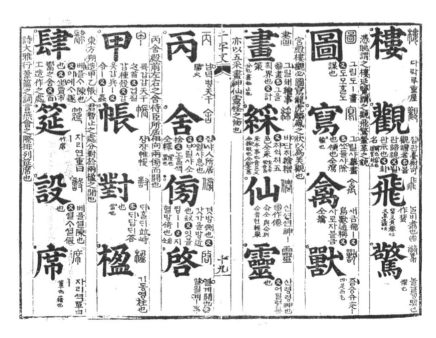

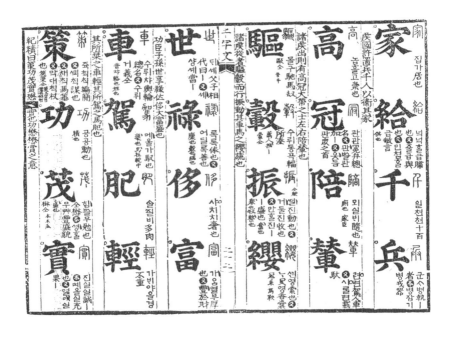

家給千兵 高冠陪輦 驅轂振纓 世祿侈富 車駕肥輕 策功茂實

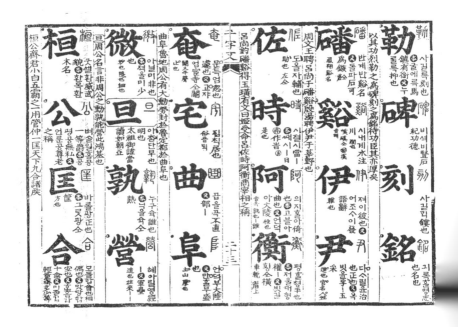

勒碑刻銘 磻溪伊尹 佐時阿衡 奄宅曲阜 微旦孰營 桓公匡合

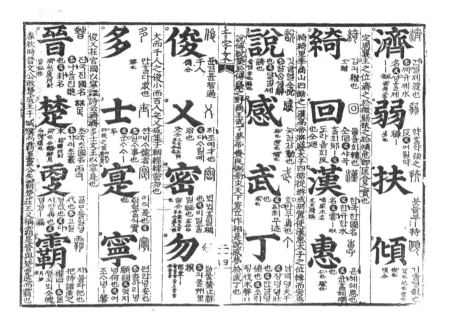

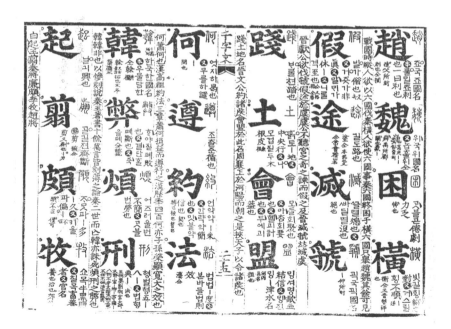

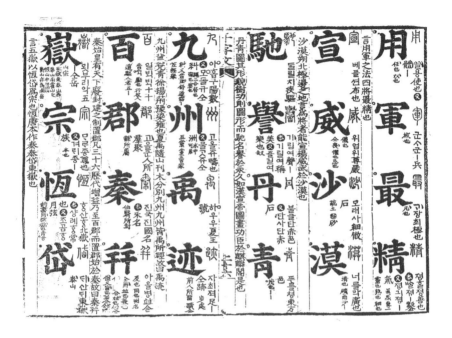

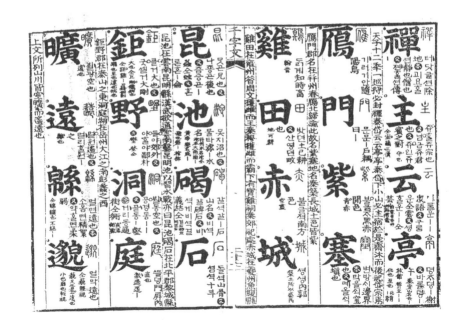

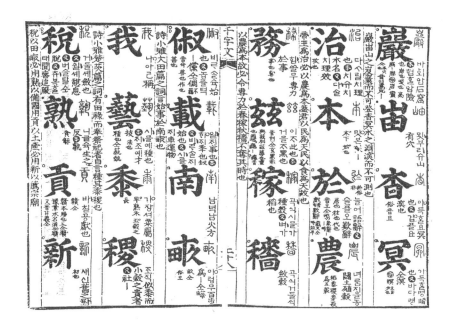

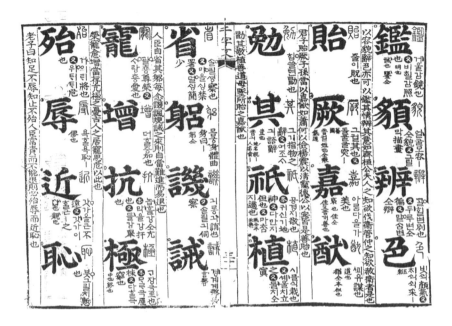

鑑貌辨色
貽厥嘉猷
勉其祗植
省躬譏誡
寵增抗極
殆辱近恥

林皋幸即
兩疏見機
解組誰逼
索居閒處
沈默寂寥
求古尋論

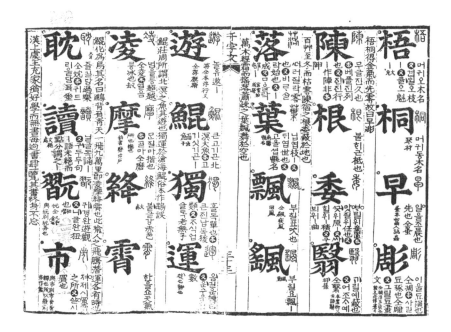

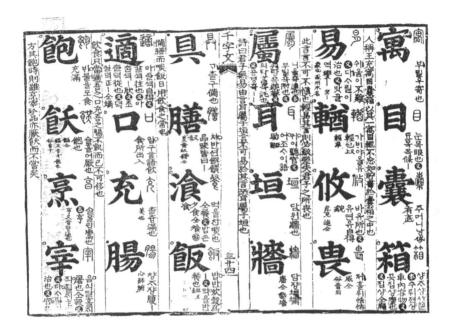

寓目囊箱　易輶攸畏　屬耳垣牆　具膳飡飯　適口充腸　飽飫烹宰

千字文 三十四

飢厭糟糠　親戚故舊　老少異糧　妾御績紡　侍巾帷房　紈扇圓潔

三十五

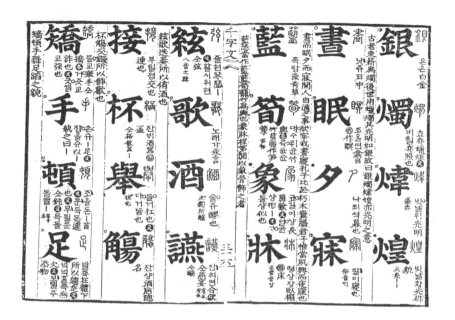

千字文

銀燭煒煌　晝眠夕寐　藍筍象床

絃歌酒讌　接杯舉觴　矯手頓足

千字文

悅豫且康　嫡後嗣續　祭祀蒸嘗

稽顙再拜　悚懼恐惶　牋牒簡要

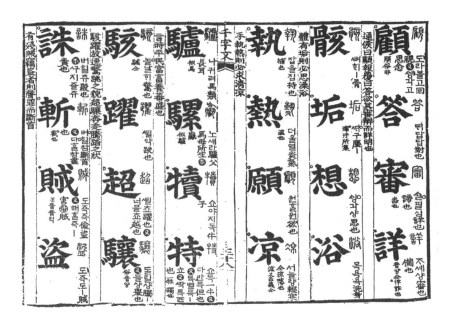

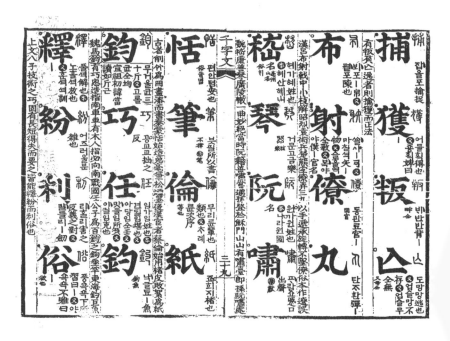

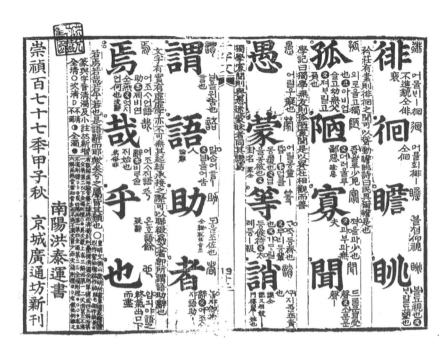

徘徊瞻眺

孤陋寡聞

愚蒙等誚

謂語助者

焉哉乎也

崇禎百七十七秊甲子秋

南陽洪泰運書

京城廣通坊新刊

4. 智永《眞草千字文》

天地玄黃宇宙洪荒日月

盈昃辰宿列張寒來暑往

秋收冬藏閏餘成歲律呂

調陽　雲騰致雨　露結爲霜

金生麗水　玉出崑岡

劍號巨闕　珠稱夜光

菜重芥薑　海鹹河淡鱗潛

果珍李柰

羽翔龍師火帝鳥官人皇

始制文字乃服衣裳推位

讓國有虞陶唐弔民伐罪

好物文字乃服太荒推位

漢國云云陶唐而民伐冠

周發殷湯坐朝問道垂拱

國友反湯坐拱平章

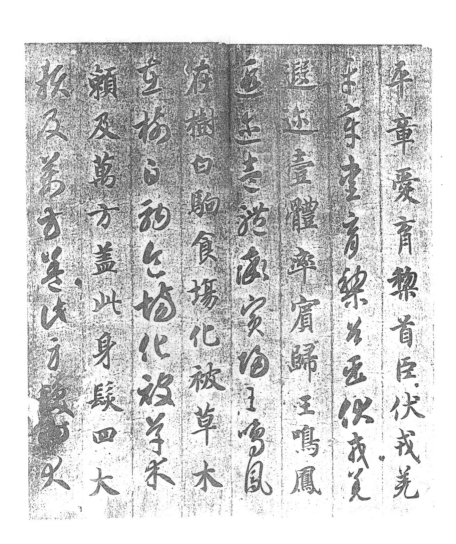

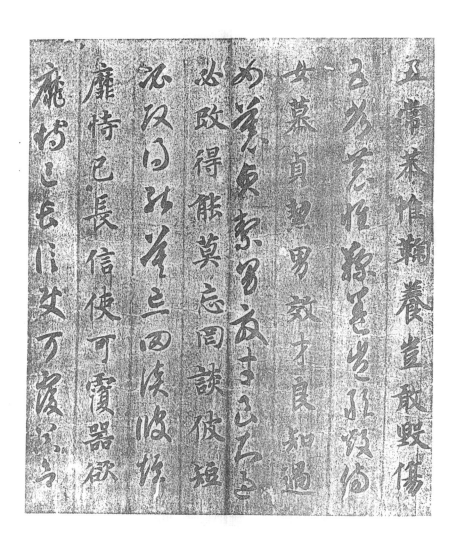

難量墨悲絲染詩讚羔羊

景行維賢剋念作聖德建

名立形端表正空谷傳聲

虛堂習聽禍因惡積福緣

善慶

善慶尺璧非寶寸陰是競

資父事君曰嚴與敬孝當

竭力忠則盡命臨深履薄

夙興溫凊似蘭斯馨如松

之盛

之盛川流不息淵澄取暎

之盛川流不息淵澄取暎

容止若思言辭安定篤初

容止若思言辭安定篤初

誠美愼終宜令榮業所基

誠美愼終宜令榮業所基

籍甚無竟學優登仕攝職

籍甚無竟學優登仕攝職

従政存以甘棠去而益詠樂殊貴賤禮別尊卑上和下睦夫唱婦隨外受傅訓入奉母儀諸姑伯叔猶子比兒

神疲守眞志滿逐物意移

堅持雅操好爵自縻都邑

華夏東西二京背芒面洛

浮渭據涇宮殿磐鬱樓觀

浮渭據涇宮殿磐鬱樓觀

飛驚圖寫　禽獸畫綵仙靈

丙舍傍啓　甲帳對楹

肆筵設席　鼓瑟吹笙

升階納陛　弁轉疑星

右通廣內　左達承明

承明既集墳典亦聚羣英

杜稾鍾隸漆書壁經府羅

將相路俠槐卿戶封八縣

家給千兵高冠陪輦驅轂振纓

振纓世祿侈富車駕肥輕
策功茂實勒碑刻銘
磻溪伊尹佐時阿衡
奄宅曲阜微旦孰營
桓公匡合濟弱扶傾
綺迴漢惠說感武丁

扶傾綺迴漢惠說感武丁

桓佐跨迴漢直況益

俊乂密勿多士寔寧晉楚

俊乂密勿多士寔寧晉楚

更霸趙魏困橫假途滅虢

更寔魏困橫係迷城虢

踐土會盟何遵約法韓弊

逑土會興何遵約法辨英

煩刑　起翦頗牧　用軍最精

宣威沙漠　馳譽丹青　九州

嶽宗恒岱　百郡秦幷

禪主云亭　雁門紫塞　雞田

赤城昆池碣石鉅野洞庭

曠遠緜邈巖岫杳冥治本

於農務茲稼穡俶載南畝

我藝黍稷稅熟貢新勸賞

黜陟孟軻敦素史魚秉直
黜陟孟軻敦素史魚秉直
庶幾中庸勞謙謹勅聆音
庶幾中庸勞謙謹勅聆音
察理鑑貌辨色貽厥嘉猷
察理鑑貌辨色貽厥嘉猷
勉其祗植省躬譏誡寵增
勉其祗植省躬譏誡寵增

抗極殆辱近恥林皋幸即
兩疏見機解組誰逼索居
閑處沈默寂寥求古尋論
散慮逍遙欣奏累遣慼謝
歡招

歡招渠荷的歷園莽抽條

新松染蘭荷而歷園莽抽條

枇杷晚翠梧桐早凋陳根

枇杷晚愛梧桐平凋陳松

委翳落葉飄颻遊鵾獨運

委翳落葉飄風遊鵾約匡

凌摩絳霄眈讀翫市寓目

凌摩絳霄沈讀翫古寓目

囊箱　易輶攸畏　屬耳垣墻

具膳飱飯　適口充腸　元腸飽飯

飽飫烹宰　飢厭糟糠　親戚故舊

字寧凱廈　老少異糧

妾御績紡　侍巾帷房

老少異糧

帷房紈扇員潔銀燭煒煌

怕辰玩石員漆釭烊煌

晝眠夕寐藍筍象床絃歌

旦眠夕寐藍筍象床絃歌

酒讌接杯舉觴矯手頓足

忼豫且康嫡後嗣續祭祀

沈溺梅柏未葯憹手頓足

悅豫且康嫡後嗣續祭祀

蒸嘗稽顙再拜悚懼恐惶

牋牒簡要顧答審詳骸垢

想浴執熱願涼驢騾犢特

駭躍超驤誅斬賊盜捕獲

叛亡布射遼丸嵇琴阮嘯

布射遼丸嵇琴阮嘯
恬筆倫紙鈞巧任釣釋紛
利俗並皆佳妙毛施淑姿
工顰妍笑年矢每催羲暉
璇璣懸斡晦魄環照

朗曜璇璣懸斡晦魄環照

指薪修祜永綏吉劭

矩步引領俯仰廊廟束帶矜莊

俳佪瞻眺孤陋寡聞愚蒙

俳佪瞻眺孤陋宣聞愚蒙

俳佪璇璣眺孤陋宣中焉哉

5. 趙孟頫《眞草千字文》

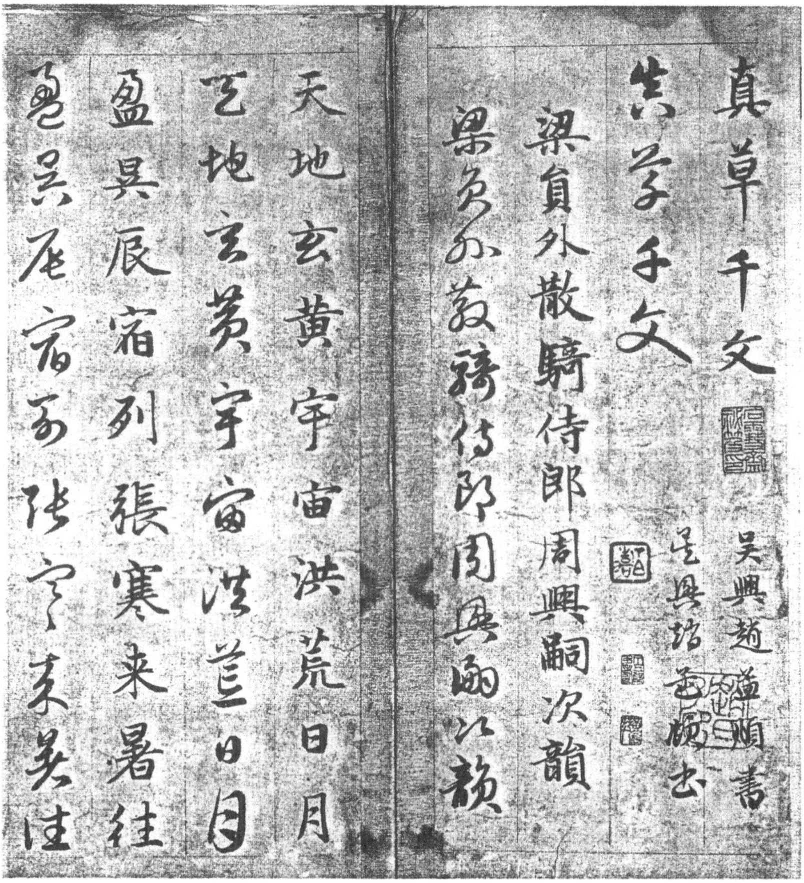

眞草千文
眞草千文
吳興趙孟頫書
吳興趙孟頫書
梁員外散騎侍郎周興嗣次韻
梁員外散騎侍郎周興嗣次韻

天地玄黃宇宙洪荒日月
天地玄黃宇宙洪荒日月
盈昃辰宿列張寒來暑往
盈昃辰宿列張寒來暑往

秋收冬藏閏餘成歳律呂

調陽雲騰致雨露結為霜

金生麗水玉出崑岡劒號

金生麗水玉出崑岡海諭

巨闕珠稱夜光果珍李柰

云花珠稱夜光果柰李柰

菜重芥薑海鹹河淡鱗潛

羽翔龍師火帝鳥官人皇

始制文字乃服衣裳推位

讓國有虞陶唐弔民伐罪

周發殷湯坐朝問道垂拱

周發殷湯坐朝問道垂拱

平章愛育黎首臣伏戎羌

圉友及湯坐朝問道垂拱

遐邇壹體率賓歸王鳴鳳

遐邇臺體率賓歸王鳴鳳

在樹白駒食場化被草木

左樹白駒食場化被萬木

賴及萬方盖此身髮四大

教及萬方善正方毀四大

五常恭惟鞠養豈敢毀傷

玉常豈惟鞠養豈敢毀傷

女慕貞潔男效才良知過

如慈貞潔男效才良知過

必改得能莫忘罔談彼短

必改得能莫忘罔談彼短

靡恃己長

靡恃己長信使可覆器欲
難量墨悲絲染詩讚羔羊

景行維賢剋念作聖德建
名立形端表正空谷傳聲

虛堂習聽禍因惡積福緣
善慶尺璧非寶寸陰是競
莫莫不壁北竆寸陰兒說
資父事君曰嚴與敬當
次父分其四當三承孝當
竭力忠則盡命臨深履薄
竭功忠弓忠崩詐深夜為

夙興溫凊 似蘭斯馨 如松
之盛 川流不息 淵澄取映
容止若思 言辭安定 篤初
誠美 慎終宜令 榮業所基
籍甚無竟

籍甚無竟 學優登仕 攝職

從政 存以甘棠 去而益詠

樂殊貴賤 禮別尊卑 上和

下睦 夫唱婦隨 外受傅訓

入睦吉邵 恆如受傳訓

入奉母儀諸姑伯叔猶子
比兒孔懷兄弟同氣連枝
交友投分切磨箴規仁慈
隱惻造次弗離節義廉退
顛沛匪虧

顚沛匪虧　性靜情逸　心動
神疲守真　志滿逐物意移
堅持雅操　好爵自縻　都邑
華夏東西　二京背邙面洛
浮渭據涇

浮渭據涇　宮殿盤鬱　樓觀飛驚　圖寫禽獸　畫綵仙靈
丙舍傍啓　甲帳對楹　肆筵設席　鼓瑟吹笙　升階納陛　弁轉疑星

弁轉疑星 右通廣內 左達

承明 既集墳典 亦聚羣英

筆晉頓集墳典聚羣英

杜稾鍾隸 漆書壁經 府羅

杜稾鍾隸 漆書土壁經府羅

將相 路俠槐卿 戶封八縣

必耶誼俠槐卿尸封八縣

家給千兵高冠陪輦驅轂

振纓世祿侈富車駕肥輕

策功茂實勒碑刻銘磻溪

榮功茂實勒碑刻銘磻溪

伊尹佐時阿衡奄宅曲阜

伊尹佐時阿何陽奄宅曲阜

微旦孰營桓公匡合濟弱

扶傾綺迴漢惠說感武丁

淪旦氣學桓公延与海孫

俊乂密勿多士寔寧晉楚

侵乂密勿多士宅宁晉楚

更霸趙魏困橫假途滅虢

更霸趙魏困橫假途減虢

踐土會盟何遵約法韓弊

煩刑起翦頗牧用軍家精

炬西起嵩州牧因軍宏祷

宣威沙漠馳譽丹青九州

三歲沙涯馳譽丹青九両

禹跡百郡秦幷嶽宗恒岱

禹迄百郡李幷嶽宗恒岱

禪主云亭鴈門紫塞雞田

赤城昆池碣石鉅野洞庭

曠遠綿邈巖岫杳冥

治本於農務茲稼穡俶載南畝

我藝黍稷稅熟貢新勸賞黜陟

我藝黍稷 稅熟貢新 勸賞黜陟 孟軻敦素 史魚秉直 庶幾中庸 勞謙謹勅 聆音察理 鑑貌辨色 貽厥嘉猷 勉其祗植 省躬譏誡

勉其祗植省躬譏誡寵增

免下祗植古松溪減寇增

抗極殆辱近恥林皋幸即

抗極孤方止元林寧也

兩疏見機解組誰逼索居

西詠見樣㕙逞畫索居

閑處沈默寂寥求古尋論

弔受沈點字寥來古高作

散慮逍遙欣奏累遣慼謝

歡招渠荷的歷園莽抽條

枇杷晚翠梧桐早凋陳根

委翳落葉飄颻遊鵾獨運

凌摩絳霄耽讀翫市寓目

凌摩絳霄　耽讀翫市　寓目
凌摩絳霄　耽讀翫市　寓宮囧
囊箱　易輶攸畏　屬耳垣墻
襄弟　易輶攸畏　屬耳垣墻
具膳飡飯　適口充腸飽飫
具膳湌飯　適口充腸飽飫
烹宰飢厭糟糠　親戚故舊
烹宰飢厭糟糠　親戚故舊

老少異粮妾御績紡侍巾

老少異粮妾御績紡侍巾

帷房紈扇貞潔銀燭煒煌

帷房紈扇貞潔銀燭姉煌

晝眠夕寐藍筍象床殊歌

畫眠夕寐語筍家保陸影

酒讌接杯舉觴矯手頓足

沉漣擠杯菜紛矯手頓之

悦豫且康嫡後嗣續祭祀

蒸嘗稽顙再拜悚懼恐惶

牋牒簡要顧答審詳骸垢

捸探晉曩空洋旅垢

想浴執熱願涼驢騾犢特

拈沿敕熱以涼驤躍超驤犢特

駭躍超驤　誅斬賊盜　捕獲

叛亡　布射僚丸　嵇琴阮嘯

恬筆倫紙　鈞巧任釣　釋紛

利俗並皆佳妙　毛施淑姿

工顰妍笑

工顰妍咲年矢每催羲暉

工咲妍咲季矢每催羲暉

朗曜璇璣懸斡晦魄環照

璇曜璇璣斡晦魄環照

指薪修祜永綏吉劭矩步

指薪修祜永綏吉劭矩步

引領俯仰廊廟束帶矜莊

引領俯仰廊廟束帶矜莊

孤陋寡聞愚蒙等誚

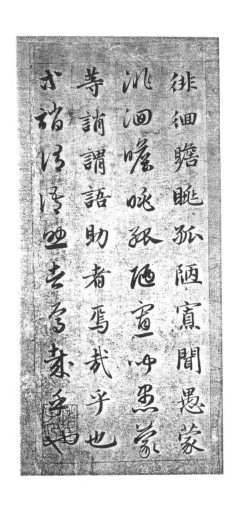

徘徊瞻眺孤陋寡聞愚蒙

沘徊嗟咏紙區宜心照蒙

等誚謂語助者焉哉乎也

求諸修潛世去岳束岳

6. 趙孟頫《行書千字文》

行善千文

天地玄黃宇宙洪荒

日月盈昃辰宿列張寒來暑往
秋收冬藏閏餘成歲律呂
調陽雲騰致雨露結為霜
金生麗水玉出崑岡劍號
巨闕珠稱夜光果珍李柰
菜重芥薑海鹹河淡鱗潛
羽翔龍師火帝鳥官人皇
始制文字乃服衣裳推位
讓國有虞陶唐弔民伐罪

周發殷湯坐朝問道垂拱
平章愛育黎首臣伏戎羌
遐邇壹體率賓歸王鳴鳳
在樹白駒食場化被草木
賴及萬方蓋此身髮四大
五常恭惟鞠養豈敢毀傷
女慕貞潔男效才良知過
必改得能莫忘罔談彼短
靡恃己長信使可覆器欲
難量墨悲絲染詩讚羔羊
景行維賢剋念作聖德建
名立形端表正空谷傳聲
虛堂習聽禍因惡積福緣

善慶尺璧非寶寸陰是競
資父事君曰嚴與敬孝當
竭力忠則盡命臨深履薄
夙興溫清似蘭斯馨如松
之盛川流不息淵澄取暎
容止若思言辭安定篤初
誠美慎終宜令榮業所基
籍甚無竟學優登仕攝職
淫政存以甘棠去而益詠
樂殊貴賤禮別尊卑上和
下睦夫唱婦隨外受傅訓
入奉母儀諸姑伯叔猶子
比兒孔懷兄弟同氣連枝

交友投分切磨箴規仁慈
隱惻造次弗離節義廉退
顚沛匪虧性靜情逸心動
神疲守真志滿逐物意移
堅持雅操好爵自縻都邑
華夏東西二京背邙面洛
浮渭據涇宮殿盤鬱樓觀
飛驚圖寫禽獸畵綵仙靈
丙舍傍啓甲帳對楹肆筵
設席鼓瑟吹笙陞階納陛
弁轉疑星右通廣內左達
承明既集墳典亦聚群英

將相路俠　槐卿户封八縣
家給千兵　高冠陪輦驅轂
振纓世祿侈富車駕肥輕
策功茂實勒碑刻銘磻溪
伊尹佐時阿衡奄宅曲阜
微旦孰營桓公匡合濟弱
扶傾綺迴漢惠說感武丁
俊乂密勿多士寔寧晉楚
更霸趙魏困橫假途滅虢
踐土會盟何遵約法韓弊
煩刑起翦頗牧用軍最精
宣威沙漠馳譽丹青九州
禹跡百郡秦并嶽宗恒岱

禪主云亭鴈門紫塞雞田
赤城昆池碣石鉅野洞庭
曠遠綿邈巖岫杳冥治本
於農務茲稼穡俶載南畝
我藝黍稷稅熟貢新勸賞
黜陟孟軻敦素史魚秉直
庶幾中庸勞謙謹勅聆音
察理鑑貌辨色貽厥嘉猷
勉其祗植省躬譏誡寵增
抗極殆辱近恥林皋幸即
兩疏見機解組誰逼索居
閑處沉默寂寥求古尋論
散慮逍遙欣奏累遣慼謝

渠荷的歷　園莽抽條　枇杷晚翠　梧桐早凋　陳根委翳　落葉飄颻　遊鵾獨運　凌摩絳霄　耽讀翫市　寓目囊箱　易輶攸畏　屬耳垣墻　具膳飱飯　適口充腸　飽飫烹宰　飢厭糟糠　親戚故舊　老少異粮　妾御績紡　侍巾帷房　紈扇圓潔　銀燭煒煌　晝眠夕寐　藍筍象床　弦歌酒讌　接杯舉觴　矯手頓足　悅豫且康　嫡後嗣續　祭祀蒸嘗　稽顙再拜　悚懼恐惶

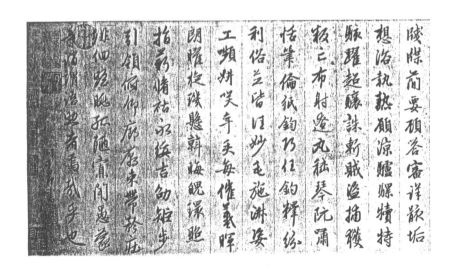

牋牒簡要　顧答審詳　骸垢想浴　執熱願涼　驢騾犢特　駭躍超驤　誅斬賊盜　捕獲叛亡　布射遼丸　嵇琴阮嘯　恬筆倫紙　鈞巧任釣　釋紛利俗　並皆佳妙　毛施淑姿　工顰妍笑　年矢每催　曦暉朗曜　璇璣懸斡　晦魄環照　指薪修祜　永綏吉劭　矩步引領　俯仰廊廟　束帶矜莊　徘徊瞻眺　孤陋寡聞　愚蒙等誚　謂語助者　焉哉乎也

7. 通俗本《五體千字文》

梁貟外散騎侍郎周興
梁貟外散騎侍郎周興
梁員外散騎侍郎周興

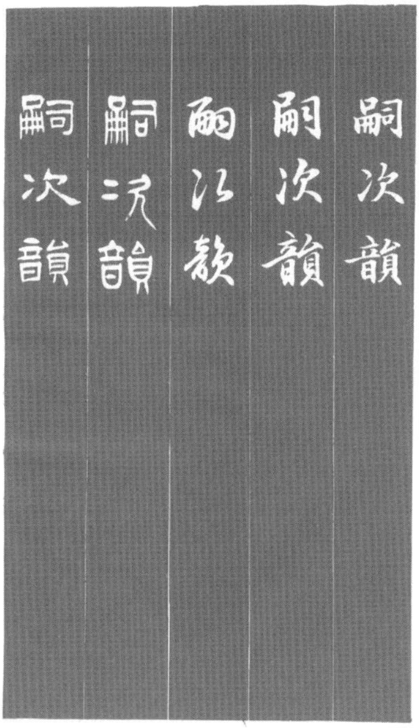
嗣次韻
嗣次韻
嗣次韻

天地玄黃宇宙洪荒日月
天地玄黃宇宙洪荒日月
天地玄黃宇宙洪荒日月

盈昃辰宿列張寒来暑往
盈昃辰宿列張寒来暑往
盈昃辰宿列張寒来暑往

秋收冬藏閏餘成歲律呂

秋收冬藏閏餘成歲律呂

秋收冬藏潤餘戌歲律呂

調陽雲騰致雨露結爲霜

調陽雲騰致雨露結爲霜

調陽雲騰致雨露結爲霜

調陽雲騰致雨露結爲霜

金生麗水玉出崑岡劍號

金生麗水玉出崑岡劍號

金生麗水玉出崑岡劍號

金生麗水玉出崑岡劍號

巨闕珠稱夜光果珍李柰

巨闕珠稱夜光果珍李柰

巨闕珠稱夜光果珍李柰

巨闕珠稱夜光果珍李柰

羽翔龍師火帝鳥官人皇
羽翔龍師火帝鳥官人皇
羽翔龍師火帝鳥官人皇
羽翔龍師火帝鳥官人皇

菜重芥薑海鹹河淡鱗潛
菜重芥薑海鹹河淡鱗潛
菜重芥薑海鹹河淡鱗潛
菜重芥薑海鹹河淡鱗潛

讓國有虞陶唐弔民伐罪
讓國有虞陶唐弔民伐罪
讓國有虞陶唐弔民伐罪
讓國有虞陶唐弔民伐罪

始制文字乃服衣裳推位
始制文字乃服衣裳推位
始制文字乃服衣裳推位
始制文字乃服衣裳推位

周發殷湯坐朝問道垂拱

平章愛育黎首臣伏戎羌

遐邇壹體率賓歸王鳴鳳

在樹白駒食場化被草木

賴及萬方蓋此身髮四大　賴及萬方蓋此身髮四大　賴及萬方蓋此才良四大　賴及萬方蓋此身髮三大

五常恭惟鞠養豈敢毀傷　五常恭惟鞠養豈敢毀傷　五常恭惟報善豈致毀傷　五常恭惟鞠養豈敢毀傷

女慕貞絜男效才良知過　女慕貞絜男效才良知過　中慕鼎絜明效十良知過　女慕貞絜男效十良知過

必改得能莫忘罔談彼短　必改得能莫忘罔談彼短　必改得能莫忘罔談彼短　必改得能其忘罔談彼短

靡恃己長 信使可覆 器欲難量 墨悲絲染 詩讚羔羊

景行維賢 剋念作聖 德建名立 形端表正 空谷傳聲

虛堂習聽禍因惡積福緣　虛堂習聽禍因惡積福緣　虛堂習聽禍曰惡積福緣

善慶尺璧非寶寸陰是競　善慶尺璧非寶寸陰是競　善慶尺璧非寶寸陰是競　善慶尺璧非寶寸陰是競

資父事君曰嚴與敬孝當　資父事君曰嚴與敬孝當　資父事君曰嚴與敬孝當

竭力忠則盡命臨深履薄　竭力忠則盡命臨深履薄　竭力忠則盡命臨深履薄　竭力忠則盡命臨深履薄

鳳興溫清似蘭斯馨如松

鳳興溫清似蘭斯馨如松

明興溫清似蘭斯馨如松

鳳興溫清侶蘭斯馨如松

之盛川流不息淵澄取映

之盛川流不息淵澄取映

之盛川流不息淵澄取映

之盛川流不息淵澄取映

容止若思言辭安定篤初

容止若思言辭安定篤初

容止若思言辭安定篤初

容止若思言辭安定篤初

誠美慎終宜令榮業所基

誠美慎終宜令榮業所基

誠美慎終宜令榮業所基

誠美慎終宜令榮業所基

籍甚無竟 學優登仕 攝職

樂殊貴賤 禮別尊卑 上和

從政 存以甘棠 去而益詠

下睦 夫唱婦隨 外受傅訓

入奉母儀諸姑伯叔猶子

比兒孔懷兄弟同氣連枝

交友投分切磨箴規仁慈

隱惻造次弗離節義廉退

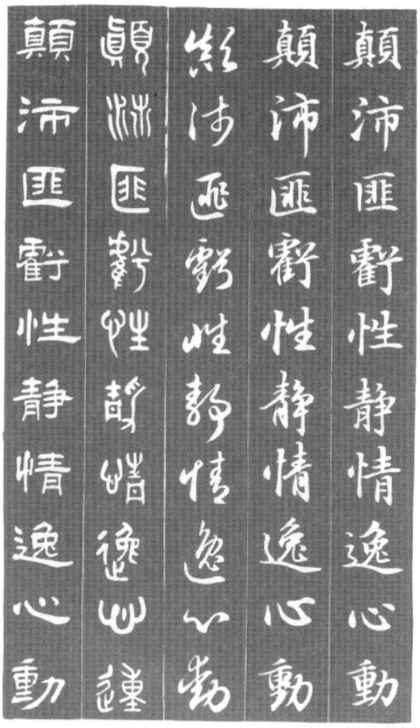
顛沛匪虧性靜情逸心動
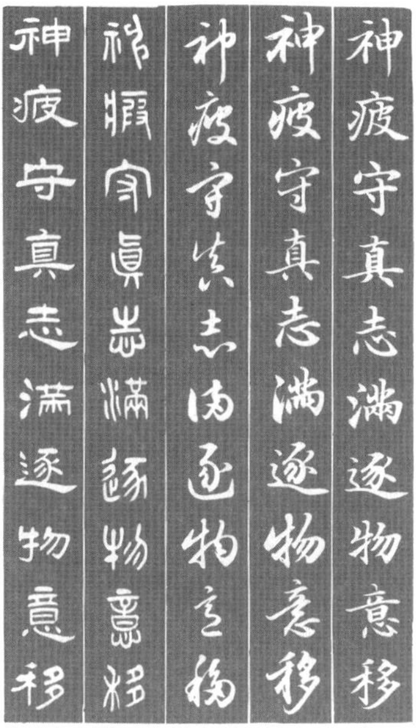
神疲守眞志滿逐物意移
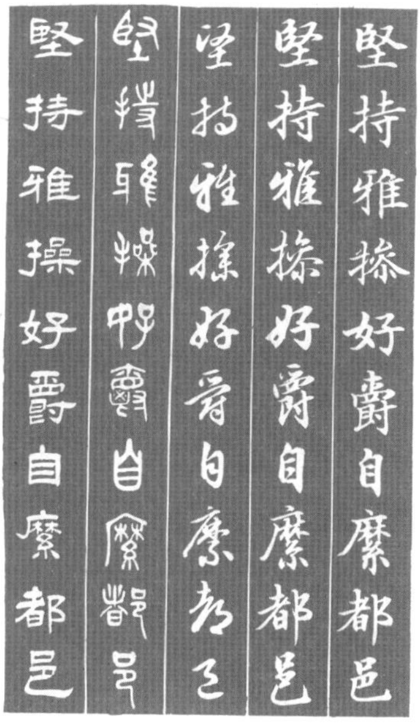
堅持雅操好爵自縻都邑
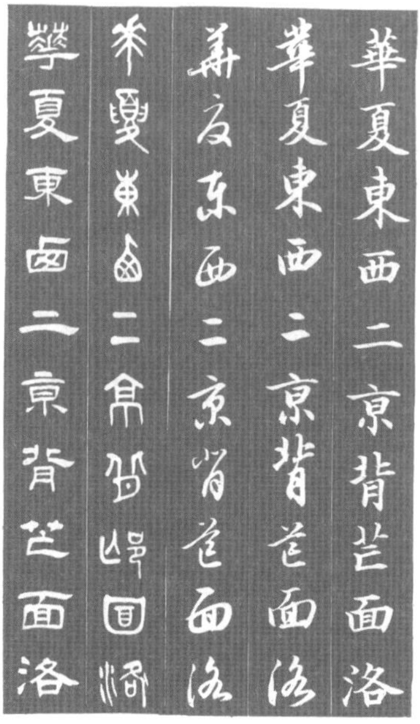
華夏東西二京背芒面洛

浮渭據涇宮殿盤鬱樓觀

飛驚圖寫禽獸畫彩仙靈

丙舍傍啓甲帳對楹肆筵

設席鼓瑟吹笙陞階納陛

弁轉疑星右通廣內左達
弁轉疑星右通廣內左達
矢駙疑星右通廣內左達
弁轉疑星右通廣內左達

承明既集墳典亦聚群英
承明既集墳典亦聚群英
謝明既集墳典亦聚群英
承明既集墳典亦聚群英

杜稾鍾隸漆書壁經府羅
杜稾鍾隸漆書壁經府羅
杜稾鍾隸漆書壁經府羅
杜稾鍾隸漆書壁經府羅

將相路俠槐卿戶封八縣
將相路俠槐卿戶封八縣
將相路俠槐卿戶封八縣
將相路俠槐卿戶封八縣

家給千兵高冠陪輦驅轂
家給千兵高冠陪輦驅轂
家給千兵高冠陪輦驅轂
家給千兵高冠陪輦驅轂
家給千兵高冠陪輦驅轂

振纓世祿侈富車駕肥輕
振纓世祿侈富車駕肥輕
振纓世祿侈富車駕肥輕
振纓世祿侈富車駕肥輕
振纓世祿侈富車駕肥輕

策功茂實勒碑刻銘磻溪
策功茂實勒碑刻銘磻溪
策功茂實勒碑刻銘磻溪
策功茂實勒碑刻銘磻溪
策功茂實勒碑刻銘磻溪

伊尹佐時阿衡奄宅曲阜
伊尹佐時阿衡奄宅曲阜
伊尹佐時阿衡奄宅曲阜
伊尹佐時阿衡奄宅曲阜
伊尹佐時阿衡奄宅曲阜

微旦孰營桓公匡合濟弱　微旦孰營桓公匡合濟弱　澱旦執營桓公匡合濟弱　微旦弇營桓公匡合濟弱　微旦孰營桓公匡合濟弱

扶傾綺迴漢惠說感武丁　扶傾綺迴漢惠說感武丁　扶似綺迴漢惠沈盛去丁　扶頍綺迴漢惠說感武丁　扶傾綺迴漢惠說感武丁

更霸趙魏困橫假途滅虢　更霸趙魏困橫假途滅虢　史霸趙魏困橫伍迮滅虢　更霸趙魏困橫假途滅虢　更霸趙魏困橫假途滅虢

俊乂密勿多士寔寧晉楚　俊乂密勿多士寔寧晉楚　後乂密勿多士寔寧晉楚　俊乂密勿多士寔寧晉楚

踐土會盟 何遵約法 韓弊煩刑 起翦頗牧 用軍最精

宣威沙漠 馳譽丹青 九州禹跡 百郡秦并 嶽宗恆岱

曠遠綿邈　巖岫杳冥
曠遠綿邈　巖岫杳冥
曠遠綿邈　巖岫杳冥
曠遠綿邈　巖岫杳冥

禪主云亭　鴈門紫塞　雞田
禪主云亭　鴈門紫塞　雞田
禪主云亭　鴈門紫塞　雞田
禪主云亭　鴈門紫塞　雞田

赤城昆池　碣石鉅野　洞庭
赤城昆池　碣石鉅野　洞庭
赤城昆池　碣石鉅野　洞庭
赤城昆池　碣石鉅野　洞庭
赤城昆池　碣石鉅野　洞庭

於農務玆　稼穡俶載　南畝
於農務玆　稼穡俶載　南畝
於農務玆　稼穡俶載　南畝
於農務玆　稼穡俶載　南畝

曠遠綿邈　巖岫杳冥　治本
曠遠綿邈　巖岫杳冥　治本
曠遠綿邈　巖岫杳冥　治本
曠遠綿邈　巖岫杳冥　治本

我藝黍稷稅熟貢新勸賞

黜陟孟軻敦素史魚秉直

庶幾中庸勞謙謹勅聆音

察理鑑貌辨色貽厥嘉猷

勉其祗植省躬譏誡寵增
勉其祗植省躬譏誡寵增
勉其祗植省躬譏誡寵增
勉其祗植省躬譏誡寵增
勉其祗植省躬譏誡寵增

抗極殆辱近恥林皋幸即
抗極殆辱近恥林皋幸即
抗極殆辱近恥林皋幸即
抗極殆辱近恥林皋幸即
抗極殆辱近恥林皋幸即

兩疏見機解組誰逼索居
兩疏見機解組誰逼索居
兩疏見機解組誰逼索居
兩疏見機解組誰逼索居
兩疏見機解組誰逼索居

閑處沈默寂寥求古尋論
閑處沈默寂寥求古尋論
閑處沈默寂寥求古尋論
閑處沈默寂寥求古尋論
閑處沈默寂寥求古尋論

散慮逍遙欣奏累遣慼謝
散慮逍遙欣奏累遣慼謝
散慮逍遙欣奏累遣慼謝
散慮逍遙欣奏累遣慼謝
散慮逍遙欣奏累遣慼謝

歡招渠荷的歷園莽抽條
歡招渠荷的歷園莽抽條
歡招渠荷的歷園莽抽條
歡招渠荷的歷園莽抽條
歡招渠荷的歷園莽抽條

枇杷晚翠梧桐早彫陳根
枇杷晚翠梧桐早彫陳根
枇杷晚翠梧桐早彫陳根
枇杷晚翠梧桐早彫陳根
枇杷晚翠梧桐早彫陳根

委翳落葉飄颻遊鵾獨運
委翳落葉飄颻遊鵾獨運
委翳落葉飄颻遊鵾獨運
委翳落葉飄颻遊鵾獨運
委翳落葉飄颻遊鵾獨運

凌摩絳霄耽讀翫市寓目
囊箱易輶攸畏屬耳垣墻
具膳湌飯適口充腸飽飫
亨宰飢厭糟糠親戚故舊

老少異粮妾御績紡侍巾
老少異粮妾御績紡侍巾
老少異粮妾御績紡侍巾
老少異粮妾御績紡侍巾
老小異糧妾御績紡侍巾
老少異粮妾御績紡侍巾

帷房紈扇負潔銀燭煒煌
帷房紈扇負潔銀燭煒煌
帷房紈扇負潔銀燭煒煌
帷房紈扇負潔銀燭煒煌
帷房紈扇負潔銀燭煒煌
帷房紈扇負潔銀燭煒煌

晝眠夕寐藍筍象床弦歌
晝眠夕寐藍筍象床弦歌
晝眠夕寐藍筍象床弦歌
晝眠夕寐藍筍象床弦歌
晝眠夕寐藍筍象床弦歌
晝眠夕寐藍筍象床弦歌

酒讌接杯舉觴矯手頓足
酒讌接杯舉觴矯手頓足
酒讌接杯舉觴矯手頓足
酒讌接杯舉觴矯手頓足
酒讌接杯舉觴矯手頓足
酒讌接杯舉觴矯手頓足

蒸嘗稽顙再拜悚懼恐惶

悅豫且康嫡後嗣續祭祀

想浴執熱願涼驢騾犢特

牋牒簡要顧答審詳骸垢

駭躍超驤　誅斬賊盜　捕獲

叛亡布射　遼丸嵇琴　阮嘯

恬筆倫紙　鈞巧任釣　釋紛

利俗並皆　佳妙毛施　淑姿

工嚬妍咲年矢每催羲暉
工嚬妍笑年矢每催羲暉
工嚬妍吮年矢毎催羲暉
工嚬妍笑年矢毎催羲暉

朗曜旋璣懸斡晦魄環照
朗曜旋璣懸斡晦魄環照
朗曜旋璣懸斡晦魄瑤照
朗曜旋璣懸斡晦魄瑤照

指薪修祜永綏吉劭矩步
指薪修祜永綏吉劭矩步
指薪修祜永綏吉劭矩步
指薪修祜永綏吉劭矩步

引領俯仰廊廟束帶矜莊
引領俯仰廊廟束帶矜莊
引領俯仰廊廟束帶矜企
引領俯仰廊廟束帶矜莊

徘佪瞻眺　孤陋寡聞　愚蒙
徘佪瞻眺　孤陋寡聞　愚蒙
他佪照眺　孤陋宜ㅛ孟苳
徘廻瞻眺　孤陋寡聞　愚蒙
徘佪瞻眺　孤隨寡聞　愚蒙

等誚謂語助者焉哉乎也
等誚謂語助者焉哉乎也
犬消泿淯...
等誚謂語助者焉哉乎也
等誚謂語助者焉哉乎也

8. 通俗本《四體千字文》

天地元黃宇宙 天地元黃宇宙 天地元黃宇宙 天地元黃宇宙

洪荒日月盈昃 洪荒日月盈昃 洪荒日月盈昃 洪荒日月盈昃

辰宿列張寒來 辰宿列張寒來 辰宿列張寒來 辰宿列張寒來

暑往秋收冬藏 暑往秋收冬藏 暑往秋收冬藏 暑往秋收冬藏

閏餘成歲律呂
閏餘成歲律呂
閏餘成歲律呂

調陽雲騰致雨
調陽雲騰致雨
調陽雲騰致雨

露結為霜金生
露結為霜金生
露結為霜金生

麗水玉出崑岡
麗水玉出崑岡
麗水玉出崑岡

劍號巨闕珠稱
夜光果珍李柰
菜重芥薑海鹹
河淡鱗潛羽翔

龍師火帝鳥官
龍師火帝鳥官
龍師火帝鳥官

人皇始制文字
人皇始制文字
人皇始制文字

乃服衣裳推位
乃服衣裳推位
乃服衣裳推位

讓國有虞陶唐
讓國有虞陶唐
讓國有虞陶唐

弔民伐罪周發　吊民伐罪周發　弔武伐死周友　弔民伐罪周發

殷湯坐朝問道　殷湯坐朝問道　殷湯坐朝問道　殷湯聖翰間道

垂拱平章愛育　垂拱平章愛育　垂拱平章愛育　坐拱平章愛育

黎首臣伏戎羌　黎首臣伏戎羌　黎首臣伏戎羌　黎首臣伏戎羌

遐邇壹體率賓
遐邇壹體率賓
遐邇壹體率賓
遐邇壹體率賓

歸王鳴鳳在樹
歸王鳴鳳在樹
歸王鳴鳳在樹
歸王鳴鳳在樹

白駒食場化被
白駒食場化被
白駒食場化被
白駒食場化被

草木賴及萬方
草木賴及萬方
草木賴及萬方
草木賴及萬方

蓋此身髮四大　蓋此身髮四大　蓋此身髮四大　蓋此身髮四大

五常恭惟鞠養　五常恭惟鞠養　五常恭惟鞠養　五常恭惟鞠養

豈敢毀傷女慕　豈敢毀傷女慕　豈敢毀傷女慕　豈敢毀傷女慕

貞絜男效才良　貞絜男效才良　貞絜男效才良　貞絜男效才良

知過必改　得能莫忘
罔談彼短　靡恃己長
信使可覆　器欲難量

墨悲絲染詩讚
墨悲絲染詩讚
墨悲絲染詩讚
墨悲絲染詩讚
墨悲絲染詩讚

羔羊景行維賢
羔羊景行維賢
羔羊景行維賢
羔羊景行維賢
羔羊景行維賢

克念作聖德建
克念作聖德建
克念作聖德建
克念作聖德建
克念作聖德建

名立形端表正
名立形端表正
名立形端表正
名立形端表正
名立形端表正

空谷傳聲虛堂習聽

禍因惡積

福緣善慶尺璧

非寶寸陰是競

資父事君曰嚴　與敬孝當竭力

忠則盡命臨深　履薄夙興溫凊

似蘭斯馨如松

之盛川流不息

淵澄取映容止

若思言辭安定

篤初誠美慎終
宜令榮業所基
籍甚無竟學優
登仕攝職從政

存以甘棠去而
存以甘棠去而
存以甘棠去而
存以甘棠去而

益詠樂殊貴賤
益詠樂殊貴賤
益詠樂殊貴賤
益詠樂殊貴賤

禮別尊卑上和
禮別尊卑上和
禮別尊卑上和
禮別尊卑上和

下睦夫唱婦隨
下睦夫唱婦隨
下睦夫唱婦隨
下睦夫唱婦隨

外受傅訓入奉
外受傅訓入奉
外受傅訓入奉
外受傅訓入奉

母儀諸姑伯叔
母儀諸姑伯叔
母儀諸姑伯叔
母儀諸姑伯叔

猶子比兒孔懷
猶子比兒孔懷
猶子比兒孔懷
猶子比兒孔懷

兄弟同氣連枝
兄弟同氣連枝
兄弟同氣連枝
兄弟同氣連枝

交友投分 切磨箴規
仁慈隱惻 造次弗離
節義廉退 顛沛匪虧

性靜情逸心動

神疲守真志滿

堅持逐物意移

雅操好爵自縻

都邑華夏 東西二京

背邙面洛 浮渭據涇

宮殿盤鬱 樓觀飛驚

圖寫禽獸　圖寫禽獸　圖寫禽獸　圖寫禽獸
畫綵　　　畫綵　　　畫綵　　　畫綵

仙靈丙舍　仙靈丙舍　仙靈丙舍　仙靈丙舍
傍啟　　　傍啟　　　傍啟　　　傍啟

甲帳對楹　甲帳對楹　甲帳對楹　甲帳對楹
肆筵　　　肆筵　　　肆筵　　　肆筵

設席鼓瑟　設席鼓瑟　設席鼓瑟　設席鼓瑟
吹笙　　　吹笙　　　吹笙　　　吹笙

升階納陛 弁轉疑星
右通廣內 左達承明
既集墳典 亦聚群英

杜稿鍾隸　漆書壁經　府羅將相　路俠槐卿　戶封八縣　家給千兵

高冠陪輦 驅轂振纓

世祿侈富 車駕肥輕

策功茂實 勒碑刻銘

磻谿伊尹　佐時阿衡

奄宅曲阜　微旦孰營

桓公匡合　濟弱扶傾

綺迴漢惠說感

綺迴漢惠說感

綺迴漢惠說感

武丁俊乂密勿

述丁俊乂務勿

武丁俊乂密勿

多士寔寧晉楚

多士寔寧晉楚

多士寔寧晉楚

更霸趙魏困橫

更霸趙魏困橫

更霸趙魏困橫

更霸趙魏困橫

會盟何遵約法　會盟何遵約法　气盟何道的法　會盟何遵約法

假塗滅虢踐土　假塗滅虢踐土　假途滅彿沽土　假塗滅虢踐士

頗牧用軍最精　頗牧用軍最精　頗牧用平宬精　頗牧用軍冣精

韓弊煩刑起翦　韓弊煩刑起翦　韓弊煩刑起翦　韓弊煩刑起翦

宣威沙漠馳譽

丹青九州禹跡

百郡秦并嶽宗

恆岱禪主云亭

雁門紫塞雞田
雁門紫塞雞田
鴈門紫塞雞田
鴈門鄭塞雞田

赤城昆池碣石
赤城昆池碣石
赤城昆池碣石
炎城昆池碣石

鉅野洞庭曠遠
鉅野洞庭曠遠
鉅野洞庭曠遠
鉅野洞庭曠遠邈

絲邈巖岫杳冥
絲邈巖岫杳冥
綿邈巖岫杳冥
綿邈巖岫杳冥

治本於農務茲

稼穡俶載南畝

我藝黍稷稅熟

貢新勸賞黜陟

孟軻敦素　史魚

秉直庶幾　中庸

察理鑑貌　辯色

勞謙謹敕　聆音

貽厥嘉猷　勉其祗植　省躬譏誡

寵增抗極　殆辱近恥　林皋幸即

兩	兩	兩	兩
疏	疏	疏	疏
見	見	見	見
機	機	機	機
解	解	解	解
組	組	組	組

誰	誰	誰	誰
逼	逼	逼	逼
索	索	索	索
居	居	居	居
閑	閑	閑	閑
處	處	處	處

沈	沈	沈	沈
默	默	默	默
寂	寂	寂	寂
寥	寥	寥	寥
求	求	求	求
古	古	古	古

尋	尋	尋	尋
論	論	論	論
散	散	散	散
慮	慮	慮	慮
逍	逍	逍	逍
遙	遙	遙	遙

歡招渠荷的歷

欣奏累遣慼謝

晚翠梧桐早凋

園莽抽條枇杷

陳根委翳落葉

飄颻遊鵾獨運

凌摩絳霄耽讀

玩市寓目囊箱

易輶攸畏屬耳
易輶攸畏屬耳
易輶攸畏屬耳
易輶攸畏屬耳

垣墻具膳飡飯
垣墻具膳飡飯
垣墻具膳飡飯
垣墻具膳飡飯

適口充腸飽飫
適口充腸飽飫
適口充腸飽飫
適口充腸飽飫

烹宰飢厭糟糠
烹宰飢厭糟糠
烹宰飢厭糟糠
烹宰飢厭糟糠

異 糧 妾 御 績 紡

親 戚 故 舊 老 少

員 潔 銀 燭 煒 煌

侍 巾 帷 房 紈 扇

晝眠夕寐藍筍
象牀弦歌酒讌
接杯舉觴矯手
頓足悅豫且康

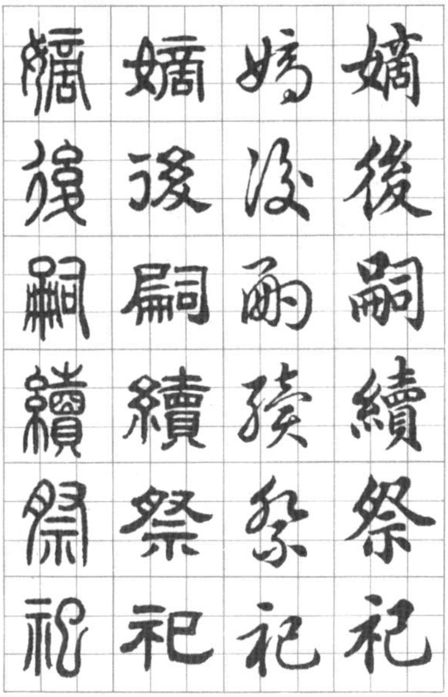

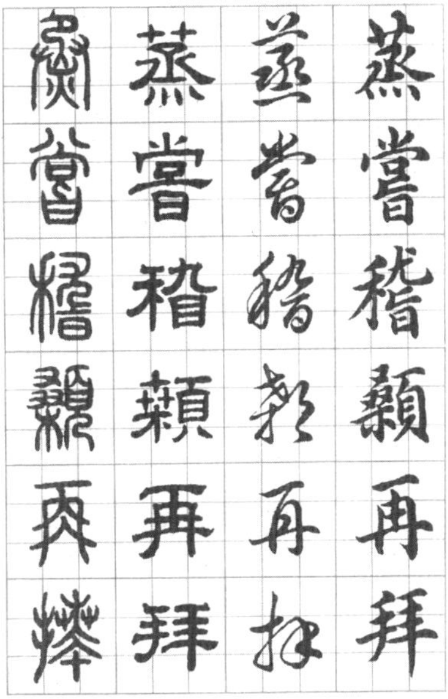

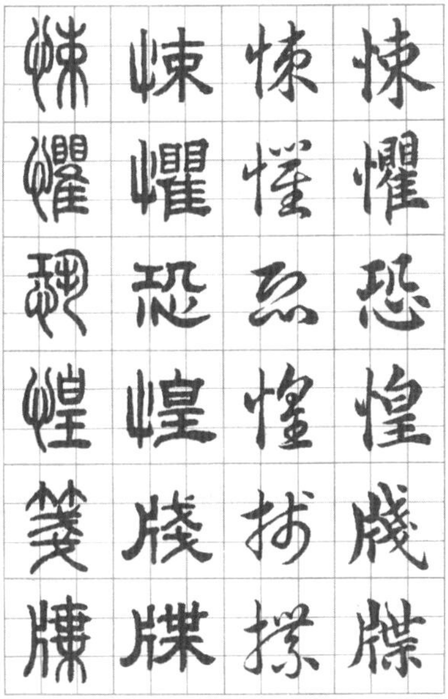

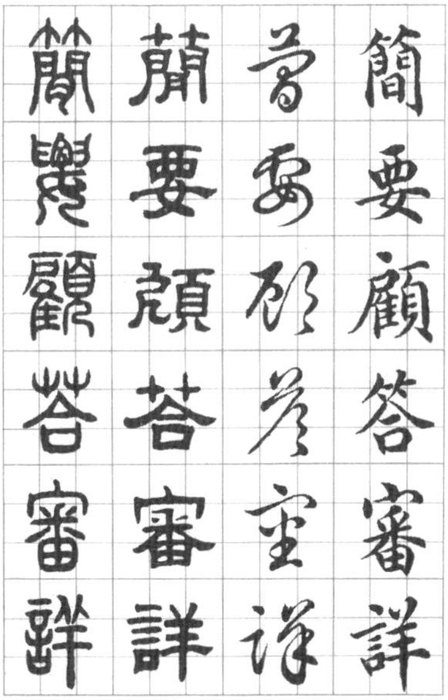

骸 垢 想 浴 執 熱

願 涼 驢 騾 犢 特

駭 躍 超 驤 誅 斬

賊 盜 捕 獲 叛 亡

布射遼丸嵇琴

阮嘯恬筆倫紙

鈞巧任釣釋紛

利俗並皆佳妙

毛施淑姿工顰
毛施淑姿工顰
毛施淑姿工顰
毛施淑姿工顰

姸笑年矢每催
姸笑年矢每催
姸笑年矢每催
姸笑年矢每催

羲暉朗曜璇璣
羲暉朗曜璇璣
羲暉朗曜璇璣
羲暉朗曜璇璣

懸斡晦魄環照
懸斡晦魄環照
懸斡晦魄環照
懸斡晦魄環照

吉劭矩步引領

指薪修祜永綏

矜莊徘徊瞻眺

俯仰廊廟束帶

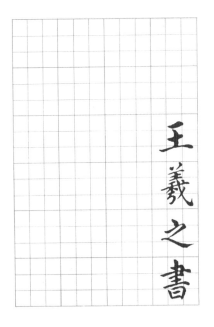

孤陋寡聞　愚蒙等誚

謂語助者　焉哉乎也

王羲之書